本研究受内蒙古自治区科技计划（内蒙古自然科学基金项目，编号：2023QN07002）和清华大学中国现代国有企业研究院资助

数字经济驱动下数据资产价值评估：理论、方法与实践应用

周艳秋　著

中国财经出版传媒集团
中国财政经济出版社
·北京·

图书在版编目（CIP）数据

数字经济驱动下数据资产价值评估：理论、方法与实践应用／周艳秋著．-- 北京：中国财政经济出版社，2025.8. -- ISBN 978-7-5223-3291-8

Ⅰ．TP274

中国国家版本馆 CIP 数据核字第 20245TP655 号

责任编辑：陈　冰　　　　责任校对：胡永立

封面设计：卜建辰　　　　责任印制：张　健

数字经济驱动下数据资产价值评估：理论、方法与实践应用

SHUZI JINGJI QUDONGXIA SHUJU ZICHAN JIAZHI PINGGU：

LILUN、FANGFA YU SHIJIAN YINGYONG

中国财政经济出版社 出版

URL：http：//www.cfeph.cn

E-mail：cfeph@cfeph.cn

社址：北京市海淀区阜成路甲 28 号　邮政编码：100142

营销中心电话：010-88191522

天猫网店：中国财政经济出版社旗舰店

网址：https：//zgczjjcbs.tmall.com

涿州汇美亿浓印刷有限公司印刷　各地新华书店经销

成品尺寸：170mm×240mm　16 开　17.25 印张　248 000 字

2025 年 8 月第 1 版　2025 年 8 月河北第 1 次印刷

定价：78.00 元

ISBN 978-7-5223-3291-8

（图书出现印装问题，本社负责调换，电话：010-88190548）

本社图书质量投诉电话：010-88190744

打击盗版举报热线：010-88191661　QQ：2242791300

序

当前，我国数字经济的发展正从流程驱动阶段转向数据驱动阶段，数据成为关键生产要素，数据资产成为建设数字中国的重要战略资源。伴随着数据要素市场化的发展，数据资产的确权、入表与估值等制度缺失，成为数据价值释放的掣肘。对此，中共中央、国务院印发《关于构建数据基础制度更好发挥数据要素作用的意见》，提出构建“三权分置”的数据产权制度框架，即建立数据资源持有权、数据加工使用权、数据产品经营权的产权运行机制；中国资产评估协会印发《数据资产评估指导意见》（中评协〔2023〕17号），构建出数据资产价值评估指标体系，明确了数据资产的属性、对象、操作要求、评估方法等；财政部印发《企业数据资源相关会计处理暂行规定》（财会〔2023〕11号），规范企业数据资源相关会计处理，指引企业数据资源的确认、计量与披露。此外，财政部印发《关于加强数据资产管理的指导意见》（财资〔2023〕141号），搭建数据资产管理框架。可见，国家政策的出台有效推动了数据流通体系和数据资产管理体系的构建，为数据要素市场化发展提供了微观基础。

应该看到，数据要素市场化的深入推进，随之带来数据资产流动和交易等需求增多，对数据资产的价值测算提出了更高要求。其一，数据要素市场化须通过合理测算保护交易双方平等权益。面对当前存量数据与增量数据的日益多元化，科学测算数据价值是促进数据公平合理流通的必要条件。其二，数据持有主体须通过合理的测算结果提升数据资产管理水平。然而，当前我国处于数据要素市场化建设的初期阶段，在数据资产内部使用和对外交易中，面临概念界定不清、权属划分不明、价值形成机制模糊、评估模型适用性受限等瓶颈。于是，如何清晰界定数据资产及其权属、明确数据资产的价值形成机制，如何优化数据资产价值评估模型、完善数据资产价值评估体系，成为数据资产理论研究领域的重要议题。鉴于此，本书以“数字经济驱动下数据资产价值评估：理论、方法与实践应用”为题，以激活数据价值潜能、促进数据有效流通、保障数据公平交易、提高数据管理水平为落脚点，对数据资产价值评估问题展开系统的理论、方法与实践应用研究。

本书集中应用资产评估学、经济学、系统动力学等相关理论与方法展开研究。结构安排上，本书分为 8 个章节。第 1 章至第 3 章为数据资产的理论分析部分，主要研究为：厘清数据资产概念和权利体系等评估基础前提，结合会计准则和资产评估准则，概括数据资产定义、判定流程；结合数据流转的法律困境、国内外现行权利体系，探索多主体利益均衡的途径；开展数据资产价值分析，基于价值显现视角，详细梳理数据资产价值的形成阶段、价值的体现和实现方式、价值的影响因素等，并利用系统动力学因果流图分析数据资产价值的形成机制。第 4 章至第 6 章为数据资产的方法分析部分，主要研究为：优化数据资产价值评估经典方法模型，鉴于成本与价值的弱对应性，构建“成本 + 溢价 − 贬值”的成本法评估优化模型，并使用系统动力学原理构架 SD 模型测算预期使用溢价；鉴于数据资产的依附性，构建数据资产的超额收益法优化评估模型，并使用非线性最小二乘法估计、高斯—牛顿法迭代，实证测算得到除数据资产以外的贡献资产整体集合的调整系数 k；鉴于数据市场建设初期活跃度较低，市场法应用存在困难，构造出“基准 + 修正”的基准修正法模型。第 7 章为数据资产实践应用分析章节，主要研究为：立足于数字经济时代特征，论述数据资产价值评估的实践应用体系和保障其实现的配套措施，指出在数据资产价值评估实践活动中，应以整体性评估思维为指引，在评估主体环节中遵守评估行业准则、依据委托业务确定评估目的和评估方法，并配之以完善的评估制度为保障。第 8 章为研究结论、不足与展望分析章节，主要研究为：基于系列理论与实践应用的研究，总结出关于数据资产概念、确权、价值分析、三大经典评估方法优化模型、评估实践应用体系和配套建议等方面的七大主要结论，并指出当前存在数据支撑不足和衍生评估方法探索有限等不足之处，提出未来在数据资产的建模和评估体系框架上需要继续深入优化分析。

本书的创新之处主要体现在三个方面：第一，在研究思路上，将数据资产特征量化并纳入评估模型中，分别构建出三大经典评估方法的优化模型。第二，在研究观点上，提出数据资产的鉴别判定流程、多维主体权利体系、ACER体系和价值的五大形成机制。第三，在研究方法上，将非线性最小二乘法、高斯—牛顿法、层次分析法、系统动力学分析法等多种定量和定性方法引入经典评估优化模型中，丰富模型参数的测算方法。

本书旨在提高数字经济驱动下数据资产价值评估的科学性和合理性，以深化现有数据资产价值评估的理论、实证与案例研究。这既是对数据资产价值评估理论薄弱环节的强化，也是对数据资产价值评估问题研究的进一步拓展，同时为促进数据要素市场化配置、为数据资产持有主体从事数据资产交易和数据资产价值管理、为政府相关部门和行业协会制定数据资产评估管理政策等，提供技术支持和实践参考。

周艳秋

2025年8月

目　录

第 1 章　绪论 …… 1

1.1　研究背景与研究意义 …… 1
1.2　国内外研究现状 …… 5
1.3　研究思路、内容与方法 …… 28
1.4　可能的创新之处 …… 32

第 2 章　数据资产价值评估的基础理论剖析 …… 34

2.1　数据资产与数据资产评估的概念 …… 35
2.2　数据资产确权分析 …… 51
2.3　数据资产价值评估的经济学理论基础 …… 68
2.4　数据资产价值评估的基础要素 …… 80
2.5　本章小结 …… 88

第 3 章　关于数据资产价值体系及其评估方法的理论分析 …… 90

3.1　数据资产的价值形成阶段 …… 91
3.2　数据资产的价值影响因素及形成机制 …… 95
3.3　数据资产的价值表现形式 …… 102
3.4　数据资产的价值实现路径 …… 106
3.5　数据资产价值评估的方法比较与选择 …… 112
3.6　本章小结 …… 118

第 4 章　基于成本法的数据资产价值评估模型优化与仿真应用 …… 120

4.1　采用成本法评估数据资产的技术难点与优化思路…… 120
4.2　将 SD 方法纳入成本法评估模型的研究设计 …… 123
4.3　基于成本法优化模型的数据资产价值评估仿真应用…… 134
4.4　本章小结…… 144

第 5 章　基于超额收益法的数据资产价值评估模型优化与仿真应用 …… 145

5.1　采用收益法评估数据资产的技术难点与优化思路…… 145
5.2　数据资产超额收益调整系数的实证测算…… 149
5.3　数据资产收益期限和折现率的确定…… 156
5.4　基于超额收益法优化模型的数据资产价值评估仿真应用…… 160
5.5　本章小结…… 169

第 6 章　数据资产价值评估的基准修正法评估模型构建与仿真应用 …… 171

6.1　采用市场法评估数据资产的技术难点与优化思路…… 171
6.2　数据资产基准修正法评估体系的研究设计…… 174
6.3　数据资产价值基准修正法评估模型的仿真应用…… 178
6.4　本章小结…… 189

第 7 章　数据资产价值评估实践应用体系的构建及配套建议 …… 190

7.1　数据资产价值评估实践应用体系的总体设计…… 190
7.2　构建数据资产价值评估实践应用体系的对策建议…… 193
7.3　构建数据资产价值评估实践应用体系的措施建议…… 200
7.4　本章小结…… 206

第 8 章 研究结论、不足与展望 …… 207

8.1 研究结论 …… 207

8.2 研究不足与未来展望 …… 210

参考文献 …… 212

附录 …… 239

附录 A SD 参数的 AHP 理论分析及调查问卷 …… 239

附录 B 样本上市公司及 k 的稳健性检验 …… 247

后记 …… 265

第1章 绪　论

本章从分析数据资产价值评估的研究背景与研究意义入手，在对与数据资产价值评估相关的国内外文献进行评述的基础上，确立本书的研究视角、重点与方向，并对研究思路、研究方法、研究内容及创新之处进行阐述。

1.1 研究背景与研究意义

1.1.1 研究背景

伴随人工智能、区块链、云计算、5G 等数字技术的发展应用和集成创新，数据逐渐成为21 世纪数字经济时代的关键生产要素，并且数据要素在数字技术的推动下，数据体量呈井喷式扩大形势①，成为新时代的战略性“物资”。2019 年美国政府发布《联邦数据战略与 2020 年行动计划》，以数据治理为视角，阐述未来十年的关键行动和目标愿景；2020 年欧盟委员会发布《欧盟数据战略》，以数字经济为视角，阐述未来五年欧盟的核心数据政策和未来十年的数据发展愿景；2020 年英国 DCMS 发布《国家数据战略》，以数据价值释放为视角，促进经济、就业、公共服务等发展，构建经济发展框架；2020 年，中共中央、国务院印发《关于构建更加完善的要素市场化配置体制机制的意见》和《关于新时代加快完善社会主义市场

---

① 据中国信息通信研究院（China Academy of Information and Communications Technology，CAICT）统计：2020 年中国数字经济增速为 9.6%，列居世界之首。另据国际数据公司（International Data Corporation，IDC）统计预测，2023 年 50% 的中国大型组织将通过“数据市场”获取数据；到 2025 年全球数据总量将达 175ZB，较 2018 年增长 4.3 倍。

经济体制的意见》，将数据纳入主要生产要素范畴，并提出加快培育发展数据要素市场，完善数据权属界定、开放共享、交易流通等标准和措施；2022 年第十三届全国人大五次会议中再次强调，培育数据要素市场，释放数据要素潜力①。可见，伴随着自上而下的国家战略政策指导，拥有并有效利用数据要素，成为解放数字化生产力，实现数字经济高质量发展的时代新优势。

与此同时，数据的价值属性开始逐步显现。当数据用于企业内部时，数据具有使用价值，且该使用价值的大小因场景而异；当数据采集、分析挖掘、数据增值服务等新业务出现，产生了以数据及其相关服务交易为主营业务的公司时，数据在交易流通中具有了交换价值，数据由信息资源转变成为数据产品；当企业或组织在对海量数据产品进行货币价值化、折旧或增值等列报管理时，数据资产突破了一般商品和服务范畴，既具有场景应用价值，又具备相对独立的经济价值，并体现为企业或组织的财富。数据实现了资产化，且随着业务的深入，数据资产成为企业或组织的核心资产。于是，数据成为发展数字新产业、形成数字新模式的新“原材料”，如何有效开发、利用、管理数据，如何释放数据价值的潜能，成为新时期的重要主题。

然而，当前在企业或组织中存在数据利用率低、数据价值挖掘不足等问题，制约着数据要素的流动。IDC 研究显示，当前仅有 32% 的数据得到有效利用，其余数据处于闲置状态②。另据数据公司 Splunk 对 2259 名 IT 高管的调查研究，66% 的受访者表示，其所在公司 50% 以上数据是由系统、设备交互生成的未量化和未开发的数据；57% 的受访者表示，当前公司对数据价值的挖掘速度不及数据的增长速度③。可见，数字经济时代，存在大量购买记录、浏览记录等个人行为和原料采购、销售记录等企业业务活动，出于相关规定、遵守法规等目的而被记录、存储的副产品信息，但该副产品仅被存储，并未被开发而带来预期收益，逐步成为沉睡的“暗数据”（Dark Data），并产生昂贵的存储成本。显然，面对低效的数据开发利

① 李克强．政府工作报告（2022）［R］．北京：2022.

②③ IDC. Worldwide Big Data and Analytics Spending Guide，2021V1［R］. Masschusetts：International Data Corporation，2021.

用率与高昂的数据管理成本，有效甄别数据资产并科学、合理地评估数据资产价值，有助于企业或组织合理保留、删减与整理数据，减少数据管理成本，提升数据管理效率。此外，据 IDC 预测，2024 年全球数据市场支出规模将达 2983 亿美元，其中，中国在 2024 年将超 200 亿美元[①]。伴随着数据交易市场的扩大，数据资产价值评估成为数据市场的“刚需”，可在数据资产交易中保障交易各方利益，成为促进数据要素流通的关键环节之一。

可见，无论是唤醒半数以上沉睡的“暗数据”、深度利用数据、提升数据资产管理水平，还是打通数据要素流转通道，促进数字经济高质量发展，均需要数据资产价值评估，但数据资产价值评估尚存在诸多问题亟待解决。

第一，数据资产概念模糊、权属不清等问题成为数据资产价值评估深入研究的掣肘。一方面，明晰数据资产的资产类型，是数据资产价值评估的前提，这有赖于数据资产概念的厘清。当前学界、业界对于数据资产的概念尚未达成统一共识，不同领域对数据资产定义不同，相应数据资产的资产类别划分不同，但深入研究数据资产价值评估，需首先明晰其定义与所属类别，以明确其判别标准。另一方面，数据资产化过程中的多主体性引发的权属争议，影响数据资产价值评估对象的界定。当前，业界对于数据确权推进缓慢，学界对于数据资产的权属应归属于原始数据提供者，还是数据加工者，抑或是二者的折中方案（情境依存的有限产权、共有产权）的讨论尚未有明确定论，但数据资产权属是保障数据要素合法流动的前提，深入研究数据资产价值评估，需厘清其权属问题。

第二，现有的评估方法难以科学、合理地评估数据资产价值。资产价值的经典评估方法中，成本法是基于数据资产的重置角度，依据在现有条件下重新形成该数据资产所需的全部费用来确定数据资产价值；收益法是基于数据资产的预期应用场景，计算该数据资产在未来场景应用中产生的收益折现值确定数据资产价值；市场法是基于替代性原则，在

---

① Mckendrick J. Dark Data：The Next Enterprise Frontier ［J］. Database Trends and Applications，2020，34（5）：2-3.

相似可比案例的基础上，量化现存差异对其进行调整。数据资产不同于一般资产，数据资产的特征使得经典评估方法的适用性降低，需对经典评估模型进行修正。此外，当前研究中，在经典评估方法基础上发展出其他衍生方法，但多为针对某项特定数据资产在特定角度和场景（如基于客户关系角度、政府治理角度、博弈拍卖场景等）的应用，同样其适用性较低。

综上所述，在数据资产化过程中，数据资产价值评估对于数据的深度利用、高效流通、公平交易以及高质量管理等都发挥着不可或缺的作用。但由于数据资产价值评估的研究处于数字经济时代的起步阶段，故如何在理论上界定数据资产、分析数据资产权利体系和评估方法，从而构造出数据资产价值评估理论体系，在实践中保障数据资产价值评估活动顺利开展，从而构造出数据资产价值评估实践应用体系，将是本书全力关注的问题。

1.1.2 研究意义

鉴于此，本书拟以“数字经济驱动下数据资产价值评估：理论、方法与实践应用”为题，在梳理数据资产的形成过程、概念、权属的基础上，系统剖析数据资产价值评估方法，兼具重要的理论意义和实践意义。

1.1.2.1 理论意义

数据作为新型生产要素，因其具有开放性、无界性、共享性等特征①，表现出较长的长尾价值链②，致使数据资产价值具有较大的不确定性。这加大了数据资产评估的难度，现有资产评估理论体系不能完全适用于数据资产价值评估，数据资产价值评估亟待理论突破。

本书研究的理论意义具体体现为：

---

① Tilson D, Lyytinen K, Sørensen C. Research Commentary - Digital Infrastructures: The Missing IS Research Agenda [J]. Information Systems Research, 2020, 21 (4): 748 - 759.

② Azevedo E M, Deng A, Olea J L M, et al. A/B Testing with Fat Tails [J]. Journal of Political Economy, 2020, 128 (12): 267 - 284.

第一，厘清数据资产概念。本书系统剖析数据资产的概念、辨析数据资产属性，进而明晰数据资产的资产类型，是对资产类别的有益补充。

第二，明晰数据资产产权。本书剖析数据资产的权利束和权属分配制度，有助于明确数据资产价值评估对象和评估范围等评估的基础要素。

第三，构建数据资产价值评估理论框架。本书将数据资产价值与评估的基础要素结合，优化三大基础方法模型，有助于丰富数据资产价值评估理论体系，破解数据资产价值不确定性下的评估理论难题。

1.1.2.2 实践意义

本书在数字经济发展态势下研究数据资产价值评估具有重要的实践意义：

第一，对数据资产概念界定及权属分配制度的研究，有助于提高数据的合法应用率，促进多主体之间数据资产的流通交易，进而促进数据市场生态系统的建立，更好地产生经济效益与社会效益。

第二，对数据资产价值评估框架模型、理论方法的研究，有助于提高评估结果的科学性和合理性，既可维护各交易主体间的合法权益，也可为政府等相关部门制定政策及有效市场监督提供依据。

第三，数据交易是数字经济时代数字技术发展的必然结果，数据资产价值评估系列问题的研究有助于企业、组织、机构等主体有效挖掘、利用和管理数据价值，合理整合数据资源，优化个体与集体之间的数据资源配置。

1.2 国内外研究现状

数字技术的驱动使得互联网商业运营底层逻辑由信息传播转变为信息挖掘，数据资产是数据挖掘的结果（Gargano M L and Raggad B G，1999）。数据作为新时期的新型生产要素，前期已有学者对数据在各领域的应用进行了系统性评述与总结。例如：Günther W A et al.（2017）通过对2012—2015年的481篇大数据相关的文献整理中，最终筛选出67篇大数据价值相关文章，构建了战略管理的“理论—实践层、组织层、超大组织层”文献博弈分析模型，梳理出可传导性和互联性是影响大数据价值的关键因素；吴俊杰等（2020）从数据维度、算法维度和场景维度，对数据智能的前沿热点发展机遇与挑战展开研究；刘洋等（2020）通过对1999—2019年发表于国际重要期刊的188篇文章进行归纳后，界定了数字创新的含义，并梳理出“创新支出—创新流程—创新产线”和“创新机制—创新产出—创新结果”数字创新管理框架的主线和支线，并提出未来研究方向；陈冬梅等（2020）从战略管理角度尝试总结数据对现有战略管理理论的挑战，并尝试在新形势下拓展战略管理理论，为未来战略管理研究提供借鉴。

本节拟以上述研究为基础，围绕“资产化过程—理论探索—价值发现”这一主线展开研究。其中，理论探索模块具体包括数据资产概念、数据资产属性及会计核算、数据资产确权等方面；价值发现模块具体包括数据资产价值影响因素及数据资产价值评估方法等方面。下文沿以上三大模块的五个方面对国内外现有文献展开梳理与评述。

1.2.1 数据资产化相关研究

数据是直接产生于自然、经济、社会活动痕迹的数字记录（赵瑞琴和孙鹏，2021），原始数值以数据形式被储存于某一物理介质中。原始数值的本质是关于事件、物体、事实等活动的信息符号。反言之，数据是信息的一种体现形式，以便交流、解释已发生的客观活动①。数据的初期形式所反映的信息相对静态、零散、单一，尚不具有经济价值（刘新宇，2019）。随着早期计算机信息技术的发展，Richard P E（1974）提出“数据资产”一词，但所指数据资产为政府、公司等债券，对数据价值的经济学解释涉猎有限（Wang Y，2016）。随后，20世纪后期信息互联网时代，数据存储量增加，此时的数据所反映的信息相对聚集、多样且关联，数据的经济价值受到少数学者的初步关注，Algan U（1997）开始发掘数据的价值，并指

① ISO/IEC 2382：2015（en），Information technology - Vocabulary［S］. Geneva：ISO/IEC JTC 1，2015.

出企业应当建立数据库，且数据的质量和可用性直接决定公司未来的价值和竞争优势。同时，Michael C and David E（1997）和 Moody D and Walsh P（1999）相继从“资产确认条件”的角度解释数据概念，但受限于数据的质量及数字技术等客观条件，数据作为基础性资源的价值尚未被大量发掘。

直至21世纪初期信息互联网大众化、普适化并进入物联网时代后，大量生产经营、浏览消费等数据被记录与存储，此时数据呈现大量性、高速性、多样性、低密度性、真实性等特点（赵子瑞，2017），未经整理、挖掘的离散式信息蕴含巨大商业价值。2008年，*Nature* 和 *Science* 等杂志对大数据、数据处理等进行专刊出版后，数据及其潜在价值才被学界和业界广泛关注（李启雷，2015）。随着云计算、区块链、数字孪生等新型数字技术的发展，互联网络活动的增加，数据还呈现出动态、易变、异质等特征（Wolfgang K，2016；黄乐等，2018；王芳，2020），且数据逐步被汇总，形成“搜集（Collecting）—处理（Interpreting）—应用（Contextualizing）”的CIC联动链条时（李满海和辛向阳，2019），数据参与生产，并对决策产生影响，数据的价值逐步凸显。因此，数据是物体或事件活动的信息符号，数据本身不是资产，数据成为具有价值的资产需要具备一定的条件，经历一定的形态演进过程。对此，本书依据 Guo Y（2016）、尹西明等（2021）关于数字经济发展的阶段论述结果，梳理出数据资产化的三个阶段，且各阶段需满足不同的条件，有助于明晰数据资产化发展过程，为后文数据资产价值评估相关问题分析提供基础。

1.2.1.1 数据资源化阶段

数字经济发展的首要阶段是数据资源化。数据资源是指在当前技术水平和认知能力条件下，能够被人类所识别和获取的数据，在数据资源之外，限于技术水平和认知能力，存在大量尚待开发的数据。因此，数据资源是数据的子集，数据资源的形成是人类劳动的结果。类似于“勘采石油—加工炼油—实际使用”这一石油资源开发过程，数据资源化需经历“采集—处理—使用”过程（王芳，2020）。数据在开放、无界、共享的基础上（Tilson D et al.，2020），通过采用数字技术，搜集存储在各载体媒介上的数据，并使用智能算法将所采集数据进行筛选、清洗、结构化等数据分析处理，使数据成为可使用的数据原材料；最后将处理后的数据原材料应用至实际场景中，进行数据挖掘与智能决策，产生经济价值（Melville N P，2010；唐要家和唐春晖，2020）。此阶段的数据资源范围限于组织内部数据整理，挖掘数据内部信息用于组织内部具体业务场景的决策业务。

可见，并非所有数据均可成为数据资源。数据资源化的首要条件是数据需具有开放性、无界性、共享性（Henfridsson O et al.，2018；Tilson D et al.，2020）；其次，数据成为资源要求数据融于具体业务场景中，通过数据挖掘对组织生产运营或组织决策产生影响，即具有使用价值的数据才可实现数据资源化（Melville N P，2010）。同时，数据资源具有以下特征：一是相对稀缺性（穆勇等，2017；叶雅珍等，2020）。数据是日常生活中个人和组织的行为活动的副产品，随时间推移不断增加，具有无限性，但相对于特定时期内的特定组织或特定场景而言，数字技术的有限性决定其数据分析与挖掘能力的相对性，从而客观存在着无限数据与人类处理挖掘数据的有限能力之间的矛盾。人类所使用的数据资源受到数字技术的制约，故特定时期内的特定组织或特定场景可利用的数据资源具有相对稀缺性。二是非均匀分布性（王芳，2020）。数据资源具有空间分布不均匀性，不同国家的数字经济规模相差较大，究其原因在于各国经济、科技、社会发展历史水平不同，技术发展不均衡现象，数据鸿沟客观存在。三是分析挖掘的竞争性（Vial G，2019）。数据具有时效性，拥有数据资源的主体在经济活动中可率先采用数字技术进行分析挖掘，产生经济效益，获得超额收益。

1.2.1.2 数据商品化阶段

数字经济发展的第二阶段是数据商品化。数据量以 ZB 为信息单位增加，数据的离散性产生了整合离散数据的新需求，对数据进行专业采集、分析挖掘、提供数据增值服务并以数据交易为主营业务的公司应运而生（Lyytinen K et al.，2015）。由于数据资源具有相对稀缺性，数据具有了交换的必要，数据获得了交换价值；同时，数据属于经济主体活动的副产品，在数据“搜集—处理”环节消耗了数据生产者的各种劳动创造而成，是无差别的间接人类劳动，数据价值产生，数据商品化过程得以实现①。此阶段的数据商品范围限于上下游及同行业企业间，数据商品交换的实质是包含于数据商品内部的数据算法能力的交换，交换的形式体现为数据租赁、数据出售、数据产品等。数据参与了价值创造，成为数字经济时代的新型生产要素②（何伟，2020）。数据商品是一定经济、制度、技术等条件下的产物。

数据资源转换为数据商品需具备以下条件：一是经济条件，即数据需具有价值与交换价值。前已叙及，数据资源具有使用价值，但没有交易行为的商品不具有价值，故数据成为商品，还需具备价值与交换价值。数据资源的相对稀缺性促使其交易流通，产生数据交换价值，凝结在数据商品中的无差别的间接人类劳动这一价值属性同时显现（赵瑞琴和孙鹏，2021）。二是产权条件，即数据需具有私有产权。数据商品具有私有产权是数据交换价值产生的前提，这是数据商品存在的直接原因。数据商品在交换过程中，所蕴含的数据信息被用于决策生产，产生私有收益，即经济价值（王芳，2020）。三是历史条件。数据天然不是商品，当数据量增多、数据的离散性增大、整合数据的成本和数据挖掘的收益同时增加、社会和知识分工不断细化时，出现专业数据公司及其研发的数据商品（Lyytinen K et al.，2015）。四是制度条件。数据成为商品的条件之一是私有产权，为保障数据商品有序交易，需建立保护其数据产品开发者权益的私有产权制度（Agrawal A et al.，2019）。五是技术条件。技术创新渗透到经济生活的各个领域，为数据商品化提供技术支持（Reuver M D et al.，2017）。

---

① 数据商品和数字商品具有差异且较易混淆。熊巧琴和汤珂（2021）对其进行界定，前者是由网络、传感器和智能设备等记录的某特定对象的行为轨迹，具有较强的分析价值，如机器生产和采集的内容；后者是以数字形式储存和表现的人类思想和知识成果，如网易云音乐、在线课堂等。

② 农业经济时代的主要生产要素为劳动、土地，产生了以 William Petty（1899）为代表的二元生产要素理论；工业经济早期资本在经济活动中的重要性凸显，产生了以 Adam Smith（1963）为代表的三元生产要素理论；工业经济后期机器逐步取代人力，企业组织管理逐渐被重视，产生了以 Alfred Marshall（2005）为代表的四元生产要素理论。生产要素理论随技术的进步不断丰富与创新，五元生产要素理论处于探索形成阶段。参见：徐斌，李燕芳．生产要素理论的主要学派与最新发展［J］．北京交通大学学报（社会科学版），2006（03）：20－24.

同时，数据商品的显著特征是高固定成本与低复制成本。与普通商品不同，数据是个人和组织行为活动的副产品（如：下单购物、导航寻路、采购询价），产生的边际成本近似于零（Shapiro C and Varian H R，1999），属于无意识、无成本、不具有商业实质的离散性信息①。但随着个人或组织主体使用量的增加，应用数字技术经搜集—处理后的数据，个人或组织主体的偏好痕迹或画像随之清晰，具有商业实质（Lambrecht A and Tucker C E，2015）。因此，数据商品的成本主要源于在研发环节支出的人力与技术成本。这主要包括：研发人员的人工成本、技术知识积累、必要的生产设备投资、市场风险等。但研发成熟的技术在应用过程中可复制的边际成本几乎为零（数据产品的成本与普通产品成本图详请见图 1－1）（Josh L et al.，2006）。随着技术的成熟及数据处理量的增加，数据搜集与处理成本呈递减趋势（Squire B et al.，2006），但当新技术出现时（如：新算法），随之产生新成本，故数据商品的平均成本在一个数字技术创新周期内呈递减过程（Tee R and Gawer A，2009）。

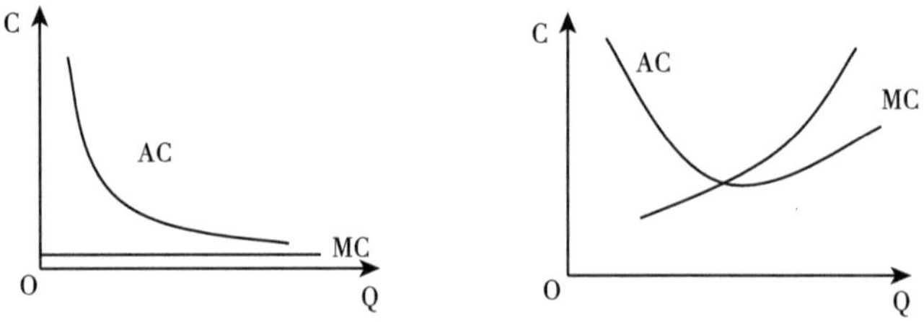

图 1－1　同一技术周期内数据商品与普通商品的成本曲线对比图

1.2.1.3　数据资产化阶段

数字经济发展的第三阶段是数据资产化。随着数据商品交易量上升，企业或组织对于数据管理的重要性显现，未经管理的数据难以体现数据价值（Ahmad N and Ribarsky J，2018）。具体管理内容包括价值量化、管理期间的折旧与增值等列报管理工作（张俊瑞等，2020）。此时数据开始剥

① 离散性信息由 George Stigler（1961）在《信息经济学》一文中被提出，认为大量信息商品质量具有异质性，信息呈离散形式，且信息商品价格亦具有离散性。详见：赖茂生，王芳．信息经济学［M］．北京：北京大学出版社，2006：54－56.

离于资源、商品范畴限制，既具有场景应用价值，又具备相对独立的经济价值，成为企业或组织资产的组成部分（Jim L，2004；Perrons R K and Jensen J W，2015），是企业或组织财富价值的体现，此过程为数据资产化。此阶段交换的形式主要体现为数据资产租赁、数据资产出售等。此外，随着数字经济的深入，数据抵押、融资等新业务活动开始出现（穆勇等，2017），数据资本化形式崭露头角①。

可见，数据资产同样是一定经济、制度、技术等条件下的产物。数据成为数据资产，除需具备数据资源化和数据商品化的条件外，还需具备以下条件：一是数据资产价值能够被量化。企业或组织需将数据资产的价值通过一定方式显化为合理的价值（Pei J，2020）。当前数据资产的价值量化方法有经典资产评估方法及其他衍生法，但均需依据数据资产具体应用场景进行方法模型的调整修正。二是数据资产的折旧与增值的量化（Bergemann D et al.，2018）。数据作为资产需考虑其存续期间数据本身不会消耗或消失，但其价值依旧存在折旧与增值现象（Ahmad N and Ven P，2018）。例如，数据在其一个生命周期内随数据量的增加及应用场景的深入，数据价值随数据质量提升而增加；但在新技术出现，数字技术创新周期更迭之时，数据价值可能会降低或消失（张俊瑞等，2020）。因此，数据资产化过程中需对数据资产的折旧与增值进行管理。

综上所述，当前随着数字经济的驱动，数据资产化过程正在进行中，诸多基本问题尚需解决，具体包括：数据资产列报中，数据资产归属于何种资产类型，不同资产类型的初始确认计量、后续折旧等会计核算方式的不同；数据生产过程中的多主体性致使其权属存在争议，制约着数据商品化和资产化；数据资产的独有特征，使得数据资产不同于普通资产，在对其进行价值评估过程中，涉及数据价值评估方法的选择及模型的修正问题。具体数据资产化过程三阶段对应总结如表1-1所示。

---

① 数据资本化是数据发展的第四阶段，目前数据资产化过程尚在形成，数据资本化属于数据资产化的下一阶段，不属于本书研究范畴，此处出于梳理的完整性考虑，仅提及其概念，不做深入研究。

表 1-1　　数据资产化过程三阶段对照表

阶段	应用范围	流通实质	流通形式	价值形式
数据资源化	企业或组织内部	内部数据信息	信息	依附于具体业务
数据商品化	上下游或类型企业或组织间	数据算法能力	数据租赁、数据出售、数据产品	依附于数据商品
数据资产化	所有企业或组织	数据	数据资产租赁、数据资产出售	有相对独立价值，且价值依场景而变化

1.2.2　数据资产相关研究

虽然关于数据资产的理论研究滞后于实践发展（Stiglitz J E，2002），但当前学界已对数据资产基础理论展开充分研究，本部分从数据资产的概念、属性及会计核算、权属等方面进行梳理。

1.2.2.1　关于数据资产的概念

朱扬勇和叶雅珍（2018）从“数据资产”这一名词被提出、到数据资产所含内容的变迁、再到相关权威研究机构对数据资产做出定义等方面，对数据资产的概念演进及发展历程做出详尽分析。在此基础上，叶雅珍等（2019）进一步对与数据资产术语紧密相关的概念进行梳理与分析，将与数据资产相近的相关概念进行统一。本书以此为基础，进一步对数据资产概念进行梳理。数据资产缘起于数据，借助于科信技术发展及场景应用实现数据资产化，资产化过程中涉及多场景主体和跨学科研发应用。由于学者、业界相关人士所处学科领域不同，对数据资产的概念界定侧重点有所差异，故当前数据资产尚未有统一定义。已有研究中对数据资产的界定主要集中于生物环境、会计学、计算机科学技术等领域。

生物环境等领域学者认为，数据资产是以知识形态存在的实物，是一项可为所有者带来某种权利、优势和效益的固定资产（潘宝玉等，2005；何帅等，2013）；计算机科学技术领域学者认为，数据资产是指可以格式化为“0”和“1”的二进制源，并对其拥有所有权或使用权的资源（刘芳，2008；James M et al.，2011；McAfee A and Brynjolfsson E，2012）。以上领域更加突出数据作为物质的自然属性。会计学及相关应用经济领域则更加突出数据的社会属性，将数据资产定义为“由主体拥有或者控制的，未来能够为该主体带来直接和间接经济利益的，以物理或电子等媒介介质记录的数据资源”（徐全华，2002；吕玉芹等，2003；张志刚等，2015；Wan X et al.，2017；Susha I et al.，2017；O'Donnell C J，2017；Mohammed E A，2017；Arifin F，2017；唐莉和李省思，2017；中国信息通信研究院云计算与大数据研究所，2018；潘青青等，2018；吴爱华，2018；华烨和王莉，2020；闭珊珊等，2020；秦荣生，2020）。会计学领域的数据资产强调拥有或控制、未来具有经济利益，并且该经济利益能够可靠计量。理论经济学则从劳动价值理论出发分析数据资产，认为数据资产是可复用的通用性资产，并且对实物生产资料具有功能替代性和数量倍增性（叶秀敏和姜奇平，2021）。此外，朱扬勇和叶雅珍（2018）在融合会计学资产定义的基础上，将数据资产定义为“拥有数据权属（勘探权、使用权、所有权）、有价值、可计量、可读取的网络空间中的数据集”，突出了数据资产的物理属性、存在属性和信息属性；许宪春等（2022）从国民核算视角突出强调数据资产的生产性特征。

可见，关于数据资产的定义在各领域有所差异，但在会计学及相关应用经济领域中，数据符合资产的确认条件已受到多数学者认可，也有学者进行初步尝试多学科、跨领域融合来确定数据资产概念，这是对具体领域的有益补充与拓展。此外，关于数据资产的确认流程，除列举资产确认条件等形式外，Rowley J（2007）构建出从数据到资产确认的内在逻辑，提出 DIKW 模型（Data - information - knowledge - wisdon Model），以识别和明晰数据资产。

1.2.2.2 关于数据资产的属性及会计核算

（1）数据资产的属性

数据资产除具有物理属性、存在属性、信息属性等自然属性外（朱扬勇和叶雅珍，2018），随着数据资产价值的逐渐凸显，学者开始围绕数据的社会属性展开研究：Stahl F et al.（2013）、刘朝阳（2016）、赵子瑞（2017）、Collins V and Lanz J（2019）、唐要家和唐春晖（2020）、李静萍（2020）等学者认为数据应当成为可交易的商品，具有经济属性，应将其作为一项资产并进行日常核算（秦荣生，2020）。随后，有学者进一步探讨数据资产的资产类型。数据资产属于何种类型的资产，将其归属于传统无形资产范畴，还是新设无形资产类别，是国内外学者研究的重点问题。

《企业会计准则第6号——无形资产》（财会〔2006〕3号）将无形资产定义为：企业拥有或者控制的没有实物形态的可辨认非货币性资产；《资产评估职业准则——无形资产》（中评协〔2017〕37号）中将无形资产定义为：特定主体拥有或控制的，不具有实物形态，能持续发挥作用并且能带来经济利益的资源。可见，非实物形态与能够带来经济利益是无形资产的两大特征。一部分学者认为，数据资产属于传统无形资产范畴（Brown B et al.，2011；Donald W et al.，2015；翟丽丽和王佳妮，2016；邹照菊，2018；左文进和刘丽君，2019；李菲菲等，2019；张俊瑞等，2020；余应敏，2020），黄丽云和黄松（2012）指出，即使经济利益不可计量，仍可将其视为无形资产范畴；一部分学者在对比现有无形资产特征后，进一步分析认为数据资产有别于现有无形资产所含范畴，属于新型无形资产（Edmans A，2011；张咏梅和穆文娟，2015；王玉林和高富平，2016；刘琦等，2016；黄乐等，2018），应确立无形资产中的一项新类别，扩充无形资产核算科目（游静等，2018；张俊瑞等，2020），如“数据资源资产”（张鹏和蒋余浩，2020；张肖飞和王佳媛，2020）；还有学者认为数据资产同时兼具有形资产与无形资产特征，应当根据数据资产在具体应用场景中对应信息的内容，将其单独归属为一种新的资产类别（Toygar et al.，2013；Schönberger V M and Cukier K，2014；朱扬勇和叶雅珍，2018；阮咏华，2020；闭珊珊等，2020），且在计量核算中单独设置独立于固定资产和无形资产之外的科目，如“数据资产”科目（李雅雄和倪杉，2017；余应敏，2020）。此外，还有少数学者认为数据资产具有实务形态且呈现以知识形态，应将其划分为固定资产（何帅等，2013）。可见，数据资产作为一项无形资产已得到多数学者认可，但属于何类无形资产，尚处于研究讨论中。

(2) 数据资产的会计核算

由于数据资产的属性及其会计科目尚未确定，关于数据资产价值的会计核算问题仍处于探讨阶段。本书将其分为计量单位、计量方式及列报三方面进行简要阐述。

一是数据资产计量单位的确定。前已叙及，数据资产具有相对独立性，既依附于具体应用场景，又具有相对独立的经济价值。因此，数据资产的计量单位不能完全为货币计量（邹照菊，2018）。李雅雄和倪杉（2017）建议对于数据资产带来的经济利益采用货币计量方式，对于数据资产带来的企业战略调整、知名度上升、核心竞争力提升等采用非货币计量方式。

二是数据资产计量属性的确定。数据资产有投入和产出两种计价方式，前者是以投入成本作为计价基础，包含历史成本和重置成本；后者是以交换脱离企业或组织时可获得的现金及其等价物作为计价基础，包含可变现净值、清算价值、现行市价、公允价值和未来现金流现值等。目前会计准则关于数据资产计量属性尚无明确规定，学界对此提出不同观点，杨训和周遊（2016）、Heckman J et al.（2015）、邹照菊（2018）、唐莉和李省思（2017）等学者认为，数据资产未来价值更能反映数据的资产特征，建议采用“产出价值”进行数据资产确认和后续计量。还有学者提出针对数据资产来源进行不同方式的计价。例如，刘玉（2014）对于外购和直接加工形成的数据资产，采用投入成本计价；对于间接获取加工形成的数据资产采用投入价值与产出价值孰低计量。关于数据资产后续计量包括数据资产持有期间的资产价值更新、减值准备、出售、出租、毁损报废等，可参考无形资产后续计量方式（徐燕雯，2021）。

三是数据资产的记录与报告。期末应将数据资产的确认原则、计量单位、计量方式等进行披露，使数据资产充分列报（李泽红和檀晓云，2018）。但数据资产的列报应有别于无形资产，以反映数据资产价值不确定性带来的价值膨胀与价值崩塌（谭明军，2021），尤其是重点披露非货币性计量方式下的经济利益流入事项（李雅雄和倪杉，2017）、人才与技术支持情况（Manyika J et al.，2011）。

1.2.2.3 关于数据资产的权属

由于数据资产具有非排他与非竞争性、多重使用与低成本共享性等特征，使得数据在资产化过程中，多主体参与共建数据资产，数据资产的产权争议由此而来。数据资产确权是数据资产计量的关键，直接影响着数据资产会计核算、价值评估等经济活动。本书对数据资产权属进行文献梳理，归纳现有学者观点，以期探讨各方认可且适当的制度设计与解决方案。

从原始数据到数据搜集、从数据整理到数据清洗、从数据库建立到数据应用或交易，CIC 联动链上涉及多主体参与，权责利的界限模糊使得数据资产的权属问题成为学者争论的焦点（田杰棠和刘露瑶，2020）。部分学者认为数据产权应归属于原始数据提供者（王融，2015；石丹，2018；王芳，2020），这可保障数据开发方、应用方与原始数据提供方之间合同或协议的达成，促进数据要素流动效率（Jerry K，1998）；部分学者主张，为保证数据要素的有效流通，数据产权应归属于数据加工者，否则将阻碍数据交易法律关系的建立，进而影响数据要素价值的开发和应用（Schwartz P M，2001；王玉林和高富平，2016；王渊等，2017；程啸，2018；陈永伟，2018；文禹衡，2019；张钦润和傅晓媚，2020；宋宇和嵇正龙，2020）；此外，还有部分学者认为以上排他性产权不适用于数据要素，并提出折中的解决方式，如将现有产权限定为“情景依存的有限产权”（唐要家，2021）、“共有产权”（张鹏和蒋余浩，2020）等新型数据财产权（金耀，2020）。可见，当前法律对数据资产产权的界定尚不明确，数据权属依旧存在争议，尚未达成统一。

诚然，于数据要素而言，数据权属的确定是保障数据要素合法流动、促进数据资产价值挖掘的前提。多主体性和多维性的数据涉及数据资产的权属分配及产权制度设计（Urquhart L et al.，2018）。对此，龙卫球（2017）指出，数据的多主体性、非排他性使得知识产权、物权等现有权利框架无法解释数据权利。随着数据价值的深入挖掘和应用场景的横向拓展，数据将从法溢上升至权利（李晓阳，2019），基于数据自身特性，构建数据资产的新型权利体系成为数据资产治理的必然。当前，学界对数据在权利体系的构建正处于探索之中，并逐步形成“数据财产说”、“新型人格权说”以及“数据隐私权说”，其中“隐私权说”属于“新型人格权说”的衍生范畴（穆勇等，2017；李晓阳，2019）。前者是基于企业视角，注重数据资产的开发与利用；后者是基于数据提供者视角，注重数据资产的保护。

因此，探讨数据资产的新型权利体系，是从法律层面破解数据资产开发与保护两难选择窘境，以找寻合理的调整路径。美国采取宽泛保护模式，以促进数据资源的开发和利用，但难以形成规范性的解决路径和创新性的数据权利体系（Purtova N，2009）；与此相反，欧盟采取立法保护模式，先后出台《数据保护指令》《Cookie 指令》等保障个人数据的合法权益，但出于成员国的法律基础差异，各国的保护制度和保护水平有所差异，数据要素流通依旧受限（闫晓丽，2017）。

以上模式是以数据资产利益或个人信息为中心的单边静态解决方式，但数据资产具有双向性特点，应建立数据资产双边权利体系框架（刘新宇，2019；Cheng X，2019）。对此，众多学者提出多种解决方案，例如，有学者提出分阶段构建数据资产权利体系（龙卫球，2017；赵瑞琴和孙鹏，2021），即将原始数据与经过脱敏清洗和深度加工过的衍生数据区别对待，对于原始数据突出人格权，重视对个人隐私的保护（Rubinstein I S，2013；Landau S，2015；程啸，2018；闫立东，2019）；对于加工处理之后的数据突出财产权，加强财产权保护（Herbert Z，2016；程啸，2018；唐要家和唐春晖，2020），且所指财产权是占有、使用、收益、处置为“数据集合”（Collection of Data）的所有权体系（许可，2017；程啸，2018）。此外，还有学者提出可以通过“个人数据银行”的方式，将所有权与使用权分离（郭兵等，2017）；通过“数据信托”的方式，保护流通中的个人权益（冉从敬等，2022）；构建基于数据许可合同的合同路径（金耀，2020），以化解数据资产的开发与保护这一两难选择问题。

1.2.3 数据资产价值评估相关研究

由上文数据资产化过程的梳理可知，数据资产的价值不同于一般无形资产，数据资产形成过程中数据成本的模糊性、数据价值挖掘的风险性、情景获利的不确定性，致使数据资产价值影响因素尤为复杂，数据资产价值评估的难度上升（张志刚等，2015）。因此，关于数据资产价值评估相关研究，本书从价值影响因素和评估方法两方面进行梳理。

1.2.3.1 关于数据资产价值的影响因素

本书通过对数据资产价值评估相关文献进行梳理发现，数据资产价值影响因素众多，不同学者从不同维度对数据资产价值影响因素进行分析，并在此基础上构建数据资产价值评价指标体系。对此，尹传儒等（2021）对其进行概述总结：符山（2018）从效用价值、成本价值、战略价值、交易价值四个维度进行数据资产价值分析；中关村数海数据资产评估中心则从内在价值、业务价值、绩效价值、成本价值、市场价值、经济价值六个维度进行研究；李然辉将数据资产价值维度分为质量维度和应用维度，上海德勤资产评估有限公司与阿里研究院在此基础上进一步增加了风险维度。

综合以上研究可知，尽管划分维度不同，但维度内细化二级维度的内容大致相同，即各学者或研究机构对数据资产价值具体影响因素的总结基本一致。因此，本书综合参考 Heckman et al.（2015）、Liang F et al.（2018）对数据资产价值影响因素的分类方法，将数据资产价值影响因素总结为表 1 - 2。

表 1 - 2　　数据资产价值影响因素梳理

类别	类别特点	影响因素	代表性研究者（年份）
定性类	数据的属性	数据清洁度、数据精度、数据准确度、数据完整度、数据广度、数据颗粒度、数据鲜活度、数据再生性、数据延迟性、数据规模、数据类型、数据格式	Heckmanet al.（2015）；张志刚等（2015）；Yao S et al.（2017）；Montoria F et al.（2018）；吴俊杰等（2020）
成本类	数据的成本	设备维护频率、数据采集方式、数据更新频率、数据与设施安全防护程度、人力投入、数据系统建设投入	张志刚等（2015）；Liang F et al.（2018）；Lim et al.（2018）；邹照菊（2018）；朱泽等（2021）

续表

类别	类别特点	影响因素	代表性研究者（年份）
经济类	数据的经济价值	数据使用效果、数据价值密度、数据共享性、数据适用范围、数据多样性、可访问性、排他性、数据重复率、数据关联性、数据隐私性	Goodhue D Let al.（1992）；Glazer R（1993）；Lim et al.（2018）；李永红和张淑雯（2018）；翟丽丽等（2016）
环境类	法律保障与市场应用	数据合规性、数据风险、预期场景使用溢价、技术应用能力	Short J E and Todd S（2017）；赵子瑞（2017）；黄乐等（2018）；邹照菊（2018）；李满海和辛向阳（2019）；孙俐丽和袁勤俭（2019）

1.2.3.2 关于数据资产价值的评估方法

前已叙及，数据参与生产并对决策产生影响时数据的价值开始显现，数据资产化的核心是将数据资产价值量化。全球数据可持续发展合作委员会（The Global Partnership for Sustainable Development Data，SDGs）2019年发布报告指出：数据资产价值量化方法有成本法、收益法、市场法以及基于收入和基于影响因素的方法。简言之，数据资产价值评估方法可分为三大基本方法和其他方法。本书从数据资产价值的实现途径角度分析，数据资产价值来源一般分为对内和对外，即应用于企业管理运营和市场交易流通。前者侧重于数据对管理决策、具体业务影响的衡量，可以通过三大基本方法和衍生方法评估数据资产价值；后者侧重于对数据资产用于买卖、租赁等具体事项时的定价，可以通过多种方式定价：一是通过拍卖、谈判磋商等市场交易定价，二是通过估值定价，三是通过市场交易定价与估值定价相互结合、相互补充，综合确定具体交易事项价格。因此，本书拟从三大基本方法、其他衍生方法、市场交易定价三大部分梳理现有研究成果。

（1）三大基本方法

数据的价值易变性、重复使用性和低成本共享性等特点使得评估数据资产价值具有较大难度。通过梳理已有文献可知，当前数据资产价值评估主要基于三大基本评估方法（徐漪，2017；何玉长和王伟，2021），三种方法各有利弊（Visconti R M，2020；李春秋和李然辉，2020），应用场景各不相同。

成本法是基于数据资产的重置角度，依据在现有条件下重新形成该数据资产所需的全部费用确定数据资产价值。《资产评估专家指引第 9 号——数据资产评估》（中评协〔2019〕40 号）指出，收益法和市场法适用于交易性较好的数据资产，当前数据资产市场处于建设初期，参数测算存在一定困难，可考虑成本法进行评估。德勤和阿里研究院（2019）指出，数据资产成本法评估价值为重置成本与贬值因素之差。重置成本包括设备与人力等显性成本，还包括研发等隐性成本；贬值因素主要包含经济型贬值。林飞腾（2020）进一步指出贬值因素还包括数据安全性、准确性、完整性等数据属性变动带来的功能性贬值。同时，目前已有学者采用成本法构建数据资产模型。例如，Heckman J et al.（2015）构建了基于数据成本、数据质量、数据消费价值的数据资产估值定价模型；张志刚等（2015）构建数据资产成本价值模型估算数据资产价值；张咏梅和穆文娟（2015）使用成本法构建金融资产价值评估模型，并强调数据资产的高风险性，计算重置成本时应使用倍加系数法；李永红和李金骜（2017）构建成本法模型评估企业内部数据，并指出数据资产价值为期初建设成本与全周期运营成本；此外，还有学者从成本修正视角、资本预算视角计算数据资产成本（Coyle D et al.，2020；张鹏和蒋余浩，2020；赵瑞琴和孙鹏，2021）。

收益法是基于数据资产的预期应用场景，计算该数据资产在未来场景应用中产生的收益折现值确定数据资产价值。部分学者认为收益法能够反映数据资产实际价值，是较为优选的方法（Mark B，2002；Mawer C，2015；杨训和周遊，2016；邹照菊，2018）。李永红和李金骜（2017）指出可以使用收益法基本模型进行互联网企业数据资产价值评估。德勤与阿里研究院（2019）进一步指出数据资产价值评估收益法具体有权利金节省法（Relief from Royalty）、多期超额收益法（Muti - period Excess Earnings）、增量收益法（With - and - without Method），但使用收益法评估数据资产价值时，由于数据资产成本与收益的弱对应性，预期收益较难衡量，且数据的效益在一定程度上依赖于数据分析工具与不同主体对数据价值的认知，评估的主观性较大（杨训和周遊，2016）。因此，有学者指出评估数据资产需加强对未来盈利能力的测算，并对收益模型进行修正研究：Gupta S et al.（2004）将顾客价值纳入收益法模型；Bauer H H and Hammerschmidt M（2005）从生命周期角度修正收益法模型；埃斯瓦斯·达摩达兰（2019）将研发费用纳入收益法模型消除会计计量方式对评估结果的影响。

市场法是基于替代性原则，在相似可比案例的基础上，量化现存差异并对其进行调整。随着大数据交易场所的建立，市场法的应用条件将趋于成熟（李永红和张淑雯，2018）。由于数据资产的特殊性，现有研究多侧重于对市场法修正因素的研究。例如，Ho C T B et al.（2011）使用数据包络分析法对市场法修正系数进行调整；刘琦等（2016）量化调整了技术水平、价值密度、数据容量、日期等差异因素，采用市场法评估数据资产；左文进和刘丽君（2021）基于用户感知价值视角，从大数据资产、规模、权益、资金回报率、估价时点、使用时间、交易时点等方面，构建出大数据资产影响因素修正系数，并应用LINMAP模型求解指标权重，减小评估过程中的主观性。但也有学者指出，由于当前数据市场尚未全面建立，数据交易合法性、透明性有待商榷，直接观察数据资产买卖价格较为困难（方元欣和郭骁然，2020）。

（2）其他衍生方法

传统的价值评估理论已基本成熟（Rezaee Z，2011），在具体执行计算基础上，发展出资产价值评估的其他衍生方法。国内外研究主要从以下几个视角展开：一是基于数据资产的多属性视角，剖析数据资产价值影响因素，构建价值评估指标模型；二是基于混合视角，将多种评估模型混合应用于数据资产价值评估；三是基于经济学理论视角，以博弈理论、拍卖理论、市场均衡理论等为基础，构建数据资产价值评估模型。

①价值评估指标法

目前，合理选取与确定数据资产价值评估指标是科学评估数据资产价值的前提。当前，学者基于不同角度构建数据资产价值评估指标。因此，价值评估指标因侧重角度不同而有所差异。

Sajko M et al.（2006）从数据的质量、特征、成本、现值四个维度进行数据资产估值，并使用群组决策与价值矩阵方式求出数据资产综合价值；魏晓菁等（2015）从数据采集方式、数据资源质量保证、数据资产化完成率等方面，构建了数据资产可信度量化分析模型，利用AHP分析法，从可信度角度评估数据资产价值；翟丽丽等（2016）从数据的及时性、多样性出发，构建了基于漏损率的 LSM 模型；Yu H and Zhang M（2017）以数据资产的完整性、准确性、及时性为关键影响指标，构建数据资产价值评估指标；Lim et al.（2018）通过分析 149 个数据密集型服务公司案例，从数据价值链视角构建出包含数据源、数据搜集、分析、传递等九个因素在内的数据资产价值评估框架；王笑笑等（2019）构建出数据资产二级指标评估体系，并引入人工神经网络与模糊综合评价法求取数据资产价值；孙俐丽和袁勤俭（2019）基于内在、情景、应用、资产等维度，构建数据质量指标评价体系，并采用德尔菲法和 AHP 法修正指标确定权重；倪渊等（2020）构建数据特质、法律因素、市场因素的数据资产价值指标体系，并基于以上指标与数据资产价值的非线性关系，提出使用 AGA – BP 神经网络模型，较传统的 BP 神经网络而言，可提升价值预测精度与收敛速度；闭珊珊等（2020）基于成本、供求、环境、固有价值四方面构建出 CIME 数据资产价值评估指标体系，并分别论述了 CIME 评估模型的四种测算方法；黄倩倩等（2022）从成本、质量、应用、品牌等维度构建出数据资产价值评估指标体系，并分别论述该体系在冷启动期和成熟期的实现路径。

②混合方法

还有学者采用多种数据资产价值评估方法进行数据资产估值，以期提升评估结果的科学性和合理性。Austin R D et al.（2012）将协同价值创造动态框模型与信息价值定价理论结合，评估不同阶段应用场景下的数据资产价值；石艾鑫等（2017）从收集、处理和维护等数据资产化过程方面构建出数据资产价值评估体系，并综合采用 AHP 与主成分分析法对其进行评估；李永红和张淑雯（2018）综合使用 AHP 分析法与灰色关联分析法对市场法进行修正，构建出数据资产价值评估模型；王静和王娟（2019）将层次分析法与 B – S 理论模型结合，构建出金融互联网企业价值评估模型；卢民荣（2019）将 AHP 与决策树算法、机器学习和云计算等方法结合，构建数据资产评估模型，并使用房地产估价进行案例检验；左文进和刘丽君（2019）将市场法、Shapley 值法和破产分配法相结合，构建出数据资产分解估价方法，并实证分析了该方法的合理性和可行性。

③经济学方法

数据资产价值可以采用数据资产所产生的利润增量、业务增量和市场竞争优势进行衡量（Sandeep T，2003；Davenport T H，2006；Davis C K，2014）。多位学者基于经济学理论视角研究数据资产价值评估模型：李贵孚和柳青（2006）基于消费者效用理论与厂商成本理论，分析信息商品的特征，构建出信息商品的特征价格模型，为数据资产价值分析提供借鉴；刘洪玉等（2015）基于市场竞争机制，建立了鲁宾斯坦模型；Niyato D et al.（2016）从数据科学角度探讨数据效用，并基于数据市场均衡理论，研究数据资产最优价值；翟丽丽和王佳妮（2016）指出使用密切值法计算交易主体间的信任度、差异度、活跃度等重要程度，并基于改进的B-S模型求取企业间交易数据的共有价值；穆勇等（2017）引入经济学资产定价理论，提出数据资产累计共享效益计算模型；Liang F et al.（2018）基于信息不对称、数据资产风险等角度，引入数据交易市场中价格博弈均衡理论，确定数据资产价值；董祥千等（2020）基于数据市场均衡理论，提出利润最大化模型求取数据资产价值。

④技术方法

除以上评估方法外，部分学者认为数据资产具有强技术特征（Shankaranarayanan G et al.，2015），构建技术特征与数据资产价值函数，进行数据资产价值评估。例如，数据资产价值体系中应包含的信息量不同，Balazinska M et al.（2011）构建了关于元组粒度的数据资产价值函数；Koutris P et al.（2015）构建了基于检索次数与价值的函数，Lin B R et al.（2014）进一步将卖家收入引入，构建出数据检索无套利定价函数；Shen Y et al.（2016）将数据划分为不同等级，采用信息熵、引用指数等影响数据价值的因素对数据进行定价；随后，韩海庭等（2019）基于隐私暴露补偿和信息应用补偿，提出“熵”的价值结构模型。

1.2.4 数据资产交易定价相关研究

数据资产化的价值分析可分为对内价值和对外价值两方面（张驰，2018）。前者是指数据资产应用于企业战略决策、业务管理、生产管理等方面，依附于场景，并未直接体现于货币形式，其价值需进行量化分析；后者是指数据资产化后具有独立经济价值，应用于交易、租赁等方面而产生的效益，该效益直接体现于购买者支付的货币。

数据资产对外价值的分析，与定价既有区别又有联系。数据资产价值评估与定价是数据资产化的两个阶段（陆岷峰和欧阳文杰，2021）。因此，数据资产价值与价格紧密联系，前者是后者的基础，后者是前者的表现形式。如：不同主体可重复使用的共益性、数据资产形成的累积性、不完全让渡所有权或使用权等。同一数据资产在单次交易中价格不同，数据资产定价是随数据资产交易而发生的动态行为。故在一定意义上说，数据资产交易价格是数据资产单次交易的价值体现（尹传儒等，2021）。

因此，为深入剖析数据资产价值评估问题，需对数据资产定价进行分析和梳理。数据成为生产要素开始参与市场配置，我国政府指导建立了贵阳大数据交易所、上海数据交易中心等二十余家数据交易中心推动数据要素的流转。交易流通中的数据开始有偿使用，主要的交易定价形式有拍卖式定价、反馈式定价和自由式定价等协商定价方式，以及固定式定价、实时式定价和自动撮合计价式定价等可信第三方定价形式。但当前的数据资产交易定价形式容易造成数据资产质量低下、价值受损等问题（刘阿千，2020）。当前交易定价方式还处于探索阶段，故当前学界的研究主要集中于定价模型和定价策略。其中，定价模型可分为博弈视角和经济理论视角（Liang F et al.，2018；曾鸣，2020）。

1.2.4.1 基于博弈视角的数据资产定价模型

博弈定价是当前数据资产最常用的定价方法（彭慧波和周亚建，2019）。博弈定价模型有非合作博弈模型（Non - cooperative Model）、斯坦伯格博弈模型（Steinberg Model）和讨价还价博弈模型（Bargain Model）。

非合作博弈模型的基础是市场具有完全信息，且博弈双方了解彼此最优决策。Luong N C et al.（2017）构建了只有一个均衡解的纳什均衡模型对IoT传感数据进行评估。此外，完全竞争市场中，不存在信息不对称情形，且博弈双方均为理性人，假设博弈对方利益最大化情形下制定最优价格，完全市场中的均衡即为非合作均衡（Li C et al.，2014；Niyato D et al.，

2016）。数据资产边际成本几乎为零的特征使得MC＝MR均衡条件下无法实现收益。对此，Li Z et al.（2019）尝试引入市场虚拟引导者制定规则调整市场，“诱使”交易双方在不降价的情形下达成交易，且保护了双方隐私。

斯坦伯格博弈模型假设市场中存在领导者与追随者，追随者根据领导者做出最优决策后的情形制定其最优决策。Lv X Y et al.（2012）指出数据资产交易中，博弈双方在斯坦伯格模型中均有博弈解，且领导者在博弈中更占优势。后有学者结合数据资产特性对该模型进行深入研究：Liu K et al.（2019）引入市场虚拟引导者假设，进一步构建出两阶段斯坦伯格模型，该引导者完全了解双方信息，卖方出价，引导者将其决策展示给买方，买方根据剩余市场空间决定是否购买，引导者根据数据质量及买方意愿选取适合的卖方，与买方促成交易。Xu C et al.（2020）从交易主体角度提出多层斯坦伯格模型，第一层主体为原始数据卖方与数据中间商之间成交，第二层为数据中间商处理数据与制定价格，第三层为数据购买者最终决定购买数量。该模型的缺点之一是卖方引导者做出决策后买方追随者根据引导者信息做决策，交易时间长、效率低且实施难度大（Rawat D B et al.，2016；Yao H et al.，2019；Xu C et al.，2020）。

讨价还价模型可体现出交易各方动态博弈的过程。Jung K et al.（2019）构建出交易各方公平协商的讨价还价模型确定数据资产价格。同时，Moulik S et al.（2016）、Azimi S M et al.（2016）、Mao Y et al.（2017）利用该模型评估个人数据隐私损失的价值。此外，汪靖伟等（2020）提出可借鉴区块链底层技术，去中心化管理有助于减少博弈时间、降低博弈成本、提高交易效率。

1.2.4.2 基于经济理论视角的数据资产定价模型

除博弈定价模型之外，基于经济理论视角的数据资产定价模型的研究也较为深入。具有代表性的模型是效用定价模型和生命周期定价模型。

效用定价模型是由数据使用者在数据资产中获取的满足程度，或数据资产对数据使用者的有用性来决定的。孙玲芳和陈曦（2010）、Cai L and Zhu Y（2015）、Yu H and Zhang M（2017）指出数据质量是维系消费者效用和数据资产价格的纽带，数据资产定价模型应当基于用户效用角度予以构建，应将用户效用量化纳入价格模型中；缪方瑜（2011）基于用户效用感知角度，构建出数据资产定价模型；熊励等（2018）从客户感知视角提出数据资产交易定价机制，具体包括：价值、功能、竞争、情感、社会五个指标。此外，周木生和张玉林（2014）对传统线性效用函数进行修正研究，突破线性假设，结合数据资产特性，构建出具有普适性的数据资产定价模型；程琳等（2019）建议引入区块链技术，优化数据资产效用定价。

生命周期定价模型是从动态变化角度进行定价。闵华松和胥贵萍（2011）较早提出数据资产的生命周期动态管理模型；王卫等（2012）从数据资产阶段特征出发，构建了各阶段的数据库产品定价模型。

除以上代表性的经济理论视角外，还有学者从其他视角构建数据资产价值模型。例如，赵瑞琴和孙鹏（2021）基于预算基本原理，提出大数据成本交易价格模型。

1.2.4.3 数据资产的定价策略

数据资产价格是数据资产单次交易的价值体现，具体关于数据资产的定价策略概述详情见表1-3。

表1-3　　数据资产定价策略及代表性文献

基础模型	定价策略	代表性研究者（年份）	
三大基本方法模型	捆绑定价、基于数据质量的定价、客户感知的定价等	• Baake P and Boom（2001）； • ANiyato D et al.（2016）； • Stahl F and Vossen G（2017）； • 赵子瑞（2017）；	• Gneezy A et al.（2014）； • Cai L and Zhu Y（2015）； • 缪方瑜（2011）； • 程琳等（2019）
博弈模型	拍卖定价、反馈定价和自由定价等	• Riederer C et al.（2011）； • Rawat D B et al.（2016）； • Liu K et al.（2019）； • 赵丽和李杰（2020）；	• Ghosh A and Roth A（2015）； • Zhang C et al.（2018）； • Xu C et al.（2020）； • 张小伟等（2021）
经济理论模型①	差异定价、分段定价、动态定价等	• Kephart J O et al.（2001）； • 王卫等（2012）；	• 闵华松和胥贵萍（2011） • Zhang M et al.（2021）

① 经济理论模型包含效用理论与生命周期理论。其中，效用理论亦属于收益法的理论基础，本书将基于效用理论的定价策略归于收益法中。

其中，表1－3中学者对基于博弈模型的拍卖定价策略的研究较为深入。拍卖定价策略中具体包含：无限供应拍卖机制，可高效保护拍卖各方利益一致（Riederer C et al.，2011）；预算一定时应考虑理性人的按购买比例机制，可有效保护隐私（Dandekar P et al.，2011）；多单位采购拍卖制度，牺牲部分隐私以提高交易定价的准确性（Ghosh A and Roth A，2015）。但以上定价策略不能反映随场景应用而价值易变的数据资产价格（Jentzsch N，2014）。后有学者对此进行改进，尹鑫等（2018）提出基于安全计算技术（Micali－Rabin）的安全委托拍卖方案确定数据资产价格；陈志注等（2018）提出改进的次高叫价拍卖模型和序贯拍卖模型确定数据资产价格。

此外，还有学者主张采用多种策略结合使用的方式，以及表3－1之外的其他方式进行数据资产定价。例如，赵丽和李杰（2020）针对数据的双向不确定性和买方市场主导的情形，提出数据资产价格区间以供买卖双方讨价还价；张鹏和蒋余浩（2020）主张当前采取物权定价、知识产权定价、收益定价三种数据定价方式；吴超（2018）引入数据付费协议计价，减少信息不对称对数据市场均衡的影响。但也有学者指出，当前研究主要集中于交易定价方式，关于数据要素标准化分割严重，交易市场制度尚未形成，交易组织定位不清，监管责任不清，数据要素市场化滞后于传统要素市场（茶洪旺和袁航，2018；何玉长和王伟，2021；曹硕等，2021），应加强数据要素市场制度研究，构建多方主体共同参与的数据资产价格形成机制，以促进数据流通（陆岷峰和欧阳文杰，2021，黄倩倩等，2022），并构建数据要素治理体系，以保障数据价值的释放（赵正等，2022）。

1.2.5 研究现状评述

本书通过对国内外研究的梳理与回顾发现，既有研究中对数据资产价值评估已有一定的关注且有初步的探索，为数据资产价值评估的深化研究奠定了必要的基础，但在以下三个方面的研究相对有限且有待进一步深入：

（1）关于数据资产概念界定的研究有待明晰

厘清数据资产的资产类型，是进行数据资产评估的前提和基础。目前学界关于数据资产属于无形资产这一结论基本达成共识。但数据资产与传统无形资产的边界尚不明晰，数据资产属于《资产评估职业准则——无形资产》中十类无形资产的某一类，还是应将数据资产单独划分为一类无形资产，均尚有待进一步强化论证。

（2）关于数据资产权利体系的研究有待深化

数据资产的多主体性引发的产权争议，直接关系到数据资产价值评估中评估对象等评估基本要素的确定。均衡协调多方数据资产主体的利益，创新数据资产价值权利体系成为提高数据要素流转效率、提升数据资产价值评估合理性的必要法律途径。但现有研究中，数据资产权属分配及产权制度设计难以达到多方利益均衡协调。基于此，关于数据资产权利体系的研究有待继续深化，破解利益均衡难题。

（3）关于数据资产价值评估方法和定价模型的研究有待优化与拓展

既有研究对数据资产评估模型的讨论集中于三大经典方法的参数求取和优化研究，但基于数据资产的特征视角出发的优化研究较少。经典评估方法是其他衍生方法的基础，如何立足于数据资产特性优化经典模型，进一步提升经典方法的适用性，是数据资产价值评估的重点与难点，有待进一步拓展。

1.3 研究思路、内容与方法

本书基于已有研究结果和观点，以提出问题、分析和解决问题为研究思路，构建出“数据资产基础理论—数据资产价值发现—数据资产价值评估方法修正—数据资产价值评估实践应用”的研究主线，并采用相关方法展开研究，以促进数据要素流动，提升数据资产持有主体的数据资产价值管理水平。

1.3.1 研究思路

本书立足于数据资产价值评估问题，在对国内外相关研究成果进行梳理与总结的基础上，首先，界定数据资产概念和剖析数据资产权属、梳理数据资产价值评估的基础要素；其次，分析数据资产的价值，包含数据资产价值的形成、体现方式、实现途径、影响因素、形成机制等；再次，分析当前数据资产价值评估的相关方法模型，结合数据资产特征，对三大基础方法的评估模型进行优化研究与仿真应用；最后，基于数据资产价值评估实践应用视角，构造出数据资产价值评估实践应用体系，并提出相关配套建议。本书研究思路按照图 1－2 所示的技术路线展开。

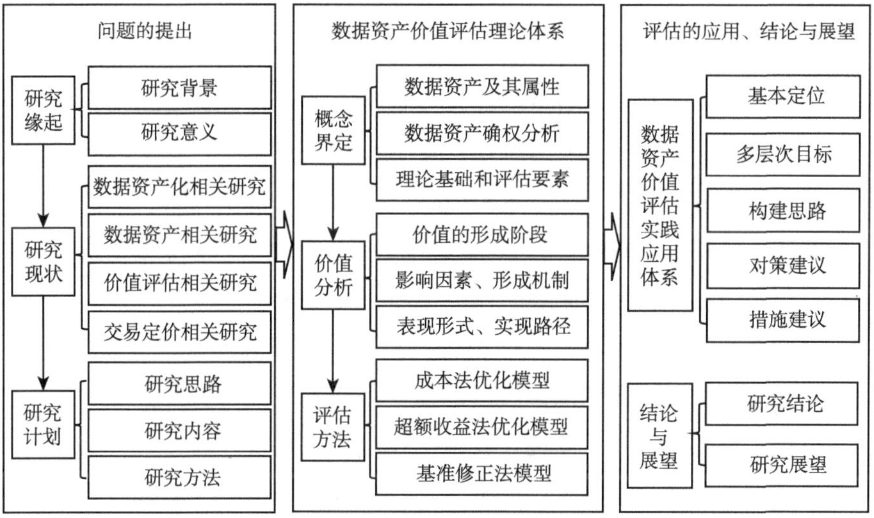

图 1－2 本研究的技术路线

1.3.2 研究内容

基于以上研究思路，本书设置以下八个章节展开研究，具体研究内容如下：

第 1 章，绪论。本章主要介绍本书的研究背景、研究意义、国内外研究现状、研究思路、研究内容、研究方法和可能的创新点。

第 2 章，数据资产价值评估的基础理论剖析。本章首先分析数据资产的概念，重点辨析数据资产与无形资产的关系，并细化研究数据资产在具体资产类型中的所属类别；其次，分析数据资产的权属和权利体系，明晰在数据资产价值评估中的权利内容，确定数据资产价值评估对象；再次，梳理与数据资产价值评估相关的经济学理论；最后，分析数据资产价值评估的本质、对象、目的、类型、假设等评估的基础要素。

第 3 章，关于数据资产价值体系及其评估方法的理论分析。本章首先以数据资产价值的形成为切入点，对数据资产价值形成的不同阶段进行分析与梳理；其次，从价值的影响因素、形成机制、体现方式、实现路径等方面分析数据资产价值；最后，梳理数据资产价值评估的三大基础方法及选择。

第 4 章，基于成本法的数据资产价值评估模型优化与仿真应用。本章首先分析成本法评估数据资产的成本与价值弱对应性限制；其次，针对此限制，构建出“成本 + 溢价 - 贬值”的数据资产成本法优化模型，并引入系统动力学原理，结合 ACER 价值影响因素体系建立 SD 仿真模型；最后，以国家税务总局 SZ 市税务局企业微信应用系统数据资产 1 年期的所有权为例进行仿真应用，研究结果表明该优化模型具有普适性。

第 5 章，基于超额收益法的数据资产价值评估模型优化与仿真应用。本章首先分析收益法评估数据资产的依附性限制；其次，针对此限制，构建出数据资产的超额收益法优化模型，并对除数据资产以外的贡献资产整体集合的调整系数进行测算；最后，以 SWTX 当前所持有的数据资产所有权为例，对数据资产价值评估的超额收益法优化模型进行仿真应用，研究结果表明该优化模型具备可操作性。

第 6 章，数据资产价值评估的基准修正法评估模型构建与仿真应用。本章首先分析市场法评估数据资产的市场前提条件限制；其次，针对此限制，依据“基准 + 修正”路径，构建出数据资产基准修正法模型，为欠发达数据交易市场提供有效的路径支持；最后，以 SDJJMY 大学购买的 Wind 公司金融数据终端服务单账号 1 年期使用权为例，对数据资产基准修正模型进行仿真应用，研究结果表明该模型具备可操作性。

第 7 章，数据资产价值评估实践应用体系的构建及配套建议。本章首先立足于数字经济时代特征，构架出多维立体的数据资产价值评估应用体系；其次，在此基础上分别论述完善评估主体环节和基础保障的具体建议，并提出保障数据资产价值评估评估环境稳定性的相关配套措施。

第8章为研究结论、不足与展望。本章基于数据资产的系列理论与实践应用的研究，总结本书的主要研究结论，并指出当前研究存在的不足之处，以及未来的研究展望。

1.3.3 研究方法

本书集中运用计量经济学、资产评估学、宏微观经济学的相关理论与方法，对数据资产价值评估问题展开理论与实证研究。其中，本书使用的研究方法主要包括以下四种：

（1）文献研究法

本书利用文献计量方式分析出数据资产价值评估相关研究的内容与趋势：依据文献计量结果，从数据资产化过程、数据资产概念和确权、数据资产价值评估方法、数据资产交易价格等方面检索文献，并进行详细回顾与梳理。

（2）调研访谈和问卷调查法

本书通过走访10位有关评估机构专家、数字企业技术专员、无形资产实务研究专家、高校数据资产评估领域专家，了解具体的数字技术应用情况及评估实务和理论工作，在此基础上，发放数据资产价值评估专家调查问卷，获取模型研究所需数据。

（3）案例分析法

本书选取数字技术应用成果较好的典型企业案例，对优化和构建的数据资产价值评估模型进行案例仿真分析，以此论证数据资产价值评估模型的可操作性。

（4）统计分析法

结合本书的研究内容，具体采用以下几种统计分析方法：

第一，多元回归法。数据资产的依附性使得评估中需要剔除贡献资产整体集合对资产组收益的贡献比例。本书通过构建多元回归模型，并采取非线性最小二乘法进行估计，采用高斯—牛顿法进行迭代，测算出调整系数 k。

第二，层次分析法。本书采用层次分析法，从数据属性类、数据经济类、数据风险类等方面构建层次分析模型，测算出数据资产价值评估的成本法优化模型和基准修正法模型中的所需参数。

第三，系统动力学分析法。由于数据资产价值影响因素间关联复杂性较强，故本书通过引入系统动力学方法，建立因果关系和存量流图，研究数据资产的价值形成机制；并结合 ACER 价值影响因素体系建立 SD 仿真模型，研究数据资产的预期使用溢价。

1.4 可能的创新之处

本书通过对国内外已有研究进行梳理与评述，对数据资产价值评估问题展开理论分析与应用分析，可能的创新之处主要体现在以下三个方面：

（1）研究思路的创新

本书以界定和测算数据资产价值为研究的出发点，在梳理数据资产价值相关理论的基础上，构建出数据资产价值评估理论框架体系和应用框架体系。其中，在理论框架体系中，本书将数据资产的特征纳入经典评估模型中，分别构建出基于使用溢价和贬值的成本法模型、基于贡献资产整体集合调整系数的超额收益法模型以及适用于数据市场初期的市场衍生方法基准修正法模型。这对于数据资产价值评估理论的发展具有一定的价值，是本书在关于数据资产价值评估模型构建思路上可能的创新。

（2）研究观点的创新

本书一是明晰数据资产概念，提出数据成为数据资产的 ECPQN－M 鉴别判定流程；二是构造出多维主体权利体系，并指出多主体间的权益边界，即数据生产者在数据“交易”后，数据资产权利体系赋予其数据人格权，但不享有数据财产权和数据政府权；三是构建出数据资产价值影响因素 ACER 体系，并指出数据资产价值的五种形成机制。这是本书在与数据资产价值相关的评估前提、评估的基础要素和价值影响因素等观点上可能的创新。

（3）研究方法的创新

本书构建多元回归模型，并采取非线性最小二乘法估计，高斯—牛顿法迭代，测算贡献资产整体集合的调整系数；采用层次分析法分析成本法优化模型和基准修正法模型中的所需参数；采用系统动力学分析法分析数据资产的价值形成机制，测算数据资产的预期使用溢价，丰富了模型参数的测算方法。这是本书关于数据资产价值评估模型参数测算方法上可能的创新。

第2章　数据资产价值评估的基础理论剖析

本章为数据资产价值评估之理论镜鉴。数据资产作为新型资产，尚有数据资产界定、确权等诸多问题亟待解决。基于此，首先，本章对数据资产概念进行辨析和界定；其次，分析数据资产的权属和权利体系，以明晰在数据资产价值评估中的权利内容；再次，梳理数据资产价值评估的经济学理论基础；最后，分析数据资产价值评估的基础要素。本章的梳理与论述，可为后文数据资产价值分析和数据资产价值评估方法的研究提供理论支撑。图2－1列示了数据资产价值评估相关理论的关系，即数据资产价值评估理论体系框架图。

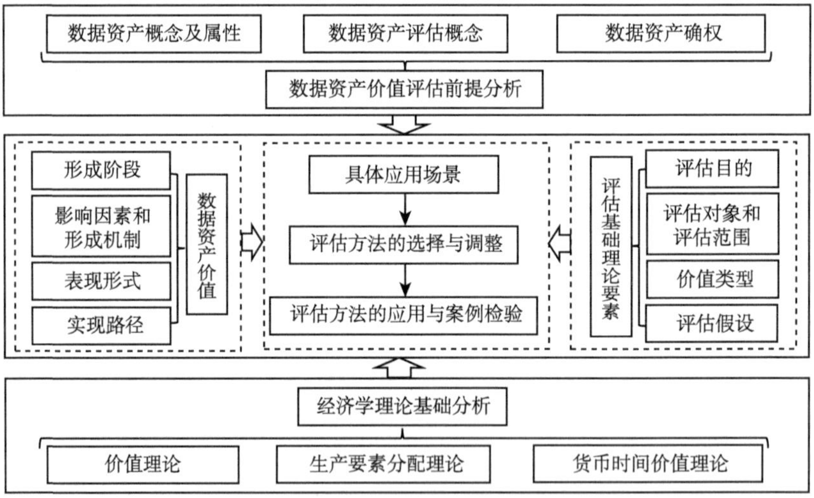

图2－1　数据资产价值评估理论体系框架①

① 本章节为理论基础概述章节，主要对数据资产价值评估前提、经济学理论基础和评估的基础要素三部分进行梳理与说明，数据资产价值分析、数据资产方法分析于后文第3章节至第6章节予以详细论述。

2.1　数据资产与数据资产评估的概念

根据前文数据资产化过程的文献梳理可知，数据本身不具有价值，具备一定条件后方可转化为数据资产。因此，挖掘与甄别现存潜在的“暗数据”，科学合理地测算数据资产价值，促进不同主体间的数据要素流通，需首先对数据资产、数据资产评估等概念进行界定。

2.1.1　数据资产的概念

前已叙及，数据资产缘起于数据，且在资产化过程中涉及多场景主体和跨学科研发应用，故不同领域对数据资产概念界定有所差异，目前尚无统一权威性定义。结合前文综述及相关数据资产研究文献，本书进一步从不同视角对数据资产已有概念进行梳理，表 2－1 为各视角下数据资产的定义及突出特点。

表 2－1　不同视角的数据资产定义

侧重视角	定义	突出特点	代表性研究者（年份）
物质视角	可带来某种权利、优势和效益的固定资产	数据资产的利益性	潘宝玉等（2005）； 何帅等（2013）
信息视角	可格式化为二进制源，并拥有所有权或使用权的资源	数据资产法律属性	James M et al.（2011）； McAfee A and Brynjolfsson E（2012）
赋能视角	可提高组织运作效率，赋能产品新功能、产业新模式	数据资产的赋能性	Bughin J et al.（2010）； Perrons R K and Jensen J W（2015）
统计视角	拥有应用场景，且被持续使用一年以上的生产性资产	数据资产的生产性	许宪春等（2022）

续表

侧重视角	定义	突出特点	代表性研究者（年份）
应用经济视角	能够拥有或者控制，未来能带来经济利益的数据资源	数据资产的预期经济利益	吕玉芹等（2003）； O'Donnell C J（2017）； Mohammed E A（2017）； Arifin F（2017）； 吴爱华（2018）； 秦荣生（2020）
理论经济视角	可复用的通用型资产，对实务生产资料有功能替代性和数量倍增性	数据资产具有通用性和复用特征	叶秀敏和姜奇平（2021）

2.1.1.1 数据资产的含义及判定流程

数据资产相较于普通资产而言具有特殊性。这直观体现于“数据”，数据是对自然界、人类社会等客观世界运转、行为记载的符号及符号组合。随着数字记载媒介的发展和变革，数据呈现以下特征：共享性，数据的使用不会带来数据的消耗，数据的开发具有非排他性，甚至具有无限的供应量和正外部性；衍生性，聚合后的数据比单独的数据更有价值，与其他要素市场有机结合，产生乘数作用，有助于提升全要素生产率；异质性，同样种类的数据，不同来源的数据具有不同的特性。

本书在已有研究视角的基础上，结合数据特性、《企业会计准则——基本准则》（财会〔2014〕76 号）第二十条至二十二条、《资产评估专家指引第 9 号——数据资产评估》（中评协〔2019〕40 号）第二条，将数据资产定义为：数据资产是指特定主体在过去的对内对外事项中形成的、由其拥有或控制的、不具有实物形态、预期能持续发挥作用并能够带来经济利益的可辨认非货币性资产。

本书在此定义中着重强调数据成为数据资产需要具备以下五个核心要点：

（1）存在性（Existence）

存在性是数据成为数据资产的基本支撑。存在性是指数据为已形成、可读取的数据。随着云计算、数字孪生等新技术的诞生，基于当前已有数据会对未来进行预测而形成预测数据。本书出于会计信息质量可靠性和谨慎性原则，认为虽然预测数据可为特定主体带来经济利益流入，但其不属于本书所定义的数据资产，是数据资产的衍生资产，即衍生数据资产。因此，对于特定主体已建成数据系统，但在未来对内对外事项中即将形成的预测数据，以及当前技术条件下无法读取或不可读取的数据均不能成为数据资产，数据的存在性是数据成为数据资产的基础物质支撑。

例如，在某一特定组织中，可能成为数据资产的存在性数据包括：持有主体在对内对外活动中形成的组织基础、核心甚至涉密的内部数据，如组织资源计划、往来客户管理、人力资源、会计信息系统等内部数据；组织设备在联网过程中产生的网页数据、移动感应设备数据等外部数据。

（2）可控性（Controllability）①

可控性是数据成为数据资产的前提。可控性是指特定主体拥有对数据资产的调用、提取、分析的权利。该权利并非强调特定主体对数据的绝对所有权，但需拥有对数据的“实际控制权”②。由于数据资产化过程中涉及多主体性，故本书界定的数据资产仅强调特定主体对数据的调用、提取、分析等实际控制权。控制权是特定主体能够支配该数据资产的前提条件。

依据数据的存在性及所有权，本书将数据分为三类：自有型数据、限制型数据和外来型数据。自有型数据是组织在对内对外活动中形成的内部数据，组织独立拥有该数据的所有权。限制型数据具体分为两种，一是组织出于合理目的（如：企业正当商业目的、政府合法行政管理目的）通过组织研发联网系统而自行收集的消费者、公民数据；二是组织之间联盟依据协议共同收取的数据（如：在 Google、百度等平台投放广告的公司，平台代为收集数据；百度、腾讯等公司组创的大数据联盟）。限制型数据需经脱敏处理后方可使用，数据在形成环节中涉及多个主体，组织不拥有该数据的全部所有权。外来型数据是组织通过交易、转让、免费公开等让渡

① 此处涉及数据资产权属分析，该部分仅为数据资产概念分析，具体权属分析内容详见本章第二节。

② Varian H（2019）指出数据的可使用性使得数据的实际接入比数据产权更为重要。

所有权或使用权的形式获取的数据，交易转让后组织拥有独立所有权，以及获取公开共享数据后拥有的使用权。

（3）收益性（Profits）

收益性是数据成为数据资产的关键。收益性是指数据资产有关的经济利益很可能流入该特定主体。经济利益具体体现为数据资产用于特定主体内部，且对该特定主体提供决策指导，产生降本增效的间接经济利益流入；或是数据资产用于主体之间交易，即通过让渡控制权为特定主体带来的直接经济利益流入。

首先，该收益是独立可辨认的。可辨认性是数据资产被识别以及区分于其他资产的保障。可辨认性使得数据资产产生的价值可以从特定主体的资产组中剥离出来。这体现在两方面，一是数据挖掘对企业决策的影响产生的价值可从企业经营模式中剥离出来，二是数据可独立出售或转让以产生价值。数据资产的可辨认性是数据资产被识别以及与特定主体拥有的其他资产进行区分的保障，也是后文收益法评估数据资产的基础。

其次，该收益是具有流动性的。同劳动力、资本等传统生产要素一样，数据能创造价值，具体体现为数据挖掘、分析后对组织活动和决策的影响而增加经济利益流入或减少经济利益流出。叶秀敏和姜奇平（2021）使用费雪方程解释数据资产价值的流动性：$M_2V=B_2H$，其中，M_2为货币价值量，V为货币价格水平，B_2为数据资产价值量，H为数据资产价格水平。当特定主体复用数据资产交易时（$B_2\uparrow$），与之对应通用货币价值量上升（$M_2\uparrow$）；特定主体复用数据资产抵押或进行决策时（如精准营销、组织协同降低经营成本），B_2转化为M_2，实现数据要素价值的流动性转换。

最后，该收益的风险是可确定的。基本经济活动具有不确定性风险，本书借鉴会计学中关于经济利益的流入概率定义“可能性”。与某一数据资产有关的经济利益流入的概率为P，当$P\in(0\%,5\%]$时，表示未来经济利益极小可能流入；当$P\in(5\%,50\%]$时，表示未来经济利益可能流入；当$P\in(50\%,95\%]$时，表示未来经济利益很可能流入；当$P\in(95\%,100\%)$时，表示未来经济利益基本能够流入。本书所指数据资产的可能性为$P\in(50\%,100\%)$时的概率，方可确认为数据资产。

（4）可计量性（Quantifiable）[①]

可计量性是数据成为数据资产的基础。可计量性是指数据资产的成本或价值通过一定方法，能够被可靠地计量。数据资产虽不具有实物形态，但可计量性是收益量化的基础，表现为特定主体使用或让渡该数据资产所带来的经济收益能力，即数据资产的价值可用货币计量和反映。数据资产的计量在当前会计学领域属于新型业务，本质上是数据资产的价值计量，主要涉及以下三点：

一是数据资产计量属性的选择。前已叙及，数据资产计量属性有投入和产出两种价值基础，前者包括历史成本和重置成本，后者包括可变现净值、现值、公允价值。当前学界对数据资产计量属性尚无定论。结合数据资产特点及会计准则，本书从计量阶段和市场活跃度两个角度论述数据资产计量属性。从数据资产计量阶段角度考虑，历史成本是数据资产取得时点的实际成本，重置成本、可变现净值、现值、公允价值是当前时点数据资产的现时成本和现时价格。各计量属性之间具有关联性，当前时点数据资产的历史成本是过去时点该数据资产的公允价值，当前时点数据资产的公允价值是未来时点该数据资产的历史成本。因此，出于谨慎性原则和数据历史资料的可获得性，本书认为在数据资产初始阶段选取历史成本计量属性；在后续计量阶段，数据资产具有可复用性，数据资产使用期间内，特定主体持有数据资产预期为其带来的效益增量（产出）远多于数据资产账面价值（投入），出于相关性原则，本书认为应选取公允价值或其他相关产出价值的计量属性。从数据资产所处市场活跃度角度考虑，当数据市场较为活跃、公允价值能够取得并可靠计量时，采取公允价值计量，既可记录数据资产未来潜在价值及持有期间损益变动情况，又可符合买卖双方在交易时的价值意愿；当数据资产来源复杂、数据异质性较强且不存在活跃数据市场，市场上未能找到类似参照物时，可选取现值法（即未来收益折现法）对数据资产进行估值，合理反映该数据资产的未来经济利益，此时公允价值是以现值为基础确定。

二是数据资产的计量单位的确定。数据资产为特定主体带来经济利益

① 依据数据资产计量阶段可分为初始计量与后续计量，具体在2.1.1.5部分展开论述。

流入的方式具有多样性。因此，数据资产的计量单位应包括货币计量单位与非货币计量单位（邹照菊，2018）。货币计量单位反映数据资产的现实经济利益，非货币计量单位反映主体内部生产管理模式优化度、核心竞争力增强度、企业形象和品牌知名度等（李雅雄和倪杉，2017）。

三是计量方法的选择。数据资产价值可采取成本法、市场法、收益法等传统计量方式，但均需结合数据资产特征进行调整与修正。此外，还有针对数据资产价值评估的衍生方法，在后文章节重点论述，此处不予赘述。

（5）非货币性（Non – Monetary）

数字资产是数字品的集合，广义的数字资产包括以下三部分：数字出版物、数字影音、数字软件等数字产品资产（Digital Goods）；主权数字货币、公有链数字货币（比特币）等数字货币资产（Digital Assets）以及感知数据、个人数据、企业数据、政务数据等数据资产（Data Assets）。但随着数字人民币、数字美元等法定数字货币的陆续推出，数字资产的概念逐渐专指 Digital Assets，美国 SEC（Securities and Exchange Commission，SEC）将数字资产直接定义为以基于区块链底层技术的“虚拟货币”（Hinman B，2019），故狭义的数字资产为数字货币。因此，本书为与法定数字货币予以区分，在数据资产界定中特别突出数据资产的非货币性。

依据以上数据资产的核心要点分析，本书概括出数据资产的确定过程，即 ECPQN – M 流程，如图 2 – 2 所示。

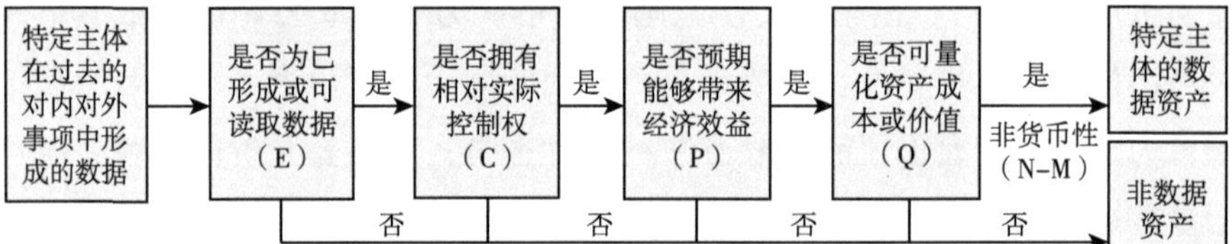

图 2 – 2　数据资产确定流程图

2.1.1.2　数据资产的特征

数据资产作为资产的一种形式，除具有前文数据资产化过程中数据资源和数据商品的特征之外（相对稀缺性、非均匀分布性、分析挖掘的竞争性、高固定成本与低复制成本），还有其独有特征。本书将数据资产特征概括为以下四项：相对共享性、动态性、价值不确定性、规模经济性。其中，前两项特征为形式特征，后两项特征为功能特征。

相对共享性是指经处理后的数据资产具有独占性，控制主体之外的主体需交易才可获取。同时，数据资产的低复制成本使其拥有“复用”的天然优越性，可在不同主体之间共享，体现出一定的协同效应。但该共享性并非绝对共享，前已叙及，数据资产化的条件之一为私有产权，强调特定主体对数据资产的独占性，产权明晰后方可促进数据资产合理流通，且该特征需特定主体自身以及相应制度予以保护。

动态性是指数据资产随时间、技术周期发生变化。当前数据呈几何态势增长，不同于实物资产，数据资产的形态、价值、数量、内容均会发生改变。通常，一个技术周期内，数据资产的形态、内容、数量均处于渐进式变化状态，但在技术更替时期，数据资产的形态、内容、数量则处于革命式变化状态。

价值不确定性是指同一数据资产在同一时期内的估值、定价差异较大，以及同一数据资产在不同期间内价值波动较大。一是由于“信息悖论”的存在使得交易买方愿意支付的价格随其掌握信息量的增加而降低，当其不了解数据资产时，很难估计该资产对其带来的效用，但当其完全了解该数据资产后，购买该资产对其的效用降低（Kerber W，2016）；二是随特定主体掌握数据资产数量的增多，数据资产组合相应增加，新组合产生的衍生数据资产增加其价值；三是数据资产的价值与数据质量、时效性等有关，但数据质量与时效性等具有多变特征，相应影响数据资产价值；四是数据资产的场景应用具有多样性，会使同一数据资产价值差异较大。

规模经济性是指数据资产需经一定时期和一定数量的积累。数据资产的形成并非一蹴而就，呈现为一个长期动态积累的过程。单一数据的价值极低甚至为零，但数据聚集产生规模效应，呈现出较强的价值挖掘潜力。其影响范围、获利能力均随数据资产规模的扩大而增强。

2.1.1.3　数据资产的分类

根据不同的分类方法，数据资产被分为不同类别。本书依据不同视角对数据资产进行归类，如表 2－2 所示。

表 2-2　　数据资产分类依据分析表

分类视角	分类方式	分类结果
数据来源视角	途径来源	网页数据、科研数据、感知数据、组织数据
	主体来源	个人数据、企业数据、政务数据
	行业来源	第一产业数据、第二产业数据、第三产业数据
经济关系视角	产权	自有数据、共有数据、外来数据
	性质	生产经营数据，社会管理数据
	用途	自用数据、交易数据
信息技术视角	数据格式	文本日志、图片、音频、视频等
	数据关系	结构化数据、半结构化数据、非结构化数据

（1）数据来源视角

从数据来源视角出发，可以途径来源、主体来源、行业来源等方式对数据资产进行分类。按照获取数据的途径，可将数据资产分为网页数据、科研数据、移动数据、组织数据。网页数据是用户通过互联网而产生活动痕迹的记录，包括用户浏览和点击等行为数据、消费和交易等经济数据以及社交数据；科研数据是来源于高校、研究所等科研机构的数据，以供科研人员使用；感知数据是指智能穿戴器、数码传感器等感知技术设备监测并采集的数据；组织数据是指社会团体、政府机构、企业等组织在组织运行期间积累形成的内部数据以及组织之间往来的交互数据。按照获取数据的主体来源，可将数据资产分为个人数据、企业数据、政务数据。个人数据是指个人参与社会、经济活动而形成的数据，具体分为姓名、性别、年龄、住址、学历、职业等被动数据，和个人偏好、消费记录等主动数据；企业数据包括企业在运营中的 ERP 数据、CRM 数据、AIS 数据等内部数据以及对外活动中以交易形式收集的外部数据；政务数据是政府业务领域数字化后形成的数据资产，根据是否可以公开可分为公共数据与非公共数据（或共享数据与非共享数据）。按照获取数据的行业来源，可将数据资产分为第一产业数据、第二产业数据、第三产业数据，即农业行业数据、工业行业数据和服务行业数据。

（2）经济关系视角

从经济关系视角出发，可以产权、性质、用途、内容等方式对数据资产进行分类。按照产权分类方式，可将数据资产分为自有数据、共有数据、三方数据。自有数据是指主体通过自身的业务活动获取和积累的数据，组织拥有该数据的全部产权；共有数据是指组织在业务活动中依据组织联网系统采集且处理的他方数据，以及组织之间合作共同采集且处理的数据，组织拥有该数据的限制性产权；外来数据是指组织通过交易、转让、免费公开等让渡所有权或使用权的形式获取的数据。按照性质分类方式，可将数据资产分为生产经营数据、社会管理数据，前者多指企业等社会经济组织的营利性活动中产生的数据；后者是指政府、协会等非营利性管理机构、部门的社会福利性业务中产生的数据。按照用途分类方式，可将数据资产分为自用数据、交易数据，即组织对内与对外使用的数据。

（3）信息技术视角

从信息技术视角出发，可以数据格式、数据关系等方式对数据资产进行分类。按照数据格式分类方式，可将数据资产分为文本日志、图片、音频、视频等数据。按照数据关系分类方式，可将数据资产分为结构化数据、半结构化数据、非结构化数据。结构化数据是指可以整理成行数据并以一定规律进行存储，以及以二维表（属性和元组）结构逻辑表示的数据，如企业的 ERP 数据、AIS 数据等；半结构化数据介于结构化数据和非结构化数据之间，如邮件系统、档案库等；非结构化数据是指无固定结构的数据，如文本、图片、音频、视频等。

2.1.1.4 数据资产的属性

研析数据资产属性问题，应当首先从现有资产框架出发，探究数据资产属性可否能在现有资产框架下得以解释。若此路径为非合理的解决方式，则应从数据资产的基础概念为研究起点，分析其是否能构成新型资产类型。因此，本部分首先从资产框架出发，研究数据资产属于何种类别资产，再研究数据资产属于具体类别资产中的何种细分资产。按照资产是否具有实体形态，可分为有形资产与无形资产。关于数据资产是否属于无形资产的议题早已被国内外学者、业界人士高度关注（张俊瑞等，2020）。前已叙及，《企业会计准则第 6 号——无形资产》（财会〔2006〕3 号）、资产评估准则《资产评估执业准则——无形资产》（中评协〔2017〕37

号）均强调无形资产的非实物形态和预期经济利益两大特征。但现有资产评估准则中列示无形资产范畴并未包含数据资产①，故现有资产框架途径中数据资产属性未能得以解释。因此，本书拟从数据资产概念出发，以探索数据资产属性。

有学者指出通俗意义上的无形资产为狭义无形资产，随着社会经济业务的拓展与创新，当前准则对无形资产的限定范围过窄的问题开始显现，建议无形资产的范畴应予以补充，广义上的无形资产还包括企业核心竞争力、员工满意度、消费者行为数据、R&D 投入及广告成本等（杨训和周遊，2016；张俊瑞等，2020）。唐莉和李省思（2017）、祝子丽和倪杉（2018）等学者认为数据资产属于无形资产范畴。本书从概念和特征两方面分析数据资产：根据数据资产概念可知，数据资产具有非实体性，且预期可为特定主体带来经济利益，具有收益性，符合无形资产基本界定要求。但数据资产同时具备相对共享性、价值不确定性等独有特征，有别于传统无形资产。因此，本书认同以上学者观点，认为数据资产属于广义无形资产。

按无形资产的性质和属性分类，无形资产可以分为关系类无形资产、知识类无形资产、权利类无形资产和组合型无形资产②。数据资产归属于以上何种类型，当前尚无统一观点。本书认为，首先数据资产不属于组合型无形资产。组合型无形资产是指由多因素综合形成的无形资产。该类资产的特点为价值源泉与具体因素无法对应，无法独立存在与辨识。数据资产价值来源为数据的应用，获益方式主要为降本增效，且数据资产的定义可知，数据资产具有真实存在性，且可计量、可辨识，故数据资产不属于组合型无形资产。其次，本书认为数据资产亦不属于剩余三种无形资产类型，而是独立于以上三种类型之外的无形资产。数据资产作为一项无形资产，既不可完全受限于当前准则，又亦不可任其泛化，故本书从基础概念角度，对数据所反映的具体内容为起点进行分析。

---

① 资产评估准则《资产评估执业准则——无形资产》（中评协〔2017〕37 号）中所述无形资产包括专利权、商标权、著作权、专有技术、销售网络、客户关系、特许经营权、合同权益、域名等可辨认无形资产和商誉这一不可辨认无形资产。

② 中国资产评估协会．资产评估实务二［M］．北京：中国财经出版传媒集团，2019：3－5.

首先，本书借助于关系型、知识型、权利型无形资产的概念，依据具体数据所反映内容判别数据的归类。关系型无形资产是指主要依赖于特定主体与相关当事人的非契约和信任关系，而持续为特定主体带来经济利益的无形资产。对于客户关系、专家网络、销售网络等相关数据，可考虑将其划分为关系型数据。知识型无形资产是指由人类复杂脑力劳动而创造的成果，如知识、技能等。对于以创新创造为核心的数据，可考虑将其划分为知识型数据，如技术含量较高的专有技术数据、文创型的著作数据。权利型无形资产是指由政府、组织或个人通过契约形式授权，并能为特定主体其带来超额利润的无形资产。对于专门用于租赁、特许经营或是专卖的数据，可考虑将其划分为权利型数据。

其次，数据不等于数据资产，按照数据所反映内容的分类不能简单、直接移植于数据资产。这是由于：第一，数据是自然、经济社会活动痕迹的数字记录，而数据资产是经过清洗、整合、挖掘、分析等一系列环节合成的“新物”，虽然数据所反映的内容可以分为知识型数据、权利型数据、关系型数据，但数据资产并非原始数据的简单排列组合和物理变化，与数据并非存在“一一映射”的关系；第二，数据资产通过影响以上三类无形资产所对应活动的决策，产生作用并发挥影响，但其本身并非以上三类无形资产所对应活动，故并不属于以上三类无形资产。

具体而言，关系型数据经一系列环节完成资产化，成为企业一项数据资产，但依据关系型无形资产的定义，关系型无形资产是依赖于特定主体与相关当事人的非契约和信任关系带来的经济利益流入，而该项数据资产是通过数据分析，对特定主体从事客户关系业务的决策产生正向影响，“巩固和加强”与相关当事人的非契约和信任关系而带来超额经济利益的流入。但该项数据资产并非“非契约和信任关系”本身。同理可及，权利型数据完成资产化成为数据资产后，该资产通过数据分析，对政府、组织或个人等契约授权人的决策产生正向影响，“修改和变更”授权的形式、范围、程度等契约授权而带来超额经济利益的流入，但该项数据资产并非“契约授权”本身；知识型数据完成数据化成为数据资产后，该资产通过数据分析，对人类创造技术、著作等复杂脑力劳动的决策产生正向影响，“完善和提升”复杂脑力劳动而带来超额经济利益的流入，而该项数据资产并非“技术、著作等复杂脑力劳动而创造的成果”本身。此处需要说明的是：数据资产是人类复杂脑力劳动而创造的成果，技术、著作等知识型无形资产亦是人类复杂脑力劳动而创造的成果。但此脑力劳动成果非彼脑力劳动成果，数据资产化过程凝聚着人类分析和挖掘数据、创造数据资产的复杂劳动；知识型无形资产凝聚着人类创造技术、著作的复杂劳动。

综上所述，本书认为首先数据资产是一项广义的无形资产，属于无形资产范畴；其次，数据资产非关系型、技术型、知识产权型无形资产，是属于资产评估准则规定的十项无形资产之外的一项可辨认资产。在会计、资产评估等领域尚未给予确定前，本书暂将其确定为“其他型——数据资产”无形资产。数据资产与其他无形资产的关系如图 2－3 所示。

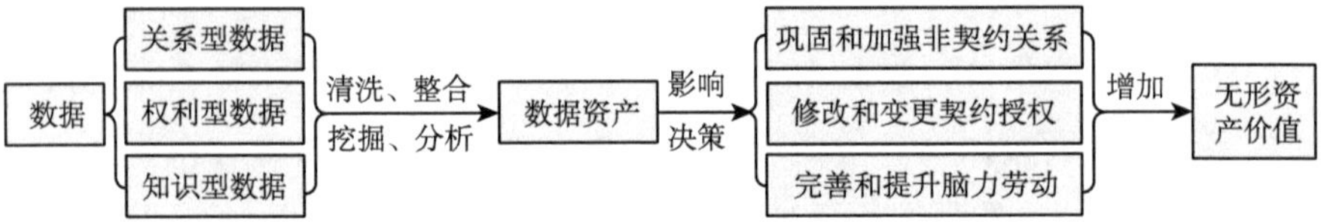

图 2－3　数据、数据资产与无形资产关系图

2.1.1.5　数据资产的会计确认和计量①

舍恩伯格和库克耶（2013）主张将数据资产列入资产负债表，并提出这只是时间早晚问题。数据资产的会计确认和计量是后文数据资产价值评估中参数取值确定的基础之一；同时，数据资产价值评估也是数据资产计量的方法之一。二者互为影响，互为辅助。因此，在数据资产概念界定中，有必要分析数据资产的会计确认和计量，以为后文数据资产价值评估分析提供基础。

① 数据资产会计确认中包含数据资产的确认条件、确认时点及确认会计科目。当前学界对于数据资产会计科目设置的争议较大，有学者认为数据资产应单独设置一级科目，再根据用途设置自用资产、交易资产、交易资产公允价值变动等二级科目，以及数据资产累计摊销、减值准备等备抵科目（上官鸣和白沙，2018；张俊瑞等，2020）；还有学者认为数据资产属于无形资产范畴，应将数据资产单独列示为无形资产下属的二级会计科目（李泽红和檀晓云，2018）。本书研究主题为数据资产价值评估，会计科目设置并非本书重点内容。因此，本部分会计确认中仅分析数据资产会计确认条件、时点，会计计量中重点分析不同用途下的数据资产计量属性选择，不对数据资产会计初始和后续计量中价值确认和价值变动时的会计科目处理进行论述。

（1）会计确认

前已叙及，并非所有数据均可被确认为数据资产，根据前文对于数据资产的概念解析可知，满足存在性、可控性、收益性、可计量性、非货币性的数据方可确认为数据资产。除上述数据资产确认条件外，数据资产的会计确认还需明确数据资产的确认时点。

对于通过外购、捐赠、投资、非货币性资产交换、债务重组等方式取得的数据资产，与传统的会计确认时点相同，在购买当日或实际取得控制权日确定为数据资产。对于企业或组织自行挖掘开发的数据资产，依据数据资产化过程可知，数据资产化需经历数据收集与获取→数据筛选与清洗→数据分析与挖掘的过程。因此，收集和获取的原始数据并非等同于实务资产的“原材料”，可列示于资产科目，此时还未达到预定可使用状态，需进一步筛选、处理和分析。只有经过分析与挖掘过程的待使用或待交易的数据，方可确认为数据资产。

（2）会计计量

前文对数据资产概念的可计量性中，分析了计量属性和计量单位的选择，本部分重点论述自创数据资产和外购数据资产的会计计量。

①初始计量

对于自创数据资产，可采用历史成本法计量为取得该项资产所产生的各类消耗。具体包括：从数据收集到数据分析挖掘过程中所消耗的人工支出、物料支出以及其他支出。其中，需要注意以下两点：一是其他支出中，若数据非企业 ERP、AIS 等自有数据，而是从移动网络渠道收集的数据，历史成本的计量中应包括支付给数据所有者的转让费用①；二是会计准则中将无形资产研究阶段与开发阶段的支出作费用化和资本化处理，也有学者提出基于数据资产的特殊性，研发失败的费用也可计入数据资产成本中（李雅雄和倪杉，2017）。本书认为，数据资产在会计入账初始金额中应遵循会计谨慎性原则，分阶段处理入账；但在进行数据资产价值评估时应进行“会评差异”调整，即与数据资产有关的费用化金额应调整入数

① 当前，该费用多以企业或组织为数据所有者提供服务之初签署协议的形式确定，如淘宝、京东等。

据资产成本，以保证数据资产成本的完整性。因为该成本属于数字资产化过程中发生的费用，该费用的支出减少了后续数据资产挖掘研发中失败的风险，可以减小后续经济利益的流出，符合数据资产确认条件。对于外购数据资产，当数据市场较为活跃、公允价值能够取得并可靠计量时，可采取公允价值作为数据资产的初始确认金额；当不存在活跃数据市场，可以实际支付的金额作为数据资产的初始确认金额。

②后续计量

后续计量是指，在数据资产持有期间的每一个会计期末，对数据资产价值变动进行反映与记录。主要包括以下三点：

一是会计期末价值的确定。由于在数据资产持有期间，数据资产价值的衡量方式是其在未来持有期间内能够为持有主体创造的财富。故本书认为存在活跃市场时，数据资产的后续计量应采取公允价值方式，公允价值与账面价值的差额计入当期损益；不存在活跃市场时，应结合该数据资产使用状况及持有主体的实际情形，对其进行合理估值及调整，并予以披露。

二是数据资产的更新。数据资产不同于一般实物资产，更新管理呈常态化，以适应持有主体和经济社会发展要求。数据资产的更新通常体现在数据资产载体的维护，以及数据资产分析挖掘技术的改良升级。本书认为，当期技术改良升级产生的支出，可对未来期间内数据资产的价值提升具有关键作用时，应将其进行资本化处理；对于当期数据资产载体维护的支出，仅可保障当期数据资产原有价值的正常体现时，应将其进行费用化处理。

三是数据资产减值准备。数据资产虽不具有实体损耗，但随着数字技术的更新、使用场景的变化等因素产生减值，需对其计提减值准备。数据资产类型不同，其寿命长短也具有差异，当前准则尚无明确规定数据资产的寿命。学界认为数据资产寿命不应超过 5 年，采取双倍余额递减法或年数总和法进行摊销（李泽红和檀晓云，2018）。本书认为，对于存在活跃市场的数据资产，采取公允价值与账面价值孰低方式以确定减值金额；对于不存在活跃市场的数据资产，采取可回收金额（合理估值）与账面价值孰低方式以确定减值金额。

2.1.2　数据资产评估的概念

前文已叙，随着数字经济的发展，数据逐渐从企业或组织中脱离出来，成为生产要素开始参与市场配置。其中，数据资产价值评估成为唤醒企业或组织内部沉睡“暗数据”，促进数据资产管理和运行，保障企业或组织之间进行数据资产相关业务活动的合理交易和数据要素流通的关键环节之一。因此，本部分在明晰数据资产概念的基础上，进一步提出数据资产评估的定义，以为后文数据资产价值评估提供基础。

2.1.2.1　数据资产评估的必要性

不同于产品市场流通的最终消费产品，数据这一生产要素是在生产经营活动中①产生并被利用。一般而言，市场对资源进行配置，产品市场中公开交易的资产价格由市场供求机制决定。但数据资产价值因场景而异，难以寻求参照物，仅通过供求机制难以求取其价格。此外，受数据资产特性及交易机制局限性的影响，市场失灵客观存在。因此，需要进行数据价值评估和估价解决数据资产定价问题。

数据资产价值评估依据市场机制，模拟市场条件，运用合理方法，来确定特定用途在特定时点的价值。这既是价格机制的补充手段，又是数据资产价值发现及价值衡量的重要工具，更是数据要素市场中不可或缺的关键中介服务项目。

2.1.2.2　数据资产评估的含义

（1）资产评估范围界定

评估范围分狭义与广义。狭义的评估是对被评估资产进行价值分析和测算；广义的评估不仅限于价值的分析和测算，还包含查验特定主体、特定活动与工作等，对具体被评估资产持有主体的表现、能力、质量、效果

① 此处的“生产经营活动”泛指广义的生产经营活动，将消费者行为活动纳入其中，消费者产生的行为数据成为数据资产来源之一。

等进行综合评定。例如，项目评估、人力资源评估、教育评估、风险评估等。本书所论及的评估特指狭义的评估，即对数据资产进行价值的定量估计和判断。

（2）数据资产评估概念

由上述评估范围界定可知，本书所指的数据资产评估属于价值判断范畴，是评估人员根据其所持资料，模拟市场行为，判定数据资产在特定时点的价值。本书综合前文数据资产概念分析、《中华人民共和国资产评估法》中所定义的资产评估概念①、以及《资产评估专家指引第9号——数据资产评估》中所定义的数据资产评估概念②，将“数据资产评估”的概念界定为：**资产评估机构及其评估专业人员根据委托对数据资产价值进行评定、估算，并出具评估报告的专业服务行为。**具体而言，数据资产评估是具有评估资格的专业机构和人员，按照国家法律、法规和资产评估准则，根据特定目的，遵循评估原则，依照相关程序，选择适当的价值评估类型，运用科学方法，独立、客观、公正地对数据资产价值开展分析、估算，并发表专业意见的行为过程。

2.1.2.3 数据资产评估的特征

数据资产自身的独特性，决定了数据资产评估具有不同于一般资产评估的独有特点，主要体现为以下三点：

（1）复杂性

数据资产种类众多，数据资产之间的可比性较差，其价值与所持主体的应用环境相关，这需要结合每项数据资产所处场景的特征确定其最终价值。此外，数据资产价值除与所持主体的应用环境有关外，还与宏观环境有较为密切的联系。这需专业评估者搜集并分析大量数据作为支撑，对与数据资产相关的宏观环境进行全面、系统的分析与测算，工作难度系数

① 《资产评估法》所定义的“资产评估”是“评估机构及其评估专业人员根据委托对不动产、动产、无形资产、企业价值、资产损失或其他经济权益进行评定、估算，并出具评估报告的专业服务行为”。

② 《资产评估专家指引第9号——数据资产评估》（中评协〔2019〕40号）所定义的“资产评估”是“资产评估机构及其专业评估人员遵守法律、行政法规和资产评估准则，接受委托对评估基准日特定目的下的数据资产价值进行评定和估算，并出具资产评估报告的专业服务行为”。

高、工作量大、且耗时长。

(2) 动态性

数据资产价值依赖于数字技术挖掘与分析的深度和精度。因此，随着数字技术的更新迭代、创新发展，同一数据资产所被挖掘的价值随之变化。于是，数据资产所能够带来的未来预期收益也在不断变化之中。此外，与数据资产有关的宏观经济环境、国家政策亦对数据资产的未来收益及收益期限造成影响。故在进行数据资产评估时，面对以上变化，应根据需要不断地调整评估模型中的属性参数，而不是仅以评估周期为单位作出调整。

(3) 载体依赖性

数据资产具有非实体性，须依附于相关载体。因此，数据资产价值的大小与载体特性有关。例如，数据资产载体的技术水平、系统覆盖范围、可访问性以及载体的日常维护频率、更新间隔时间等因素，都会对数据资产价值产生影响。在评估数据资产时，应结合数据资产载体综合分析其价值。

2.2 数据资产确权分析

数字经济驱动下，数据要素的流动伴随着信息与数据利益关系的复杂化（龙卫球，2017）。数据资产确权是数据资产价值评估的重要前提之一，具体包含权属和权利体系两部分。当前数据资产的多主体性引发的产权争议，不仅影响数据资产要素流动，阻碍数据要素开发利用，还直接关系到数据资产价值评估中评估对象界定等评估基本要素的确定。基于此，本节从数据资产法律困境、现行权利体系以及权利体系构建等方面予以论述，旨在探索多主体利益均衡的途径，为后文数据资产价值评估基本要素的确定提供基础。

2.2.1 数据资产流转的法律困境

数据作为重要战略性资源，数据价值的保护成为助力数据要素流通的保障。我国《民法准则》第一百二十七条中规定了法律对于数据的保护，但仅限于援引性立法规范（金耀，2020），当前数据资产法律体系的构建滞后于数据业务的发展（张黎，2020）。究其原因在于以下三个方面，致使数据资产法律治理道路面临诸多挑战。

2.2.1.1 数据安全保护不足

所谓“巧妇难为无米之炊”，数据资产化的前提是“有”可供数据进行挖掘与分析，利益驱使下，存在数据使用者过度收集和非法收集数据乱象。根据数据主体来源可分为个人数据、企业数据和政务数据。其中，个人数据成为数据安全保障的薄弱环节。这主要表现为：一是公民身份、年龄、性别等个人基础信息数据。通常，个人基础信息数据信息价值较大，诸多信息甚至不清洗直接被利用。企业或组织通过“同意—取消”或是“授权—登录”等用户服务协议的合法途径收集数据，但在合法途径掩盖下，同时又存在过度收集、违规索取权限的非法或违规行为获取个人信息的现象①。二是公民的网络浏览、位置信息、智能穿戴等行为数据。例如：Cookies 利用客户访问网站、浏览信息、浏览时间等数据，分析客户行为而进行广告等信息投放和推送，iPhone 未经用户授权直接采集用户数据；手机应用强制获取用户地理位置；互联网巨头通过穿戴设备收集用户数据，甚至出现窃取健康数据的刑事案件（张弛，2021）。

2.2.1.2 数据要素权属不清

随着数字经济进程的持续推进，数据权属将对数字经济产生重要影响。但当前数据权属不清导致的个人、组织在权利和利益上的分配不明，成为制约数据要素流通的严重障碍。这主要体现在两方面：

一是数据资产权属归于单方主体具有局限性。当数据的生产者与使用

---

① 侵权现象最为明显的是手机 App。仅 2021 年工信部发布的第 14 批《关于侵害用户权益行为的 App 通报（2021 年第 5 批，总第 14 批）》中，工信部组织三防机构检测有 83 款 App 未完成整改，津、沪、苏、浙、蜀、粤等地通信管理局检测有 208 款 App 尚未整改。详见：信息通信管理局．关于侵害用户权益行为的 App 通报（2021 年第 5 批，总第 14 批）[Z]．https：//www.miit.gov.cn/jgsj/xgj/gzdt/art/2021/art_9bb5ea60fff748c4bcd9ea7bb7d1013d.html，2021-6-8/2021-9-16.

者为两个独立个体时，多主体性使得数据资产的权属问题复杂化。若将数据资产权属归属于数据生产者（个人），一方面，个人作为独立个体，受个人隐私偏好影响，数据使用者对数据的信息掌握程度、数据使用范围均不相同，难以达成统一市场价格，且具有较高的谈判成本；另一方面，个体拥有排他性产权，但对数据的控制能力有限，出现数据资源利用不足的"反公共地悲剧"（唐要家，2021）。若将数据资产权属归属于数据使用者（企业或组织），可能出现多个企业同时采集同一数据，法律意义上所有权唯一性将被丧失，且在数据使用过程中产权纠纷现象频出①。

二是数据分类分级管理的法律法规缺失。虽然 2020 年我国数据量激增，数字经济规模位于世界第二，但数据价值挖掘不足，暗数据体量较大，原因之一是未对数据进行分类分级管理。美国分别以《隐私法》《民法》《数字问责和透明法》《地理空间数据法》、欧盟分别以《通用数据保护条例》《数据库指令》等法律体系对个人隐私和商用数据权益进行保护，将个人与非个人数据予以区分，且美国重视数据的开发利用，欧盟重视个人隐私的保护②。我国尚未建立数据分类分级管理的法律法规，未能有效区分数据生产者与数据使用者的关系，未能合理划分数据生产者与数据使用者的权利与利益分配，制约着数据要素的流动及数据资产价值的开发。

2.2.1.3　数据资产权利体系不完善

数据资产的可复制性与相对共享性，致使其排他性边界模糊。当前，《网络安全法》将用户信息视为归属于用户的绝对权益，使用绝对的排他性条款保护数据用户（数据提供者）隐私，有阻止他人非法收集、提取的权能。但随着数字经济迅猛发展，该治理思路的局限性开始显现，不能有效适应数字经济发展的现实需要。数字经济驱动视角下，数据资产更为重要的是数据红利的释放，即如何促进其合法流通，成为数字经济中的基础性资源。绝对的排他性产权对数据要素开发利用造成阻碍，难以有效兼顾

---

①　张莉（2019）举例典型的数据纠纷案件有：新浪微博起诉脉脉抓取和使用微博用户信息案、腾讯微信与华为荣耀的数据之争、大众点评斥百度不正当竞争案等。

②　此部分仅举例美国、欧盟出台的法律，关于国际数据资产权利体系的对比在后文 2.2.2 中予以详细论述。

数据资产中的经济价值，数据资产治理问题有待解决①。

诚然，用户数据隐私保护与数据资产价值属于不同的法律保护范畴（人格权与财产权），但二者具有联系。2017 年的《民法总则》第一百一十一条强调个人信息的人格权，即隐私保护，第一百二十七条强调法律对数据资产的保护，仅以援引性立法规范列示，但具体保护方式并未说明②。如何突破当前用户与数据开发者的“个人信息保护 + 用户服务协议”关系模式，如何赋予数据开发者合理的法律地位，这尚待在数据资产权利体系中进一步明晰。

2.2.2 数据资产权属分析、现行权利体系模式及评析

数字经济发展是一把双刃剑，Richards N M and King J H（2013）提出数据悖论：信息公开与信息保密的透明悖论、个体牺牲与数据红利的身份悖论、个体限权甚至无权与组织特权的权利悖论。这具体表现为现实社会中数据泄露、窃取等事件频发，数据保护与数据开发的矛盾升级。当前，法律制度是对数字经济发展负面诟病的有效制约与数字经济持续发展的有力保障。这需从两方面入手：一是明确数据权属，二是构建权利体系。

2.2.2.1 数据资产的多维权属分配特征

用户是数据的生产者，数据使用者是数据资产的创造者。数据资产的多主体性使得权属争议不断。本书拟从数据资产形成过程角度予以分析与论述。当数据为自有型数据时，即数据生产者与数据使用者为同一主体时，数据及数据资产权属归该主体所有（如企业对自有数据的挖掘与分析而形成的数据资产）；当数据为限制型数据时，即数据生产者与数据使用者为不同主体时，应当以数据资产生产过程为依据进行权属分析。

---

① 学界中关于数据治理所指范围较广，包括数据主权、监管、管理等。本书所指“数据治理”是狭义的，属于私法规范意义，即以数据保护与利用为视角，重点分析法律规范如何实现多主体之间的利益平衡，强调法律规范既要解决数据保护，又要兼顾数据挖掘利用。

② 《民法总则》第一百一十一条规定：“自然人的个人信息受法律保护”；第一百二十七条规定：“法律对数据和网络虚拟财产的保护有规定的，依照其规定”。

首先，数据生产者提供原始数据，数据使用者进行数据收集，在此阶段数据处于原始状态，数据的权属应归属于数据生产者。现有法律框架主要从数据生产者角度出发，将数据纳入人格权加以保护①，即数据人格权。数据人格权是指数据主体（数据生产者）对数据的自主决定权。尤其是个人数据不同于一般数据，包含个人姓名、性别、年龄等身份特征，体现着人格尊严和人格自由。数字经济驱动下，身份数据、个人偏好、个人习惯、个人地理信息等行为数据进一步被获取，数字画像商业利益凸显，个人数据隐私问题频发，人格尊严和人格自由受到威胁。因此，赋予数据生产者相应权利是数据权利的基础。

其次，数据使用者对数据进行清洗、加工等一系列复杂人类脑力劳动过程，由此产生数据资产，数据资产价值的创造者是数据使用人，而非数据及数据生产者本身（Zeng J and Glaister K W，2018），故该阶段的数据资产权属应归属于数据使用者②，具有支配数据的正当性（李安，2022），随着数字经济的发展，法律应当赋予数据使用者（即数据资产创造者）相应的权利。根据数据使用者在数字经济中扮演的角色不同，具体可分为数据财产权和数据政府权。前者的主体是企业等以营利为目的的商业组织，后者的主体是政府等以提升社会福利为目的的国家组织。本书认为，由于其生产过程中数据来源的多主体性，即使数据经过清洗、脱敏等技术处理，但此阶段数据使用者仍具有保护数据生产者隐私的法律义务，故该数据财产权和数据政府权属于限制型产权。

因此，当数据生产者与数据使用者为不同主体时，从数据资产的产生过程来看，数据资产具有多维权属，包括数据人格权、数据财产权和数据政府权，以上权利构成了数据权③。并且随着数字经的发展，数据财产权、

① 王利民（2012）在《人格权法研究》中概括出人格权具体包括人格尊严、人格平等、人格自由（人身自由、精神自由、个人自主决定的权利）。

② 狭义的数据使用者是指数据的开发者；广义的数据使用者包括数据开发者及数据资产被转移（交易、捐赠、非货币性交换等经济活动）后的使用者。本书所指使用者是广义上的使用者。

③ 本书使用深圳市司法局发布的《深圳经济特区数据条例（征求意见稿）》中关于数据权的界定概念，即“权利人依法对特定数据的自主决定、控制、处理、收益、利益损害受偿的权利”。详见：深圳市司法局．关于公开征求《深圳经济特区数据条例（征求意见稿）》意见的通告［EB/OL］．http：//sf. sz. gov. cn/gkmlpt/content/7/7892/post_7892072. htm l#2725，2020 - 7 - 15/2021 - 9 - 24.

数据政府权地位日渐凸显，数字经济逐渐围绕数据的应用和交换而展开，呈现出以数据资产管理（应用与交换）为核心的复合结构，即数据权是一项综合权利，如图 2－4 所示。

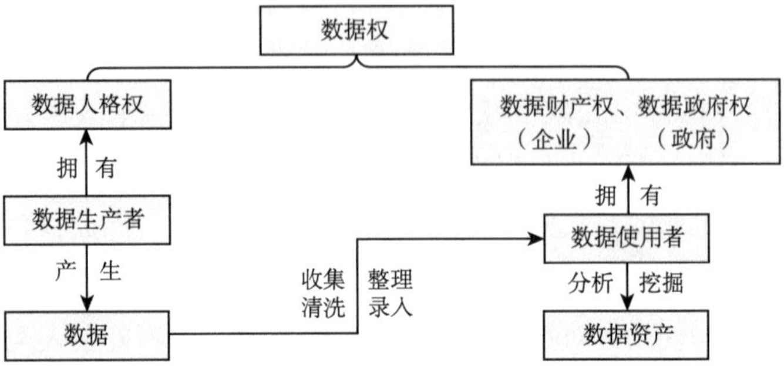

图 2－4 数据权分析图

2. 2. 2. 2 数据资产权利体系模式的国际镜鉴

数据资产权属是数据要素合理流通的基础，亦是明晰数据资产评估要素的基础。数据确权不仅涉及权属问题，还包括数据要素的利用效率问题。分析各细分权利在不同主体之间权益分配，即数据资产权利体系的构建，既是促进数据要素高效利用的关键制度环节，也是研析数据资产价值评估要素的关键所在。美国、欧盟等外域采用不同数据资产权利体系模式权衡数据生产者与数据使用者各方利益。他山之石可以攻玉，本部分通过对比分析最为典型的美国、欧盟两地数据资产权利体系模式，为后文数据资产权利体系的构建提供基础。

（1）美国：宽泛保护模式

尽管美国目前尚无联邦层级的数据保护法律，但可从互联网发展之初关于隐私权的保护探寻答案。在“自由至上”和“法不禁自由”的思想理念指导下，美国对用户数据隐私的立法理念持反对滥用法律权利的立场，故在其立法体系中，美国对用户隐私保护采取公权力的单行立法和私主体的行业自律（self－regulation）的复合体系。其中，美国联邦政府制定的针对公权力的单行法为 1974 年的《隐私权法》，该法律是美国用户个人隐私的综合性法律（详请见表 2－3 序 1）；2018 年，加利福尼亚州出台《加州消费者隐私法案》，提升了消费者在数据交易中的地位（详请见表 2 - 3 序 9）。同时，各领域根据其特征制定了不同的隐私保护法律（详请见表 2 - 3 序 2 至序 8）。故美国关于数据隐私权利保护具有以下特点：一是强调个人隐私保护的灵活性，避免立法过度集中；二是针对具体领域数据隐私分行业监管；三是针对特殊领域主体，重点予以保护（如儿童）。

表 2 - 3　　美国关于数据隐私权利相关重要法律制定情况

序号	发（颁）布时间	法律法规名称	相关内容
1	1974 年	《隐私权法》	规范了公权力使用用户个人数据的问题
2	1984 年	《电子通信隐私法》	在用户未经许可情形下，政府、企业及其他个人不得窃听通信内容
3	1996 年	《电信法》	电信经营者负有保守用户财产信息秘密的义务
4	1996 年	《健康保险携带和责任法》	除特定主体或法案规定的主体使用并披露外，其他主体不得使用个人健康信息数据
5	1998 年	《影视隐私保护法》	确立了影视界特殊主体敏感信息的公共保护原则
6	1999 年	《金融服务现代化法案》	金融机构需对个人私密信息进行处理，并规定了处理方式
7	2002 年	《电子政务法》	收集用户数据前，需公开个人隐私影响评估报告，具体包括数据收集内容、使用方式、安全保障等
8	2013 年	《儿童在线隐私保护法》①	未经儿童（13 岁以下）监护人许可，网站运营者及第三方不得获取儿童信息
9	2018 年	《加州消费者隐私法案》	赋予消费者（用户）个人信息控制权，旨在保护消费者隐私和数据安全

随着互联网络技术的发展及数字经济的驱动，数据资产价值开始显现。作为互联网发源之地的美国，司法部门开始认识到数据保护与利用的特殊性，一方面，对用户赋予“可自决利用”的积极权利。个人数据作为

① 该法 1966 年出台，先后经历 5 次实质性的修改，本次为第 5 次修改后的法案。

网络重要组成部分，只有突破传统隐私权限制，才可使得数据使用者有触及到个人数据的权利，从而开展一系列的数据资产化过程，促进数字经济的发展和数字红利的释放。实践中多采用“用户协议”方式、行业协会承认“知情同意原则”的合理性以及法院对隐私权保护的限制适度予以软化（Purtova N，2009）。另一方面，司法部门出台相关法律政策（详见表2-4），加强政府对数据的管理，促进数据的开放，同时为数据战略的实施提供法律保障。

表2-4　美国关于数据开放相关重要法律制定情况

发（颁）布时间	法律法规名称	相关内容
1996年	《信息自由法》	对政府数据开放方式和途径做出规定，同时调整数据公开工作机构和优化工作程序
2001年	《数据质量法》	规定了联邦政府部门间数据共享且需同时提供数据来源、产生方法、再使用中可能出现的问题清单
2014年	《数据问责透明法》	规定联邦政府的预算、财务、资助、合同等报告和行为作为开放数据，企业、组织、个人完全可检索
2018年	《地理空间数据法》	加强地理数据管理，提高数据访问和使用的基本能力
2018年	《开放政府数据法》	在保障隐私和安全的情形下，公开政府信息

由此可见，美国对于数据采取宽泛保护模式，该保护体系模式是“自由”理念的产物，更加重视数据保护基础上的实际利用效果与效益，而非数据保护。据美国IBM商业价值研究院调查结果显示：81%的用户并不关注个人数据是否被收集，而更关注其被收集的数据如何被使用，且87%用户认为企业在个人数据信息管理方面应受到严格的监管①。

（2）欧盟：严格保护模式

与美国相反，受二战影响，欧盟秉承人权保护的思想理念，采取严格的用户隐私保护模式，明确用户在个人数据上的人格权，对数据使用者加以严格限制。欧盟成立，成员国内的个人数据不可避免地会产生跨域流动

① 朱晓武和黄绍进（2020）还具体论述了关于个人数据保护的侵权案例、处理方式及相关评析。

现象，故1995年在欧盟成立之初便通过《个人保护指令》，旨在建立个人数据保护的统一标准，并组建独立的数据工作组。此后，欧盟致力于完善数据保护的法律法规：1997年出台《电信业隐私权指令》，2002年出台《电子隐私权指令》，代替1997年的《指令》，旨在保护个人信息数据采集和应用的权利，要求电信和互联网运营商保护个人数据安全；2012年出台《个人保护指令修正案》和《个人数据处理中的个人保护公约》，制定出个人数据保护的系列计划；2016年出台《通用数据保护条例》，明确个人的知情同意权、可携权等权利，以及企业和组织的数据保护、使用通知等义务。在有效保障数据安全和数据权益的同时，随着欧盟经济的发展，为建立欧盟统一数据市场，消除数据流通障碍，欧盟分别于2017年和2018年出台《打造欧盟数字经济》《建立欧盟数据空间共同体》政策文件，以促进欧盟各部门之间的数据共享、建立统一的数据规则，保障欧盟各成员国的数据保护与数据开放之间的平衡。欧盟数据保护和开放相关法律与政策时间线图详见图2－5。

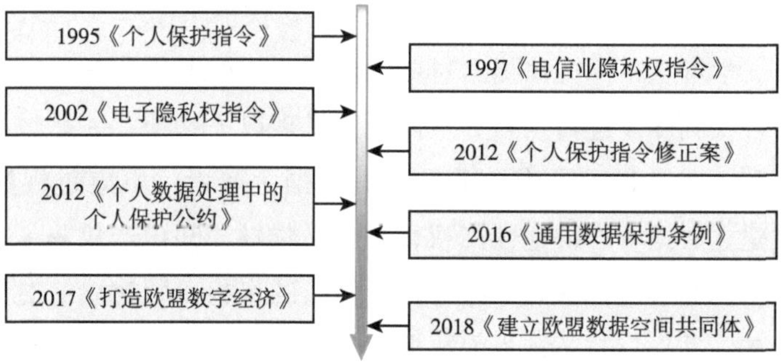

图2－5　欧盟数据保护和开放相关法律与政策时间线图

由此可见，欧盟对于数据采取严格保护模式，该保护体系模式是“人权保护”理念的产出结果，更加重视数据的保护。欧盟关于数据权利体系具有以下特点：一是统一立法注重人权。欧盟对个人信息保护采取统一保护行为，并对个人数据按人格权高度予以保护，赋予用户知情同意权、修删权、可携权等。二是有限度地突破人格权。欧盟面对数字经济的发展，逐步改变以往人格权不可逾越原则，向积极自决人格权转变，如允许数据使用者以合同形式收集和使用数据（Cuijpers C，2004）。

（3）现行数据资产权利体系国际模式评析

综上所述，无论是美国的宽泛保护模式，还是欧盟的严格保护模式，均将数据生产者视为数据资产的主体，并以此为基础构建权利体系模式。其中，美国侧重于数据的开发，欧盟侧重于数据的保护，但本质均为以数据生产者为中心的数据资产单边保护方式。这种权利体系模式的形成具有路径依赖性，是在传统数据人格权法律的基础上逐步演进所形成的权利体系模式。

对此有学者提出，当前以数据生产者为中心的数据资产单边保护方式已不能适应数字经济时代数据要素流动的需要，复合权利体系呼之欲出。龙卫球（2017）、刘新宇（2019）、赵瑞琴和孙鹏（2021）提出构建两阶段的权利体系，初始数据阶段突出人格权益和财产权益，数据资产阶段突出数据经营权和资产权；Zech H（2016）提出“数据生产者权利”（Data Creator's Right）的概念，并建议将该权利分配给数据资产创造者，鼓励其分享、开拓数据；张黎（2020）分析权利体系的构造规范后提出数据财产权与数据人格权的权利体系；张弛（2021）在分析债券、知识产权、物权等不同保护路径后，指出当前我国适用于物权保护路径。

可见，学者从不同视角提出对单边保护方式的改进优化方案，对数据资产的复合权利体系进行探索。整体而言呈现以下特征：一是数据资产的多主体权利，在权利赋予中，不仅考虑数据生产者，更应重视数据使用者；二是建立数据资产排他性产权，类似于物权、知识产权等，当前学者谈及的数据资产权利体系属于绝对排他性质的产权，即建立绝对数据资产财产权保护体系；三是基于当前数据资产的价值属性，从劳动价值理论出发，认可数据使用者对原始数据投入的系列复杂脑力劳动。

可见，劳动是价值的源泉，法律上赋予其绝对化财产权，激励数据使用者进一步实施数据资源的开发与利用。绝对化排他性复合权利体系的合理性与正当性正在讨论之中，该议题尚存在研究空间。数据资产具有多维权利属性特征，长期看来，相对排他的新型复合权利体系已成为数据资产法律构建的必要趋势。但数字经济发展初期，当前条件并不成熟，新设法律立法周期长、成本高，还可能产生法律的稳定性问题①，即使设立新法

① 刘维和张嘉莹（2017）指出：新设法律能促进经济运转时，才有将其引入的必要。

也未可及时解决现实司法中的问题（张弛，2021）。故当前亟须从实践角度出发，构建现阶段数据资产权利体系，以适应数字经济发展初期的数据要素流动需要。

2.2.3　数据资产权利体系构建

前已叙及，数据资产的多维权属特征使得数据资产的权利体系具有复杂性，亦成为学界、业界探讨数据确权中的一个重要议题。数据资产相对排他的新型复合权利法律体系构建的客观条件尚不成熟，故本书在此部分试图探讨数字经济发展初期的数据资产权利体系，一则顺应数据要素流动需要，二则探寻数据资产权利体系的过渡方案。数据资产权利体系的构建，首先，需明确构建目标是为了提高经济运行效率，服务于数字经济的发展；其次，需明确数据资产权利体系的构建实则是分析数据资产价值的利益分配。

数据资产的相对共享性（即相对排他性）决定了数据的使用比数据的所有更为重要（Varian H，2019），即分析谁为实际控制者、谁有权利交易以及谁有权分配数据资产的收益。故本书立足于数据资产独有特征，从经济学产权理论角度出发①，讨论数据利用效率，分析数据资产权利体系的构造基础，并结合国际经验，剖析现阶段我国的数据资产权利体系，以期激发数据资产利用效率、促进数据资源分配、协调各主体利益。

2.2.3.1　数据资产权利体系的构造基础

产权也称为财产所有权，指权利主体享有的占有、使用、收益、处分等权利束，同时还指部分权能与所有权人发生分离后，与财产所有权相关的财产权，这包含非所有权人在所有权人财产上的占有、使用、收益、处

① 1991 年科斯在获得诺贝尔奖时的演讲《生产的制度结构》中指出：“产权在很大程度上由法律决定，法律体系将对经济体系繁荣运行产生深远影响，并且在某些方面可以说是前者控制后者。可取的做法是通过法律途径将产权配置给能够有效使用它的人，此时的转让费用最小。因此，只有在适当的产权体系下才可达到交易成本最小，这正是产权重要的原因”。详见：奥利弗·E 威廉姆森，西德尼·G 温特．企业的性质［M］．姚海鑫，邢源源．北京：商务印书馆，2010：350－351.

分的权利①。数据资产产权实则是客观存在的，是数字经济发展过程中人类对数据的占有和开发利用过程中逐步形成的。当数字经济体量与规模初步形成之时，数字经济的进一步持续稳定发展需要法律对数据资产权利的具体形式进行界定。因此，在客观上，并非法律界定数据资产权利后才产生数据资产权利，相反，实践中存在客观数据资产权利，需法律进行界定，以规范其发展。

数据资产产权界定主要目的在于激发数据资产利用效率、促进数据资源分配，而数据资产本身的所有权归属并非关键症结所在②。因此，权属并非产权确定的前提，财产权利具有相对独立性，保护财产权利与权属确定与否无关。唐要家（2021）在科斯定理的基础上③，通过数值案例说明，当排他性的假设条件放宽时（数据资产具有相对共享性），非竞争性物品的社会计划总体福利较普通物品高，并指出仅将数据要素赋予对其能够最有效使用和创造最大价值人的方式并非为最优选择，更多人使用数据资产将使得社会总价值最大（即假设有 n 个人使用数据资产，且都可以产生价值，每人使用数据资产所获取的效用为 u_i，科斯定理将产权分给创造价值最大的个体，其社会总福利为 $U=\mathrm{Max}(u_1, u_2, \cdots, u_n)$；若将数据资产赋予能够产生价值的个体，其社会总福利为 $U=\sum_{i=1}^{n} u_i$ ④；当交易成本为零的假设条件放宽时，会导致数据资源利用不足的“反公共地悲剧”，最后作者指出，有效保护个人数据并非必然采取排他性产权路径，个人数据隐私的保护并不等同于个人对数据资产具有权属，故排他性的所有权方式并非个人数据隐私保护的最佳途径，这与产权设定的主要目的相悖。

---

① MBA 智库·百科．产权［Z/OL］．https：//wiki. mbalib. com/wiki/% E4% BA% A7% E6% 9D% 83，2021－9－22．

② 持此观点的代表性学者有：张五常（2015）指出资产的权利包括所有、使用、收益、转让等权利，并明确提出“所有权在经济学不重要，在西方的法律曾经是重要的”；薛兆丰（2018）指出产权分析的三个重要环节是使用、收益和转让，而未将所有权纳入其中。

③ 科斯定理阐述了交易成本、产权、经济效率的关系，指出交易成本很小，产权清晰的前提下，无论在期初将财产赋予谁，市场均衡的最终结果都是有效率的。详见：高鸿业．西方经济学（微观部分）［M］．第五版．北京：中国人民大学出版社，2011：329－331．

④ 这同时体现出表明数据具有较长的长尾价值链（Azevedo E M et al.，2020）。详见：Azevedo E M，Deng A，Olea J L M，et al. A/B Testing with Fat Tails［J］．Journal of Political Economy，2020，128（12）：267－284．

产权是社会发展的产物，是促进数据资源开发、激活数据潜能的方式，当产权的具体表现形式有悖于目标时，需对其进行调整（Dagan H，2003）。产权是沿原有制度边际进行渐进性调整创新，还是打破原有产权制度进行革命性调整创新，依赖于经济社会长期的文化、制度及技术水平的发展情况。

2.2.3.2　我国数据资产权利体系雏形

全面改革，试点先行。作为改革开放的先导城市，深圳再次担起数据立法进程中的先锋。2019 年 8 月中共中央、国务院发布《关于支持深圳建设中国特色社会主义先行示范区的意见》中指出，要完善数据产权和隐私保护机制①；2020 年 7 月深圳市司法局发布关于公开征求《深圳经济特区数据条例（征求意见稿）》意见的通告②（以下简称《数据条例》），是国内首部地方性数据立法文件。《数据条例》一方面探索性地解决数据隐私保护、数据权责利权益分配等争议问题，另一方面秉承国家数字战略发展需要，探索数据要素市场化、数据要素流动的法律制度保障问题，为数据权利体系的构建提供示范范本。本书对其进行概述性分析，为后文构建数据资产权利体系提供基础。

首先，《数据条例》明确数据权属，保护个人数据。与美国《隐私权法》和欧盟《个人保护指令》不同，《数据条例》将政府身份纳入其中，政府不仅是数据资产治理者，还是数据市场中收集、处理、开发数据的参与者（张新宝，2015），明确指出个人数据归自然人所有、合法收集和组织自身生成的数据归组织所有、公共数据归政府所有。这丰富了数据权属和数据资产权利体系，也体现出个体、市场与政府的整体统一。《数据条例》中明确规范了自然人数据保护具体内容。

其次，《数据条例》规范公共数据的管理和应用。在明确提出公共数

---

①　详见：中共中央　国务院．关于支持深圳建设中国特色社会主义先行示范区的意见［EB/OL］. http：//www. gov. cn/ zhengce/2019 -08/18/content_5422183. htm，2019 -8 -18/2021 -9 -25.

②　详见：深圳市司法局．关于公开征求《深圳经济特区数据条例（征求意见稿）》意见的通告［EB/OL］. http：//sf. sz. go v. cn/gkmlpt/content/7/7892/post _7892072. html #2725，2020 -7 -15/2021 -9 -24.

据的国家主权属性后，提出专设市、区级别的公共数据管理机构，负责制定数据通用标准、开展数据资源建设、进行数据资源目录管理、规划大城市数据中心、汇聚公共数据等。公共数据开发与利用方面，对数据的收集、治理、质量、授权等作出具体规定。公共数据共享与开放方面，对数据的共享和开放的要求、方式、分类、义务等作出具体规定。

最后，《数据条例》指出数据要素市场培育，从要素市场统筹管理、规范数据使用者活动、促进要素融合、建立数据融通机制、国际合作机制、数据质量管理体系、数据价值评估体系、市场保障措施八个维度进行全面完善。

《数据条例》具有重要的理论和实践意义：一是融合个人、市场、政府等多方主体，首次明确数据权是独立于物权、债券、知识产权等权利的新型权利①，数据权的权利体系包含数据人格权、数据财产权和数据政府权，为《民法准则》《网络安全法》的进一步修善提供实践创新思路；二是明晰数据要素价值的开发，为数据确权提供具体实践方案，在个人数据保护、公共数据管理和应用、数据要素市场培育等方面做出翔实规定，明确个人、企业、政府对自有和外来数据的权利与义务（见表2－5），开始逐步突破 Richards N M and King J H（2013）提出的数据悖论。

表2－5　《数据条例》中不同主体数据权利与义务内容整理表

环节	数据授权者	数据使用者
个人数据保护	1. 知情同意权 2. 拒绝权 3. 查阅复制权 4. 异议请求权 5. 删更权	1. 遵循合法、正当、必要的原则进行数据采集和使用 2. 征得数据生产者或者其监护人明示同意和默示同意 3. 以简洁明确的书面方式完整、真实、准确地向授权主体告知数据收集、目的、使用方式、范围、风险和安全保护措施、存储期限以及数据权行使方式 4. 数据生产者要求撤回个人数据时不得有不合理限制、附加不合理条件、收取费用
公共数据的管理和应用	1. 法定范围内的积极配合义务 2. 异议请求权	1. 遵循合法、必要、适度原则进行数据采集和使用 2. 以公开方式获取公共数据后，不得通过其余途径重复获取 3. 无条件、限制条件等方式，最大限度地向社会开放数据

① 周斯佳（2020）指出，这是首次以文件形式明晰数据与信息属于不同客体，数据权不同于信息权。

续表

环节	数据授权者	数据使用者
数据要素市场培育	同个人数据保护中数据授权者内容	1. 遵循合法、正当原则进行市场数据共享，不得损害国家、社会和他人合法权益 2. 对数据收集和处理的正当性、合法性、必要性向相关部门进行备案，且重要和隐私数据需详细备案，备案内容参照向授权者的告知内容 3. 分级分类管理，以重要性为依据配置同等级安全储存载体 4. 数据使用者以合法、合理方式收集数据研发的数据产品，法律保护其财产权益 5. 鼓励旨在改善民生，挖掘商用、民用、政用数据价值活动

2.2.3.3　数据资产权利体系的框架设计

当前域外数据资产权利体系中侧重于单边保护，数据的财产属性在数字经济中愈加重要，新型权利体系必然会顺应时代要求产生并体现出主体利益多元化的特征事实，同时体现出主体敏感和权利意识的趋强。基于前文论述结果，本书认为数据资产权利体系的构建首先应明晰构建目标，即权衡不同利益主体对数据资产价值的利益分配；其次应明晰构建标的特殊性，即数据资产多主体的特殊性，数据资产化过程中具有人格权和财产权多维权属分配特征，应跳出单边保护框架，建立顺应时代特征的多维动态权利体系。本书结合多位学者（肖冬梅和文禹衡，2015；刘新宇，2019；张黎，2020；张弛，2021；唐要家，2021）关于数据权利的研究，概括出数据资产权利[①]体系分析图（见图 2 －6）。

（1）数据人格权

个人数据是人类活动的数字记录，是具有潜在价值的资源，该数据被收集后进一步进行资产化。因此，对于收集及后续处理过程中的法律约束活动，是对数据生产主体个人隐私的保护，旨在保护数据生产主体的数字化人格。具体包含谁有权收集、何种方式收集、收集后数据生产主体对其

① 有学者从用户和经营者的角度，分别构建基于个人信息产生的数据权利和基于数据资产产生的数据权利（龙卫球，2017；刘新宇，2019）。本书认为，对于企业或组织的自有原始数据，企业或组织为数据生产者，同样享有知情同意、保密、查阅、更正、删除、可携、封存等权利。同时，企业或组织将数据资产自用或转移，转移后的使用者仍享有控制、使用、收益、处分、经营等权利。

个人隐私的维护权限等。欧盟、美国以及我国深圳试点的《数据条例》均对此作出规定。数据人格权具体包含知情同意权、拒绝权、查阅复制权、异议请求权、更删权、可携权和保密权。

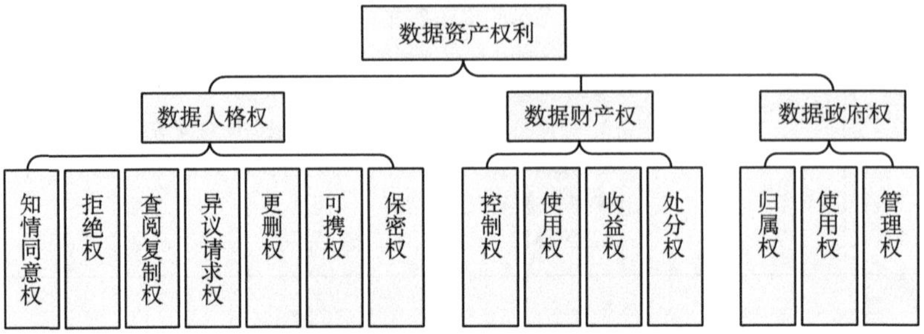

图2－6　数据资产权利体系分析图

其中，知情同意权和拒绝权是数据收集前数据生产主体的权益，数据生产者或其监护人拥有在知悉数据收集方式、处理、应用、风险、安全保障等信息后，做出同意或拒绝的权利，此环节的“知悉方式”最为重要，法律应重点对此要求数据使用者采用简洁明确的书面方式告知数据生产主体，避免陷入“伪知悉”窘境①。查阅复制权、异议请求权、更删权、可携权等权利是在数据被收集后数据生产者享有的权益，可避免以往存在的数据被收集即失去数据控制权的不利法律地位。保密权是数据使用者在收集至使用全程应严格遵守的义务，可借鉴《数据条例》中关于数据隐私的规定，对不同级别隐私的数据在相关部门进行备案且采用相应等级的安全储存载体，以保障数据隐私安全。

（2）数据财产权

与静态数据不同，数字经济时代数据是动态变化的，法律赋予数据财产权，是对数据使用者在收集数据后持续投入的财力、物力、人力等复杂

① “伪知悉”具体包含：一是伪同意权，“用户协议”形式往往流于表象，用户多为强制同意，否则不可享受其服务，实则用户的实际数据人格权无法实现；二是伪知情权，法律法规保护用户权益，企业和组织迫于遵守法律要求，在“用户协议”界面往往以勾选方式供用户选择，但协议内容以点击后冗长罗列条款方式陈列，用户多以直接勾选同意形式越过协议条款阅读；三是伪权益保护，个人数据所包含的人格权利束为多项权利，包含从收集到使用的不同环节告知义务，但协议为统一勾选或拒绝，迫使数据生产者进入完全同意或完全拒绝的两难选择。参见：吴伟光．大数据技术下个人数据信息私权保护论批判［J］．政治与法律，2016（07）：116－132.

脑力活动的肯定。这一法律行为旨在保护数据资产创造者的财产权益，可对其通过合法途径获取和处理数据的行为予以法律保障，避免其囿于不利地位。数据资产创造者和后续交易过程中的其他使用者，主要关注其投入成本是否可被收回，即研发创造或交易取得数据资产是否可以带来超额收益。因此，对于数据使用者来说，重点是法律承认并保障其数据资产的财产权益，以此激励数据资源合法开发和数据要素的流动。数据财产权具体包含控制权、使用权、收益权和处分权。

其中，财产权一般指主体对其拥有的财产具有排他性质的占有、使用、收益、处分等权利。但根据数据资产定义，本书强调特定主体对数据资产的实际控制权，而非所有权，这体现出数据资产的相对排他性特征①，故本书认为数据财产权中首要的权利为控制权。

（3）数据政府权

不同于传统数据保护，政府作为政权的维护者，对数据生产者的隐私保护与数据使用者的数据应用保持的“中立”态度。数字社会中，政府在其行政与服务的活动中，公权力所及之处必会涉及数据的收集与使用，政府既是数字经济中数据要素市场的参与者，追求政府数据价值的最大化开发；又是市场公平的维护者，争取市场社会福利的最大化应用（张新宝，2015）。数据政府权具体包含归属权、使用权、管理权。

其中，数据归属权强调政府在行政和服务活动中产生、收集、处理并形成的公共数据归政府所有，前已叙及，该权利属于限制型产权；使用权涉及政务数据的共享与开放，根据数据的保密程度，同样具有一定的限制，具体包括无条件开放共享数据、限制条件开放共享数据和不开放不共享数据；管理权涉及政务数据的管理与开发，政府在有效管理政务数据的基础上，需以促进社会公共福利为准则，创新政务数据资源的开发和利用方式挖掘数据价值。

（4）数据资产权利体系的特征

本书所构建的数据资产权利体系具有以下特征：一是打破以数据生产者为中心的数据资产单边保护方式，构建出数据生产者、以个人利润最大

① Varian H（2019）指出数据的可使用性使得数据的实际接入比数据产权更为重要。

化为目的的数据使用者、以社会福利最大化为目的的数据治理者的多维主体权利体系。二是明晰多主体间的权益边界，数据生产者为原始数据的提供者，在数据的收集环节通过协议、服务等非货币化形式进行“交易”，在无法回购其所交易数据的情境下，数据资产权利体系赋予其数据人格权，但其不享有数据财产权和数据政府权。三是以数据资产特征为基础，数据资产权利体系中强调数据资产的控制权而非所有权，体现出相对排他的产权特征。在数据人格中，不再强调个人对数据的所有权，而是建立以数据隐私保护为中心的数据人格权；在数据财产权和数据政府权中，均强调了其权属为限制型产权，注重数据的使用、收益、管理等应用价值。

2.3 数据资产价值评估的经济学理论基础

数据资产价值评估是在价值理论、生产要素分配理论、货币时间价值理论等经济学理论的基础上提出并予以研究。对相关理论进行回顾与梳理，有助于为数据资产价值评估的深入研究提供基础（见图2－7）。

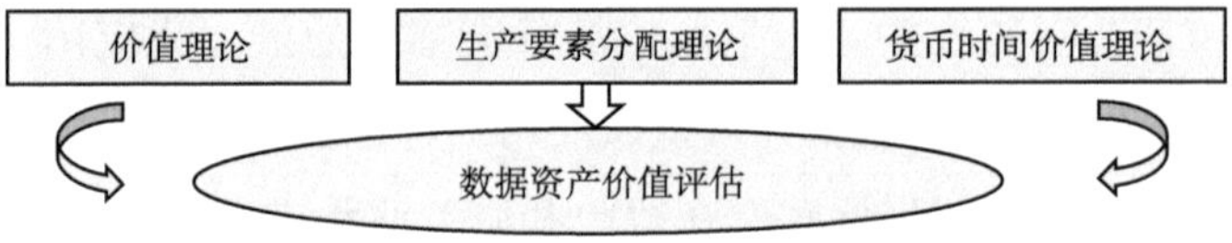

图2－7 数据资产价值评估的经济学理论分析图

2.3.1 价值理论

价值是资产评估中的基础概念，亦是数据资产价值研究的核心理论基础之一。经济学中的价值理论研究主要围绕价值的决定和均衡价值而展开。不同历史阶段对价值的解释具有差异，代表性理论有：劳动价值论、效用价值论、供求理论、价值补偿理论等。

2.3.1.1 劳动价值论

威廉·配第（1662）最早提出“劳动决定价值，并且劳动为价值的唯一来源”，形成了朴素的劳动价值论；亚当·斯密（1776）在此基础上提出“劳动是衡量一切商品交换价值的真实尺度”；大卫·李嘉图（1817）进一步提出商品的价值由其价值量决定，并系统论述了劳动价值论，形成古典劳动价值论[①]。卡尔·马克思（1938）在批判性地继承古典劳动价值论的基础上创立了马克思劳动价值论，提出了劳动的二重性[②]，成为研究政治经济学的枢纽[③]。

（1）劳动价值论的主要内容

劳动价值论（Labor Theory of Value）的研究起点是商品，指出商品是用于交换的劳动产品，具有使用价值和价值二因素，这是由劳动的二重性所决定的，即具体劳动与抽象劳动。具体劳动生产不同形态的数据产品，创造使用价值，满足不同主体的特定需要。但不同形态的数据产品由于性质不同无法进行量的交换，故撇开劳动的具体形态，所有劳动均为人类的体力和脑力支出，这一无差别的人类劳动即为抽象劳动，是价值的唯一源泉。抽象劳动质的同一性，使其在商品交换中的量上发生作用，可实现不同形态数据产品的等价交换。其中，与数据资产价值评估相关的理论主要内容为：

第一，数据资产价值的本质是人类劳动。数据属于经济主体活动的副产品，在数据“收集—处理”环节消耗了数据使用者的各种劳动创造而成，是无差别的间接人类劳动。故使用劳动价值论解释数据资产价值形成较易理解其价值来源的本质。

第二，数据资产的价值是质与量的统一体。数据资产价值是数据资产创造者抽象劳动的凝结，数据资产的价值量是凝结在数据资产中的一般劳动量，而劳动量由劳动时间予以衡量，故数据资产的价值量是由生产数据资产的社会必要劳动时间所决定。

第三，生产数据资产的社会必要劳动时间具有动态性。数字经济驱动

① 于新．劳动价值论与效用价值论发展历程的比较研究［J］．经济纵横，2010（03）：31－34.

② 卡尔·马克思．资本论［M］．郭大力，王亚南译．上海：三联书店，2011：6－10.

③ 卡尔·马克思，弗里德里希·恩格斯．马克思恩格斯文集（第五卷）［M］．中共中央马克思恩格斯列宁斯大林著作编译局编译．北京：人民出版社，2009：55.

下，数字技术的进步、数字工作条件改善、人类劳动技能提升，社会必要劳动时间呈下降趋势，同一应用场景下数据资产价值随之下降，从经济收益角度而言，技术水平变化使得数据资产发生了技术型贬值。

（2）劳动价值论对数据资产价值评估的启示

劳动价值论对数据资产价值评估的启示体现在以下两方面：一是需将被评估数据资产置于动态变化中予以考虑。在数字技术的更新迭代中，创造数据资产的社会必要劳动时间呈动态变化趋势。在数据资产价值评估过程中，既要考虑技术升级中社会必要劳动时间缩短带来的技术型贬值因素，又要考虑技术迭代中社会必要劳动时间增加带来的数据资产价值增值因素，以保证数据资产价值评估结果的公正、科学、合理。二是劳动价值论是后文成本法评估数据资产的理论基础之一。劳动价值论认为数据资产价值的本质是数据资产创造者的劳动，由凝结在数据资产中的劳动所决定，从供给角度度量数据资产的实际价值，这正是生产成本决定价值的理论。

2.3.1.2 效用价值论

效用（Utility）是指特定主体对某一商品满足其欲望的能力的一种主观评价。效用价值论的发展经历了由一般效用论向边际效用论发展的过程①。19 世纪 60 年代一般效用论的代表学者孔迪亚克指出，效用是消费者基于商品满足程度对其赋予的主观评价，是价值的源泉。19 世纪 70 年代边际效用价值论形成并发展为两个流派，以门格尔为代表的心理学派认为价值并不取决于社会必要劳动时间，而是取决于稀缺性和消费者感受到的边际效用；以杰文斯和瓦尔拉斯为代表的数学派建立了基数效用价值论，后由其继承者帕累托提出序数效用价值论，解决了效用的度量问题。

---

① 效用价值论的具体历史演进过程参见：于新．劳动价值论与效用价值论发展历程的比较研究［J］．经济纵横，2010（03）：31－34；何海钊，邹义英．劳动价值论与效用价值论发展历史比较分析［J］．黑龙江科技信息，2008（35）：126；刘骏民，李宝伟．劳动价值论与效用价值论的比较——兼论劳动价值论的发展［J］．南开经济研究，2001（05）：33－36＋41；中国资产评估协会．资产评估基础［M］．北京：中国财经出版传媒集团，2019：20－21．等文分析，本书仅简要列示其发展，并重点分析该理论对数据资产价值评估的影响。

（1）效用价值论的主要内容

效用价值论（Utility Theory of Value）认为，商品价值是特定主体对商品效用的一种主观评价。其中，与数据资产价值评估相关的理论主要内容为：第一，数据资产具有价值是源于特定主体对其的主观评价。一是数据资产具有有用性；二是数据资产具有相对稀缺性，故当数据资产的效用受到某种或一定程度的局限时其价值方可得以体现，效用价值论是数据资产概念界定的基础。第二，在一个技术周期内，全部主体的主观估价在同一市场的竞争中形成市场均衡价格。假设信息完全对称，数据市场中交易双方对同一数据资产的竞价形成边际对偶价格，即市场均衡价格。

（2）效用价值论对数据资产价值评估的启示

效用价值论对数据资产价值评估的启示体现在以下两方面：一是效用价值论是基于需求角度对数据资产价值进行衡量，这同时也是基于均衡价值理论构建数据资产价值评估模型的理论基础。二是效用价值论是收益法评估数据资产价值的理论基础之一。前已叙及，数据资产的规模经济特征表明数据资产需经一定时期和一定数量的积累，数据聚集产生规模效应，呈现出较强的价值挖掘潜力。即在一个技术周期内，数据资产的价值是其被特定主体逐步深入利用和挖掘后，随特定主体逐渐产生的效用而体现出来的，当效用不断积累达到饱和时，其价值在当前技术手段和场景应用下完全体现出来。故在进行数据资产价值评估时，数据资产的收益期可以效用饱和为界：效用饱和前，数据资产价值的预期收益逐年增加；效用饱和后即进入平稳期，收益不变。三是效用价值论强调主观评价，需客观看待评估过程中存在的主观思想对数据资产评估结果的影响。

2.3.1.3 供求理论

供求理论是以效用价值论为前提，进一步将供求关系量化，是微观经济学的基础理论和重要分析工具。其中，与供求理论相关的基础概念为需求/供给、需求/供给函数、需求/供给曲线。

需求是指（Demand）一定时期内各种可能的价格水平下，消费者愿意并且能够购买的商品数量，商品需求量与各因素（收入水平、相关商品价格、购买偏好、购买预期等）之间的关系可用需求函数予以表示：Q^d =

$f(P)$，Q^d表示需求量，P 为价格，当商品价格不变时，其他因素的变化引起该商品需求量的变动称为“需求变动”，表现为需求曲线的位置移动。

供给（Supply）是指一定时期内各种可能的价格水平下，生产者愿意并且能够提供出售的商品数量，商品供给量与各因素（生产成本、技术水平、相关商品价格等）之间的关系可用供给函数予以表示：$Q^s=f(P)$，Q^s表示需求量，P 为价格。当商品价格不变时，其他因素的变化引起该商品供给量的变动称为“供给变动”①，表现为供给曲线的位置移动。

均衡价格（Equilibrium price）是指供求双方通过市场机制自发形成的商品的市场需求量等于市场供给量时的价格②。

（1）供求理论的主要内容

在上述基本概念的基础上，供求定理（The Law of Supply and Demand）的含义可被定义为：其他条件恒定，需求变动分别引起均衡价格和均衡量的同向变动③，供给变动分别引起均衡价格和均衡量的反向变动，商品价格和供求量均由供求关系决定。具体变动如图 2－8 所示。

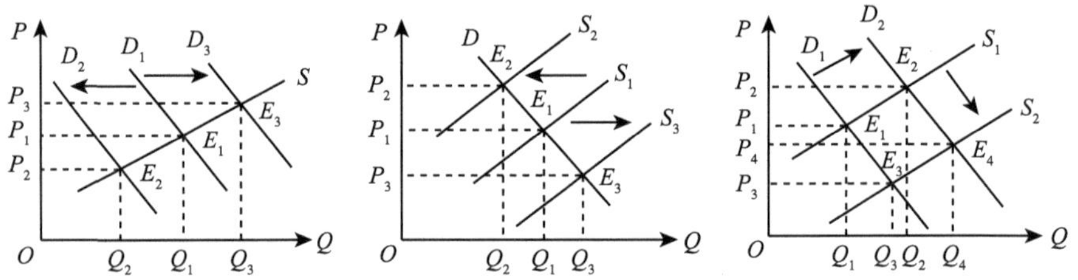

图 2－8　供求定理分析图④

① 关于需求与供给曲线的详细推理，参见：高鸿业．西方经济学（微观部分）[M]．第五版．北京：中国人民大学出版社，2011：16－25，本书仅列示必要内容。其中，为简化分析需求与供给函数，通常使用线性函数表示，即线性需求函数为 $Q^d=\alpha-\beta\cdot P$，其中，α、β 为常数且 α、$\beta>0$；线性供给函数为 $Q^s=\delta+\gamma\cdot P$，其中，δ、γ 为常数且 δ、$\gamma>0$。

② 市场机制具体包含供求机制、价格机制、竞争机制和风险机制，即供求、价格、竞争、风险等要素互相作用构成市场机制。

③ 这是商品需求的一般规律，但经济学中还存在特殊情形，如吉芬商品（Giffen Goods）和凡勃伦效应（Veblen effect）等，本书旨在研究数据资产的相关理论，故在此不对其展开论述，参见：高鸿业．西方经济学（微观部分）[M]．第五版．北京：中国人民大学出版社，2011：80－85.

④ 高鸿业．西方经济学（微观部分）[M]．第五版．北京：中国人民大学出版社，2011：24－25.

（2）供求理论对数据资产价值评估的启示

供求理论对数据资产价值评估的启示体现在，进行数据资产价值评估时需从供、求与均衡三方面综合进行评估。即评估人员既需考虑数据资产形成的开发、运行、维护、管理等成本以及成本在不同技术周期内的变化趋势，又需考虑数据资产的市场需求，应用场景越多，对其持有者预期可带来的收益越多，潜在价值越大，还需考虑数据市场情形，不同区域（国际、国内数据市场）、不同层级（一级市场、二级市场①）相互联系但具有差异。特别是应用市场法进行评估时，评估人员只有充分了解被评估数据资产所在市场状况，了解市场信息，找准市场定位，方可明晰数据市场的供求状况，对数据资产价值进行合理、客观的评估。

2.3.1.4　价值补偿理论

数据市场的形成是一切数据产品和数据服务交换的结果，其产生的前提条件是社会分工，即生产要素和数据产品归属于不同主体。于是，数据生产者、数据使用者、政府和其他组织作为数据市场主体参与其中进行买卖交换。商品交换是在相互对立和相互补充的形态中完成，商品转化为货币、货币进一步转化为商品，不断循环的运动过程②。该运动过程既是价值补偿，又是物质补偿；既受到社会产品的价值组成部分相互之间比例的制约，又要受到物质形态的制约③。故数据资产在生产中，既要明晰数据产品和数据服务的各个部分如何从数据商品转化为货币，数据资产形成过程中所消耗的资本在价值上得到补偿，即实现价值补偿；又要明晰转化为货币形式之后，又如何转化为主体所需要的数据产品和数据服务，即实现物质补偿。

---

① 数据资产的估值定价体系及管理运行体制尚未建立，陆岷峰，欧阳文杰（2021）提出建立涵盖政府、企业、金融机构等主体的数据资产一级市场和二级市场，最终形成覆盖国内、国际的数据资产市场。

② 卡尔·马克思，弗里德里希·恩格斯．马克思恩格斯文集（第五卷）[M]．中共中央马克思恩格斯列宁斯大林著作编译局编译．北京：人民出版社，2009：126.

③ 卡尔·马克思，弗里德里希·恩格斯．马克思恩格斯文集（第六卷）[M]．中共中央马克思恩格斯列宁斯大林著作编译局编译．北京：人民出版社，2009：438.

（1）价值补偿理论的主要内容

价值补偿理论（Value Compensation Theory）是社会再生产实现过程中被提出来的，其中，与数据资产价值评估相关的理论主要内容为：第一，数据资产补偿分为价值补偿和物质补偿。价值补偿要求数据资产形成过程中所消耗的资本在价值上得到补偿，即数据产品和服务的各个部分如何从数据商品转化为货币；实物补偿要求所获得的货币用于购买所需补偿和替换的生产要素，即转化为货币形式之后，又如何转化为主体所需的数据产品和服务。第二，数据资产的正常运转以持有主体所投入的生产要素得到补偿为前提，若扩大再生产，需新增投入生产要素，扩大数据资产规模。第三，已消耗的生产要素补偿方式因资产形式而异，数据资产通过摊销形式进行价值补偿，但由于数据资产的动态性和价值不确定性，使得其使用年限需结合实际场景和技术迭代情况予以确定。

（2）价值补偿理论对数据资产价值评估的启示

价值补偿理论对数据资产价值评估的启示体现在，进行数据资产价值评估时需从以下方面综合进行评估：首先，评估人员在评估工作中，应保持动态变化思维，即将数据资产视为持续动态运营的过程，数据资产的现时价格是价值补偿与物质补偿的结果，数据资产价值的大小取决于被评估数据资产的价值和实物补偿程度，补偿程度与价值呈同方向变化关系。其次，数据资产作为新型广义无形资产，补偿程度较难确定，一般采用收益法对其进行估值，但当技术迭代或数据资产持有主体破产时，采用清算价格评估的补偿程度对数据资产价格影响较小。因此，在评估时应以具体实际情形确定价值补偿对数据资产价格的影响。此外，资产补偿思想可作为其他评估方法中某一具体参数测算的补充，如采用其他特殊衍生方法进行数据资产评估，补偿程度的测算可推算出剩余使用年限等。

2.3.2 生产要素分配理论

同产品市场相对应，生产要素的交易形成要素市场。数据作为数字经济时代的关键生产要素，被各国视为未来发展战略的重要资源。因此，从要素维度对数据资产进行分析，可为数据资产价值评估模型的构建提供理论基础，具体可分为要素市场供求规律（The Law of Supply and Demand in the Factor Market）和边际生产力分配规律（The Law of Marginal Productivity Distribution）。

2.3.2.1 要素市场供求规律

同产品市场一样，要素市场亦存在供求规律。其中，与要素市场供求理论相关的基础概念为边际产品收益和边际要素成本。边际产品收益（Marginal Revenue Product，MRP）是指收益对要素的导数，即增加 1 单位数据生产要素可为特定主体带来的收益增量。通常，数据产品增量是数据要素增量和数据收益增量的桥梁①。边际要素成本（Marginnal Factor Cost，MFC）是指成本对要素的导数，即增加 1 单位数据生产要素时特定主体所需付出的成本增量②。为使利润最大化，当要素的边际产品收益等于边际要素成本（MRP = MFC）时为要素的最优使用数量③，MRP = MFC 也成为要素的使用原则。

（1）要素市场供求规律的主要内容

有效竞争市场前提下，依据上述要素使用原则，数据要素供求双方以竞价方式决定数据要素市场价格，即要素市场决定生产要素价格报酬。通常，在数据资产形成过程中，涉及数据资产的开发、运行、维护等人力和物力成本。这在生产要素中具体体现为：雇佣双方以谈判协商形式达成的工资率，工资为数据资产形成支付给劳动者的劳动报酬；购买数据资产开发中所需技术而向技术所有者谈判协商后支付的报酬；数据资产开发中若涉及外来资金时，数据资产开发者向资金所有者支付利息报酬等。因此，

---

① 设收益函数为 $R = P \cdot Q = P[Q(b)] \cdot Q(b)$，$R$ 为数据产品的收益，P 为数据产品价格，Q 为数据产品数量，b 为数据要素投入量，则 $\mathrm{MRP} = (\mathrm{d}P/\mathrm{d}Q) \cdot (\mathrm{d}Q/\mathrm{d}b) \cdot Q + P \cdot (\mathrm{d}Q/\mathrm{d}b) = [(\mathrm{d}P/\mathrm{d}Q) \cdot Q + P] \cdot (\mathrm{d}Q/\mathrm{d}b) = \mathrm{MR} \cdot \mathrm{MP}$，其中，MR 为边际收益，MP 为边际产量，即 $\mathrm{MRP} = \mathrm{MR} \cdot \mathrm{MC}$。

② 设成本函数为 $C = C[Q(b)]$，R 为数据产品的成本，Q 为数据产品数量，b 为数据要素投入量，则 $\mathrm{MFC} = (\mathrm{d}C/\mathrm{d}Q) \cdot (\mathrm{d}Q/\mathrm{d}b) = \mathrm{MC} \cdot \mathrm{MP}$，其中，MC 为边际成本，即 $\mathrm{MFC} = \mathrm{MC} \cdot \mathrm{MP}$。

③ 由 MRP = MFC 可推出 MR = MC，该条件恰为产品市场中厂商利润最大化的条件，即厂商在产品生产和要素使用上遵循相同的原则。同时，该基本原则在不同的市场（完全竞争、双边垄断、买方垄断、卖方垄断）环境下衍生出具体的使用原则，参见：高鸿业．西方经济学（微观部分）[M]．第三版．北京：中国人民大学出版社，2004：261－279.

在数据资产形成之后，数据资产所能带来的收益需首先满足上述生产要素的报酬分配，如若仍有剩余，该剩余为数据资产的超额利润，这为数据资产价值评估收益法提供理论依据。

（2）要素市场供求规律对数据资产价值评估的启示

要素市场供求规律对数据资产价值评估的启示体现在以下两方面：一是生产要素市场决定价格的前提是存在有效竞争市场，即市场上大量经济主体集体决策形成的客观结果优于主观决策；但若不存在有效竞争市场，需通过评估人员主观判断确定数据要素的现时价格；还可将二者结合，在评估人员确定初步评估价后，依据要素市场情形进行调整。二是评估人员进行评估时，需秉承有效市场理念。前已叙及，数据资产价值评估依据市场机制，模拟市场条件，运用合理方法确定特定用途在特定时点的价值，是数据要素市场中的关键中介服务，核心问题是制定公平合理的市场价格。因此，只要交易双方遵循要素市场原则，按照一定价格达成有效交易，评估人员应尊重交易双方对数据要素的评价，即该交易价格视为合理价格。这可避免评估价值不当而影响正常数据资产交易活动的开展。

2.3.2.2 边际生产力分配规律

边际生产力（Marginal productivity）是指在其他投入生产要素数量不变的情况下，增加或减少 1 单位生产要素，为特定主体带来收益的变动量。具体而言，生产要素所获报酬的多少取决于边际生产力，且呈同向变动关系。

（1）边际生产力分配规律的主要内容

由于数据资产具有多场景应用特征，在具体某一应用场景下，数据资产与其他相关贡献资产共同创造了整体收益，按照要素分配规律，数据要素的价值贡献为整体收益中扣除其他相关贡献资产（固定资产、流动资产和其他无形资产等）的相应贡献后的剩余贡献。边际生产力分配规律为合理测算数据要素的贡献比例，构造超额收益估值模型提供了理论依据。

（2）边际生产力分配规律对数据资产价值评估的启示

要素市场供求规律对数据资产价值评估的启示体现在：一是实务操作中，评估人员应秉承整体思想，将数据资产持有主体所拥有的所有资产视为有机整体，各资产相互作用实现企业整体收益。评估人员在评估具体数据要素的价值时，首先应评估该数据资产在持有主体的整体收益，而后再将数据要素贡献从整体资产组收益中抽取出来。二是某些具体生产要素的边际生产力可进行测算，例如，可通过变换劳动力、营运资金的投入数量测算其边际生产力，实务中应以边际生产力分配规律为指导将各要素的贡献进行剥离，采用差值法来确定数据要素的边际生产力。需要注意的是，采用数据要素分配规律确定各生产要素的贡献比例具有一定难度，但该思想为重要的评估思想，对超额收益模型的构建具有一定的指导意义。

2.3.3　货币时间价值理论

货币时间价值（Time value of money）是指不同时点上资金价值量的差额，即当前货币在一定时期内经投资或再投资所产生的价值增量。例如，经济学家将利息视为对消费者延迟消费所受“痛苦”的补偿。假设消费者当前（t_1）的收入为 y_1 并消费 $c_1(y_1 > c_1)$，则当期储蓄 $s_1 = y_1 - c_1$，假设利率为 r，则该储蓄在第二年（t_2）为：

$$s_2 = s_1(1 + r) \qquad 2-1$$

t_1 时期的 s_1 与 t_2 时期的 s_2 在价值上等价，等量关系为式 2－1；在 t_1 时期的 s_1 与 s_2 的差额即为货币的时间价值。可见，货币时间价值的产生需具备两个条件：一是货币需投入经济活动中。货币可投入实业生产经营，货币是企业购买所需物资进行生产经营活动的起点，产品出售后货币量增加，完成首次货币循环，周转次数越多，货币总量越大，形成货币的时间价值；货币亦可投入信贷市场，利息为货币时间价值的直接体现形式。二是需经历一定时期，否则增量较小，甚至可以忽略计量而不计量。

2.3.3.1　复利终值与现值

复利终值是指当前资金按复利计算在未来的价值，多期现金流量终值计算公式为：

$$F = P_0 \prod_{t=1}^{n} (1 + r_t) \qquad 2-2$$

其中，F 为终值或本利和，P_0 为现值或初始值，r 为利率或报酬率，t 为年限。$r_t=(P_t-P_{t-1})/P_{t-1}$，故 r_t 在不同时间段数值不同。若假定各时间段相等，如年、半年度、季度、月度等，则可定义 $r_t=r$，为常数，即利率。则式 2－2 可变形为复利终值公式：

$$F=P_0(1+r)^t \qquad 2-3$$

由式 2－3 可推知复利现值公式为：

$$P_0=F(1+r)^{-t} \qquad 2-4$$

2.3.3.2　年金终值与现值

年金指等额定期收支的形式。例如，分期付款、分期还贷等均属于年金收支形式。具体可分为普通年金、预付年金、递延年金、永续年金等形式。

（1）普通年金

普通年金是以年末等额收支的年金，普通年金终值是指一定时间期限内，第 n 年期末时收支的本利和，计算公式为：

$$F=A\cdot\left[\sum_{t=0}^{n-1}(1+r)^t\right]$$

其中，A 为年金。化简变形可得普通年金终值公式：

$$F=A\cdot\frac{(1+r)^n-1}{r} \qquad 2-5$$

普通年金现值是指一定时间期限内，为在每期期末收支相等款项，当前需要收支的金额。计算公式为：

$$P=A\cdot\left[\sum_{t=1}^{n}(1+r)^{-t}\right]$$

同样化简变形可得普通年金现值公式：

$$P=A\cdot\frac{1-(1+r)^{-n}}{r} \qquad 2-6$$

（2）预付年金

预付年金是以年初等额收支的年金，预付年金终值是指一定时间期限内，第 n 年期末时收支的本利和，计算公式为：

$$F = A \cdot \left[\sum_{t=1}^{n} (1+r)^{t} \right]$$

化简变形可得预付年金终值公式：

$$F = A \cdot \left[\frac{(1+r)^{n+1} - 1}{r} - 1 \right] \qquad 2-7$$

预付年金现值是指一定时间期限内，为在每期期初收支相等款项，当前需要收支的金额。计算公式为：

$$P = A \cdot \left[\sum_{t=0}^{n-1} (1+r)^{-t} \right]$$

同样化简变形可得预付年金现值公式：

$$P = A \cdot \left[\frac{1 - (1+r)^{-(n-1)}}{r} + 1 \right] \qquad 2-8$$

（3）递延年金和永续年金

递延年金是指首次收付发生在除初期以外的任何一期（如第二期、第三期、…、第 n 期）的年金，通常递延年金的算法是将其视为普通年金，利用普通年金现值公式计算出递延现值，而后将此值调整至当期期初。永续年金是指无限期定额收支的年金，由于期限为无限，故无终值，其现值可通过普通年金现值公式推导而得，即当 $n \to \infty$ 时，式 2－6 可转化为：

$$P = \frac{A}{r} \qquad 2-9$$

货币时间价值理论揭示了不同时间点上货币资金价值的差额，并给出不同时间点资金转换关系等式，是利用收益法模型计算数据资产预期现金流量的重要理论基础。这对数据资产价值评估的启示体现在：一是数据资产为其所有者在一定时期内持续带来预期收益。按照货币时间价值理论可知，相同数额的资金在不同时点的价值具有差额，故应判断不同时点内数据资产可带来的系列收益，并分别折现求和处理；二是折现后的价值是数据资产现值，即现行市价，故收益法可最直接地体现货币时间价值；三是不同评估目的下，如数据资产作价的股权投资、租赁、捐赠等业务评估时，均需考虑货币的时间价值，以保证评估结果的客观性、科学性和合理性。

2.4 数据资产价值评估的基础要素

资产价值评估中，通常以具体资产为导向进行研究，如不动产价值评估、机器设备价值评估、资源资产价值评估。但数据资产为物理世界各经济主体所创造，数据资产价值与具体场景相关，以数据为导向则较易忽视其潜在价值对具体场景的依附性，以具体场景为导向则易产生大量暗数据。而价值作为二者的中枢，既可体现暗数据的价值，又可挖掘其在各类场景的潜在应用价值。因此，数据资产价值评估活动的本质是以数据资产特性和应用场景为出发点，以价值为核心，依据经济学、评估学、计量学等交叉学科基础理论，挖掘数据资产价值，并进行价值估算的过程。其中，界定经济环境中所需的评估基础理论包含评估目的、评估对象和范围、评估假设、价值类型、评估行为主体决策。

2.4.1 数据资产的评估目的

评估目的是资产评估业务对应的经济行为对资产评估结果的使用要求，具体分为一般目的和特定目的，前者是实现数据资产评估时点的公允价值，后者主要包括资产评估的特定行为、资产业务对评估结果的具体要求、资产评估的特殊情形及适用场合①。

2.4.1.1 数据资产评估目的

数据资产价值评估的目的是由引起该评估行为的特定经济活动所决定的，对该项评估结果的性质、价值类型的选择等其他资产评估要素具有重要影响。未来数据资产评估目的可能呈现出的情形有（但不限于）几种（见表2－6）。此外，数据资产评估目的还包括企业兼并、企业联营、中外合资、债务重组、抵押担保等。

---

① 张彩英．资产评估学［M］．北京：中国财经经济出版社，2018：13－14.

表 2－6　　数据资产评估目的情形表

分类	情形	说　明
以交易为目的的评估	转让	数据资产主体依法将该数据资产进行交易，主要表现为数据资产所有权①或使用权的转让
	出（增）资	数据资产开发主体（或持有主体）依法将该数据资产以非货币形式进行出资或增资
	租赁	可分为融资租赁和经营租赁，期满结束时，前者涉及无形资产转让，评估人员需根据具体租赁形式选取适宜的评估方法
以管理为目的的评估	内部管理	以管理为目的的数据资产评估，是持有主体因挖掘数据资产价值、提升数据资产管理水平等需要而产生的数据资产评估需求，如精准营销、生产管理、产品销售预测、市场需求管理、客户关系管理、风险管控等
	财务报告	以财务报告为目的的数据资产评估主要涉及数据资产价值变动测试，为会计核算和财务报表编制提供数据资产公允价值、可回收金额等特定价值的专业意见
其他目的的评估	清算	可分为中止清算、结业清算、破产清算等，如破产清算前，数据资产需进行评估，评估结果为清偿债务或公开拍卖底价的依据
	质（抵）押	数据资产主体依据业务需要，将该数据资产进行质（抵）押，实务中数据资产质押还需结合质（抵）押率进行价值确定，为提高质（抵）押质量，保障业务所涉主体利益提供专业支持
	法律诉讼	主要包括数据资产侵权损害纠纷、违约损失纠纷、买卖交易引起的仲裁、公司解散、管理层变动引起的纠纷等②

2.4.1.2　数据资产评估目的的作用

可见，数据资产评估的具体目的是资产评估业务活动起点，亦是评估

① 此处的“所有权”对应前文数据资产概念及数据资产权利体系中的实际控制权。本书界定的数据资产仅强调主体对数据的调用、提取、分析等实际控制权。下文所指“所有权”均强调其实际控制权。

② 张莉（2019）对数据民事案件的统计显示，当前数据民事案件主要包括：合同、无因管理、不当得利纠纷；侵权纠纷；劳动争议、人事争议；知识产权与竞争纠纷。

业务活动的最终目标，统领着评估活动的全过程，其作用主要体现在以下两方面：

一是数据资产评估目的为后续评估假设的设定提供思路，即评估目的含有对交易环境的说明，评估人员据此可对数据资产假设、市场假设做出基本判断。

二是数据资产评估目的为评估价值类型选择进行一定限制，即评估目的限定经济行为，被评估数据资产受具体场景条件应用限制，评估人员需根据评估目的限制下的被评估数据资产状态的存续条件判断价值类型。

2.4.2 数据资产的评估对象和评估范围

资产评估对象是指被评估的标的，即评估客体。数据资产作为新型无形资产，评估对象是保证评估结果科学、合理的基础，评估师需谨慎辨识数据资产的评估对象。评估范围是对评估对象的组成、结构的进一步详细描述。

2.4.2.1 数据资产评估对象

依据资产评估准则《资产评估执业准则——无形资产》，数据资产的评估对象可从种类及名称、权利、组成形式三个层次予以确定。首先是关于数据资产种类及名称的界定。前已叙及，数据资产属于广义无形资产范畴，是属于资产评估准则规定的十项无形资产之外的一项可辨认资产。在会计、资产评估等领域尚未给予确定前，本书暂将其确定为“其他型——数据资产”无形资产。除界定数据资产类型外，具体评估业务中还应说明该数据资产的具体名称。其次是关于数据资产权利的界定。数据资产权利的界定可依据前文构建的数据资产权利体系确定具体数据资产评估标的中的权利，主要是指数据资产的财产权。最后是关于数据资产组成形式的确定。被评估数据资产可能是单一数据资产，也可能是由多种数据资产组成的数据资产组合。此外，由于数据资产不具有实体形态，不同形式数据资产的评估对象具有差异性，这需结合具体评估业务进行数据资产评估对象的界定。其中，有以下两点需要注意：

一是由于数据资产具有多主体性、多场景应用的特征，评估人员在进行数据资产评估对象的界定时需考虑现有经济业务条件下可辨识的所有权利。例如，一项数据资产 M 由 A 主体开发，并与 B 主体达成使用该数据资产的许可协议，现由于业务需要，A 主体欲将其进行质押，需对 M 进行评估。该案例中，质押涉及 M 的所有权（包括：使用权、收益权、处置权），同时 M 还存在一项对外许可协议[①]，则该评估项目的评估对象界定过程如下：第一，数据资产名称为 M；第二，数据资产权利为数据资产的所有权和许可 B 主体的许可协议使用权；第三，数据资产形式为单一数据资产。

二是避免评估对象的重复。例如：一项数据资产 M 由 A 主体开发，并与其子公司 B 主体达成无限制、无限期免费使用该数据资产的许可协议，现由于业务需要，A 主体欲将其所有权转让于子公司 B 主体，需对该数据资产进行评估。该案例中，拟受让主体 B 在此前已经拥有该商标的许可使用权，且该许可使用权为无限制、无限期免费使用，故此次转让中应将使用权予以剔除，否则将导致数据资产 M 评估对象的重复评估。则该评估项目的评估对象界定过程如下：第一，数据资产名称为 M；第二，数据资产权利为数据资产所有权中的收益和处置权；第三，数据资产形式为单一数据资产。

2.4.2.2　数据资产评估范围

数据资产评估范围是对评估对象的详细描述，包含数据资产具体名称和数量。对于单项数据资产，评估范围包括无形资产权属的具体种类，以及数据资产具体场景使用中的限制条件；对于数据资产组，除单项数据资产评估范围外，评估范围还包括数据资产组中包含的具体数据资产种类和数量。本书整理了与数据资产评估目的相对应的常见数据资产（但不限于）评估对象和范围（见表 2－7）。

---

① 该协议既可能是合同权益，也可能是合同义务。当 A 主体与 B 主体签订“付费”许可使用协议，该协议属于合同权益；当 A 主体与其下属子公司或其他公司（B 主体）签订“免费”许可使用协议，该协议属于合同义务。

表 2-7　　数据资产评估对象和评估范围常见情形表

情形	评估对象和评估范围
转让	依法转让这一经济行为对应的数据资产或数据资产组
出（增）资	依法用于出（增）资的数据资产或数据资产组
租赁	租赁期内依法用于租赁的数据资产或数据资产组
内部管理	持有主体或组织内部已形成的数据资产或资产组
财务报告	会计年度内持有主体或组织实际控制的数据资产或资产组
清算	评估人员接受评估委托前，持有主体实际控制的数据资产或资产组
质（抵）押	贷款存续期间，依法用于质（抵）押的数据资产或数据资产组
法律诉讼	涉诉标的数据资产或数据资产组

2.4.3　数据资产的价值类型

价值类型是指资产评估结果的价值属性及其表现形式。它从不同角度反映资产评估价值的属性和特征，是决定资产评估价值的重要因素、评估价值的具体标准，可明确表达评估结论①。同一资产，持有人不同、市场环境不同、评估目的不同，评估价值的结果也相应具有差异，价值类型回答了评估人将评估何种价值的问题。

2.4.3.1　市场价值与市场价值以外的价值

资产评估价值类型有多种划分标准②，《资产评估价值类型指导意见》（中评协〔2017〕47 号）第三条将价值类型分为市场价值和市场价值以外的价值类型。市场价值是指自愿买方和自愿卖方在各自理性行事且未受任何强迫压迫的情况下，评估对象在评估基准日进行正常公平交易的价值估计数额；市场价值以外的价值类型包括投资价值、在用价值、清算价值、

① 中国资产评估协会．资产评估基础［M］．北京：中国财经出版传媒集团，2019：111－112.

② 具体资产评估价值类型划分标准，参见：张彩英．资产评估学［M］．北京：中国财政经济出版社，2018：15；汪海粟，张世如．资产评估［M］．第三版．北京：高等教育出版社，2016：9－10.

残余价值等①。

区分数据资产属于何种价值类型，主要判定标准为数据资产是否达到其最高最佳用途，以及数据市场是否为有效公开市场，即数据资产可在市场上以最佳方式进行展示，且随机的买卖双方能够取得各自效用下的最优价格。如图 2－9 所示，当且仅当在有效公开市场上，数据资产达到最高最佳使用状态时（即Ⅰ区域），方可选取市场价值类型作为被评估数据资产的价值类型，其余情形下（即Ⅱ、Ⅲ、Ⅳ区域）则选择市场价值以外的价值类型。

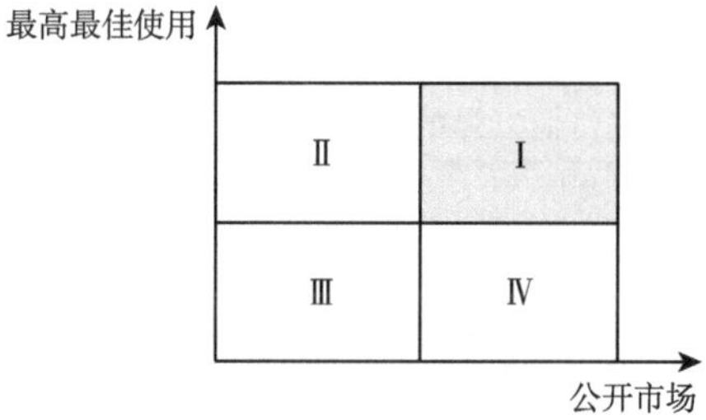

图 2－9　数据资产价值类型图

2.4.3.2　数据资产价值类型的选择

《资产评估价值类型指导意见》（中评协〔2017〕47 号）第十三条、第十四条指出，资产价值类型的选择应当考虑市场条件、评估目的、评估对象和评估假设。当评估人员执行的数据资产评估业务对市场条件、评估对象和范围等无特别限制，且无须考虑数据资产评估委托人的特殊要求，评估目的是对数据市场中常规交易提供专业意见时，可采用市场价值作为数据资产价值评估的价值类型。

选取市场价值时，评估人员需注意数据资产处于何种数据市场，涉及跨数据市场交易（国际数据市场）时，应当辨别出数据资产所处的主市场，并说明选取该市场价值的理由。例如，一项数据资产 M 由甲国的 A 主体开发并持有，现由于业务需要，乙国的 B 主体经调研考察后决定拟前往甲国购买 A 主体的该项数据资产，则在对该数据资产 M 进行评估时需选择

① 中国资产评估协会．资产评估价值类型指导意见［R］．北京：2017.

何种价值类型。案例中，该项交易是涉及不同国家数据资产市场中数据资产交易的常规事项，且案例中并未提及委托人的购买偏好、自身特性、特殊要求、附加条件等因素，故应选择市场价值作为该项评估业务的价值类型。且该业务属于B主体前往甲国购买数据资产M，则该交易应受到甲国法律法规管辖，因此，评估中应当选择甲国的市场价值。

此外，在数据资产价值评估业务中，选择市场价值以外的价值类型具体体现在委托方、具体的评估目的、交易环境等特殊性。表2-8列示了具体市场价值以外的价值类型选择的情形（包括但不限于投资价值、在用价值、清算价值、残余价值）。

表2-8　市场价值以外的价值类型的选择情形表

价值类型	选择情形
投资价值	数据资产购买者已有数据资产和拟购买数据资产之间可能形成协同效应
在用价值	评估中只需考虑数据资产在未来持有期间的预期收益
清算价值	数据资产持有者面临被迫出售、快速变现的情形
残余价值	数字技术更新迭代中，数据资产组不宜整体使用，整体不具备在用价值，但部分数据资产仍具有使用价值

2.4.4 数据资产的评估假设

由于人类知识客体的无限变化和认识主体有限能力的矛盾，人们需要依据已经掌握的数据资料对某一事物的某些特征或者全部事实作出合乎逻辑的推断。资产评估假设是依据现有知识和有限事实，通过逻辑推理，对资产评估所依托的事实或前提条件作出合乎情理的推断或假定①。数据资产的开发受到技术条件的制约，客观上存在无限数据与人类有限认知、识别开发和挖掘的矛盾，以及评估环境持续变化与评估时点相对静止的矛盾。故数据资产评估同样离不开前提假设，数据资产评估体系建立在一定的前提假设基础之上。

资产评估假设会随经济环境、评估环境变化具有一定调整，部分基本

① 中国资产评估协会．资产评估基础［M］．北京：中国财经出版传媒集团，2019：117.

假设内涵将相应发生变化和发展。本书梳理了数据资产的交易假设、公开市场假设、持续使用假设和清算假设四大基本假设（见图 2－10）。

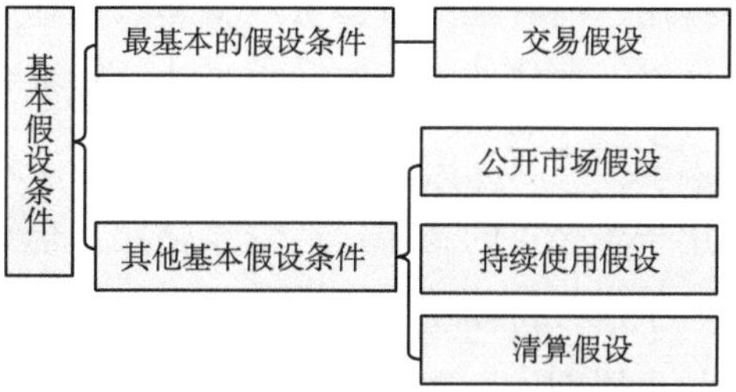

图 2－10　数据资产评估假设分析图

（1）交易假设（Exchange Hypothesis）

这是数据资产评估最基本的假设条件，该假设条件将数据资产置于数据市场中，而非孤立于组织内部，评估师可依据数据资产的交易条件模拟数据市场进行价值评估。交易假设的应用需要强调以下两点：第一，交易假设是促进数据要素流动的基本假设，也是价值理论应用的基础，即用于交换的数据资产是商品；第二，交易假设是将数据资产置于市场中计量其价值，是数据资产价值发现的有效途径之一，而非真正用于交易，评估后产权并非绝对发生变化。

（2）公开市场假设（Open Market Hypothesis）

这是对数据资产所处数据市场的特征和状态的一种描述，即数据市场是充分竞争、发达完善的市场。但基于数据市场的发展，该假设需进一步完善，首先是在微观市场理论的基础上，加入宏观经济理论；其次是基于数据主体的特殊性，应将政府纳入数据市场中。因此，数据资产评估公开市场假设是个人、组织、政府等数据资产利益相关者在数据要素充分流动、数据信息完全对称、数据交易方地位平等的数据市场情形下，各主体经多方、动态权衡后做出理性的交易决策，均衡点处实现数据产品市场、数据要素市场的均衡。通常，在数据市场上进行交易，且无特殊说明的数据资产，都可选择公开市场作为假设。此外，该市场假设在当前技术水平和数据市场实际运营现实中可能未达到所述公开程度，但该假设是以数据市场存在且公开买卖的客观事实为基础，是数据市场的理想状态，可为数据资产价值评估基础模型构建提供理论基础。

（3）持续使用假设（Going - Concern Assumption）

这类似于会计学中持续经营假设，是对数据资产状态的界定。具体分为在用续用和转用续用，前者是指数据资产交易、赠送、交换等业务使得数据资产产权发生转变，后续持有主体仍将延续该数据资产原有的用途及方式；后者是指数据资产产权发生转变后，后续持有主体改变该数据资产原有用途，调换适用于本公司的新用途后继续使用。但评估中需注意，持续使用假设并非等同于永久持续使用，该假设是具有限制性的持续使用假设。通常，在一个技术周期内，数据资产的持续使用假设不存在争议，但涉及技术周期更替的数据资产评估，评估师需考虑数字技术迭代造成的数据资产可用性变动影响下的数据资产使用年限的变化。

（4）清算假设（Liquidate Assumption）

这是持续经营假设的对立面，数据资产需清算或快速变现时，需以清算假设为基础进行评估，具体分为有序清算和强制清算两种假设，前者是数据资产持有者有序控制下实施清算，后者是外部控制下实施清算。诚然，处于该假设条件下的数据资产价值评估结果对被清算的数据资产持有者不利，评估值通常低于正常条件下的交易价格。

2.5　本章小结

本章是数据资产价值评估理论概述章节，主要界定了数据资产和数据资产评估的概念，对数据资产确权进行了分析，梳理了数据资产价值评估的经济学理论基础和数据资产价值评估的基础要素。

首先，数据资产概念界定是全文研究的基础环节，本书提出数据资产定义，以及数据成为数据资产的 ECPQN - M 判定流程；在此基础上结合无形资产和数据资产的特征，指出数据资产属于广义无形资产范畴，并属于知识型、关系型、权利型之外的无形资产，本书暂将其确定为“其他型——数据资产”；结合数据资产概念，本书进一步提出数据资产评估的内涵和特征。

其次，数据资产确权是数据资产价值评估的重要前提之一，具体包含权属和权利体系两部分。本书依据数据资产多维权属分配特征构建了数据权分析图，并在对比典型美国、欧盟数据资产权利体系模式、分析我国深圳试点的数据资产权利体系雏形基础上，构建出数据生产者、以个人利润最大化为目的的数据使用者、以社会福利最大化为目的的数据治理者多维主体权利体系。

最后，数据资产价值评估的经济学理论主要有：价值理论、生产要素分配理论、货币时间价值理论。数据资产价值评估理论基础要素主要有：数据资产评估目的、数据资产评估对象和评估范围、数据资产价值类型和数据资产评估假设等。以上经济学理论与评估理论基础要素均为后文数据资产价值评估方法的选择和评估模型的构建提供理论基础。

第3章 关于数据资产价值体系及其评估方法的理论分析

本章为数据资产价值评估之价值分析。Maury M F 利用航海书籍、航海日志、地图、图表等记载的数据绘制百万数据点，建立航线分析系统；Koshimizu S 利用压力传感器采集人类坐姿数据，制成汽车防盗系统①，数据通过采集、处理和应用体现出数据所创造的特有价值。可见，数据价值挖掘行为早已存在，但囿于数字技术和数据体量的局限发展较慢，直至数字经济时代数据资产价值才被广泛挖掘并予以重视。基于此，本章首先以数据资产价值的形成为切入点，对数据资产价值形成的不同阶段进行分析与梳理；其次，从价值的影响因素、形成机制、表现形式、实现方途径等方面分析数据资产价值；最后，梳理数据资产价值评估三大基础方法及选择。本章节为过渡型章节，与前章节数据资产价值评估理论，共同为后文评估方法模型的构建提供基础（见图3-1）。

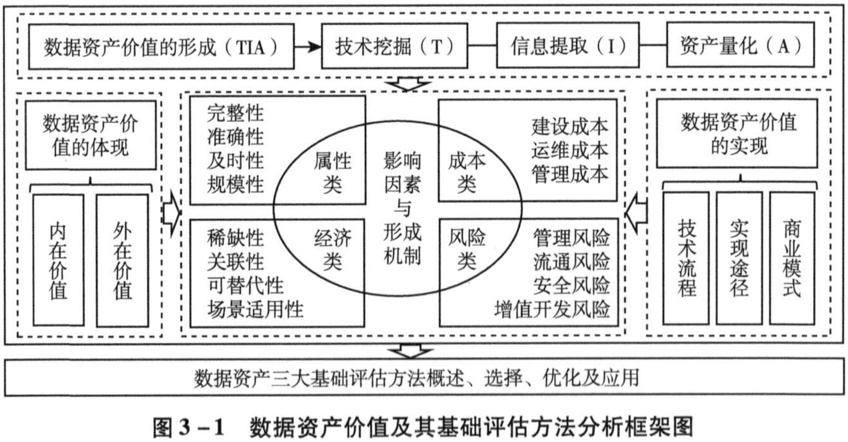

图3-1 数据资产价值及其基础评估方法分析框架图

① 关于数据信息的挖掘利用案例，参见：维克托·迈尔·舍恩伯格、肯尼斯·库克耶．大数据时代：生活、工作与思维的大变革［M］．盛杨燕、周涛译．浙江：浙江人民出版社，2012：98-103.

3.1　数据资产的价值形成阶段

绪论章节已从经济发展视角对数据资产的形成进行分析，数据经历了资源化、商品化和资产化阶段，价值在这三阶段中逐步显化。其中，数据资源化阶段价值隐藏于具体业务中，数据商品化阶段价值显现并依附于数据商品，数据资产化阶段价值相对独立且随不同应用场景呈动态变化形式。可见，数据资产价值的形成是隐性到显性的过程，且随着数字技术的创新与发展，该过程所用时间在不断缩短。本节从价值显现视角来梳理数据资产价值的形成过程，为后文数据资产价值影响因素分析提供基础。

物物交换中，物体的价值在人们对外界物品需求的关系中产生。因此，价值需要依托于人类社会对经济关系的解释中探讨。数据价值的本质是对数字化的生产、分配、交换、消费的生产关系以及生产活动中产生效能的量化。数据的价值是其所有可能用途的总和，实际意义上对这些潜在用途的选择即为数据的潜在价值（Schönberger V M and Cukier K，2014）。数据的潜在用途在理论上为无限可能，故数据的价值具有完全不确定性。但数据资产是人类已有数字技术挖掘下产生的实际可控数据，因此，数据资产的价值是随人类已有技术和认知的变化，呈可识别且动态的显价值形态，具有可计量性。具体而言，数据资产价值形成经历“技术挖掘—信息提取—资产量化”三个阶段（TIA），三阶段中的信息价值显化程度依次提升，如图 3－2 所示。

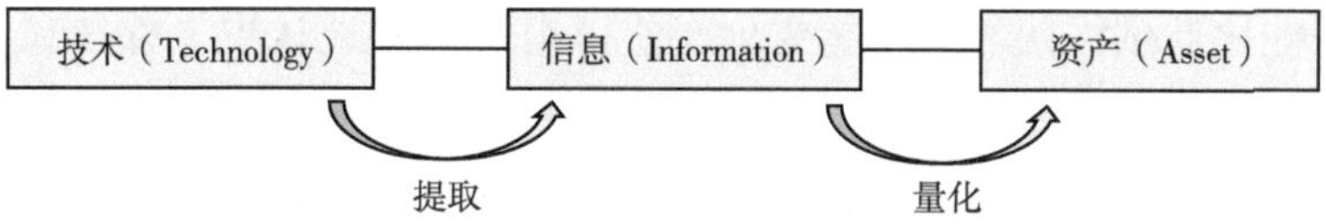

图 3－2　数据资产价值形成分析图

3.1.1　技术挖掘阶段

数字技术发展的核心是对数据的剖析及应用，主要包含对数据的同质处理和可编程应用，前者是将海量异质、碎片数据通过二进制等计算技术归集为具有相同特性、可被分析利用的同质化数据信息；后者可将处理数据的程序生成数据被储存、编辑、应用（Yoo Y et al.，2010；Ciriello R F et al.，2018），使得信息结构特征发生改变。并且，数字技术使得收集、分析、传输、储存信息的过程变得具有持续性、实时性和完整性（Pagani M and Pardo C，2017）。

首先，数字技术打破组织边界，使得价值具有多源性。数据的开放性、流动性等特征使得数字技术模糊了组织边界（Nambisan S et al.，2017），分布式记账技术和共享式平台发展，不仅可提高信息安全性，还可以降低数据交易成本，组织可利用数字技术收集个人的异质信息、经过同质化处理的行业信息、社会其他方面信息，优化研发与生产（Yoo Y et al.，2012；Newell S and Marabelli M，2015）。同时，数字技术脱虚向实的应用使得消费者深度参与研发与生产过程，消费者的个体数据汇集成的集合意识反映在产品中，消费者集体创造的使用价值成为最终价值的直接供给者。

其次，数字技术迭代加剧组织创造价值的竞争，持续创造价值需要组织持续调整变换。数字技术缩短产品升级迭代周期，以互联网企业为例，高德地图智能推荐路线及路况信息，用户在到达终点服务即结束，对于该用户数据失去价值。因此，对数据的获取与挖掘速度，加剧组织在创造价值上的竞争，产品升级迭代周期缩短。迭代式的技术进步深层嵌入数据挖掘后，使得组织产品不断调整与修正，为消费者创造更多的使用价值，无限接近精准供给。这既可降低资源禀赋的约束（Andries P et al.，2013），又可智能协调供需两端的发展变化，使得组织更好地认识、感知和应用数字技术。

可见，技术挖掘阶段的侧重点在于直接从数据中获取信息，并且直接进行储存、编辑、应用并通过应用主体（消费者、企业等组织）和数据市场（竞争机制和价格机制）使其所创造的价值显现。这体现出数字技术进行数据挖掘创造价值的间接能力，信息技术变革可使其具有持续价值创造能力。

3.1.2　信息提取阶段

信息提取阶段的数据资产价值创造主要体现为数字技术与具体生产场景的结合，数字技术在实体经济中提取信息，作用于企业的生产和决策，通过降本增效体现数据资产价值。具体体现为以下两方面：

第一，数字技术使得产品生产流程智能化，增强企业对生产风险的管控能力（Goldfarb A and Tucker C，2019）。产品构思—研发—生产—测试—升级改进等各环节的呈现形式，均将被数字技术改变（Tan J，2001；戚聿东和蔡呈伟，2019）。例如，产品构思阶段，数字仿真和数字孪生技术通过原始数据的信息提取，实现对生产流程的虚拟判断和预测，可减少试错次数，缩短产品生产周期（戚聿东和蔡呈伟，2019）；产品研发阶段，企业内部各部门借助数字技术进行跨时空的创意组合（Lyytinen K et al.，2015），可降低企业沟通成本；产品生产阶段，区块链全网广播等技术使得生产流程更加规范可追溯，实现生产设备等基础设施数字化（戚聿东和蔡呈伟，2019）；产品测试阶段，通过已提取信息进行虚拟客户环境实现测试（Nambisan S，2017），可节约成本且缩短测试期；产品升级改造阶段，通过用户反馈做出的数据信息，可对产品做出持续改善（Austin R D，2012）。

第二，数字经济体系是围绕消费者进行使用价值的供给。企业可通过对用户数据进行信息提取，将生产流程的中心由企业变为消费者，以用户为主导进行生产（Fuchs C，2012）。Bajari P et al.（2015）、Timoshenko A and Hauser J R（2019）、Lee D et al.（2018）通过机器学习等数字技术模型对消费者需求进行预测，预测结果较传统模型更为准确。此外，Chen Y et al.（2017）创建稀疏学习模型（Sparse Learning Model）对用户群体差异性需求进行预测。以消费者为中心的生产流程，除利用数字技术间接预测消费者需求外，还可直接将消费者引入生产环节，让消费者表达需求，消费者也有能力参与企业研发，提高产品价值（Franke N et al.，2009；Dahl D W et al.，2015），从而形成需求规模经济和范围经济（张骁等，2019）。

可见，信息提取阶段的侧重点在于技术与场景的融合，通过信息提取，在固定场景下，直接作用于企业的生产决策、战略部署等，实现降本增效，数据资产的价值在固定场景中得以直接显现。

3.1.3 资产量化阶段

前两阶段数据资产价值通过直接和间接的形式显现出来，数据资产量化阶段的数据资产价值，主要在数据资产的外部交易和内部数据管理中体现出来，即数据资产被持有主体自身所用，或通过市场交易至其他主体，以为各主体提高经济效益，带来经济利益的流入。关于价值的形成，经济学中已有探讨，重农主义学派认为价值在生产环节产生（限于农业生产）、重商主义学派认为价值在流通阶段产生、古典经济学派秉承劳动价值论，马克思批判地继承了古典经济学派观点，并创立了马克思劳动价值论。本书以此为基础探讨数据资产的价值量化议题①。

数据资产的价值（V）由不变成本（c）、可变成本（v）、剩余价值（m）组成，即 $V=c+v+m$。前已叙及，数据资产价值形成需经历三个阶段（TIA），根据前文分析各阶段的不同侧重点，本书将其进一步概括为：数字技术研究阶段、开发阶段、应用阶段。

（1）数字技术研究阶段

数字技术的研究阶段在本书是指数字技术应用于数据挖掘的基础阶段。该阶段数字技术研究价值（V_1）主要包括：前期数字技术价值的积累（V_0）、数字技术基础研究的物质资料（c_1）、数字技术基础研究阶段人力投入的成本（v_1）以及此阶段中所投入人力创造的剩余价值（m_1），即：

$$V_1=V_0+c_1+v_1+m_1 \quad 3-1$$

（2）数字技术开发阶段

数字技术开发阶段是指数字技术研究阶段的技术成果与具体实体场景相结合的阶段。该阶段数字技术开发价值（V_2）主要包括：前期数字技术研究阶段的价值（V_1）、开发研究阶段的物质资料（c_2）、开发研究阶段人

---

① 本部分仅探讨价值计量的理论基础，关于价值计量的具体方法，在后文章节予以展开，在此不予赘述。

力投入的成本（v_2）以及此阶段中所投入人力创造的剩余价值（m_2），即：

$$V_2 = V_1 + c_2 + v_2 + m_2 \quad 3-2$$

（3）数字技术应用阶段

应用发阶段是指数字技术在实体场景中经反复测算、修正后，形成固定且较为独立的数据资产，并且该数据资产已达可直接交易状态。该阶段是数据资产量化的最终阶段，数据资产价值具有独立性。

该阶段数字技术应用价值（V_3）主要包括：前期数字技术研究阶段的价值（V_2）、应用研究阶段的物质资料（c_3）、应用研究阶段人力投入的成本（v_3）以及此阶段中所投入人力创造的剩余价值（m_3），即：

$$V_3 = V_2 + c_3 + v_3 + m_3 \quad 3-3$$

可见，数据资产价值并非在最终的价值量化阶段才形成，而是在技术挖掘阶段和信息提取阶段已经形成 V_1、V_2。部分数据资产（如高德地图）在技术挖掘一个阶段就已经形成全部数据资产价值；部分数据资产（如企业内部管理用数据资产）需在技术挖掘和信息提取两阶段形成全部数据资产价值；部分数据资产（如交易用数据资产）需经技术挖掘、信息提取和价值量化三阶段才可形成全部数据资产价值。可见，在 TIA 的任一阶段均可形成数据资产价值。

3.2　数据资产的价值影响因素及形成机制

数据资产价值由多方面影响综合形成。本书结合数据资产价值的形成过程和价值体现途径，以及结合前文关于数据资产机制影响因素现有研究文献，将数据资产价值影响因素主要归纳为四类因素，并在此基础上，从系统动力学视角，分析数据资产价值的反馈回路，研究数据资产价值形成机制，为后文数据资产价值评估方法选取提供依据。

3.2.1　数据资产价值影响因素

数据资产价值是由数据属性特质、数据资产化投入、数据市场、场景应用等多方面因素共同作用综合形成。剖析数据资产价值影响因素，可提升数据资产管理水平，助力数据价值挖掘。数据资产价值影响因素众多，不可穷尽，本书结合数据资产价值形成过程和价值体现途径，将其主要影响因素归纳为数据属性类因素、数据成本类因素、数据经济类因素、数据风险类因素四类影响因素，形成影响数据资产价值的ACER体系。

3.2.1.1 数据属性类因素

数据属性类因素是影响数据资产价值的基础性因素。数据属性影响因素具体包含：数据的完整性、准确性、及时性、规模性。

数据完整性是指数据特征记录的精确程度和可靠程度。若数据特征记录不精确或不可靠，则存在数据缺失字段。具体而言，数据完整性包含四方面内容，见表3-1。

表3-1 数据完整性释义表

类型	含义
实体完整性	表任意行在该表中为唯一实体
域完整性	表任意列满足特定数据类型约束
参照完整性	两表的主关键字和外关键字一致，以保障表间数据一致性
用户自定义完整性	存在不同数据库系统关系时，对某特定关系数据库进行约束

数据准确性反映数据资产中对应数据属性的准确程度，具体指数据特征记录的准确程度和对数据特征描述的确切程度。其具体包含数据搜集、加工过程中的准确性；数据隐私化中脱敏处理操作方式的准确性和数据标准化中对元数据核心元素定义、数据格式和数据语义的准确性。

数据及时性反映数据资产价值随时间推移而呈下降趋势，具体是指数据具有一定时效，时效期过后数据价值大幅下降。具体包含数据请求—响应时间；数据累计更新频次；数据更新间隔时间；以及数据搜集与加工时间，标记数据的入库、数据版本和数据更新情况及时间。

数据规模是数据价值增值的物质基础。数据规模是指数据的容量大小，通常数据规模同数据价值呈同向变动关系。具体包含数据条数、存储体积、增长速度、数据应用使用范围、数据获取难易程度等方面。

3.2.1.2　数据成本类因素

数据成本类因素是指数据资产的价值形成中主要投入的要素。本书结合数据资产价值形成三阶段（TIA）及《电子商务数据资产评价指标体系》（GB/T 37550—2019）①，将数据资产成本划分为数据资产成本有建设成本、运维成本和管理成本。

数据的建设成本指数据资产化过程的前期数字设备和数字系统开发的投入成本，具体包含数据分析阶段，数据采集、隐私化和标准化处理阶段。数据分析阶段是对数据量的分析预测、数据系统储存空间规划、数据库建设规划等，具体成本包含系统构造开发费用（包含设备）、软件分析工具和资料费用、文档编制费用、其他消耗品费用。数据采集、隐私化和标准化处理阶段包含软件分析工具费用、文档编制费用以及其他消耗品费用。

数据的运维成本是指持有阶段数据资产管理所发生的成本，主要包含数据的存储设备维护费用、设备折旧费、软件程序、系统代码增删更的维护费用、数据增删更的维护费用、数据存储费。

数据的管理成本是指数据开发和运维间发生的间接费用。具体包含数据采集和运维过程中的人员工资成本；数据开发和运维过程中除直接费用外的间接成本，如租赁、水电等；寻求专业服务以降本增效而产生的外包服务成本。

3.2.1.3　数据经济类因素

数据经济类因素是指影响数据资产经济价值的市场因素。本书梳理出主要影响数据资产价值的因素为：数据稀缺性、数据可替代性、数据场景适用性、数据关联性。

数据的稀缺性是相较于数据市场供求而言，当数据市场中某数据需求大于供给时，该数据呈现出稀缺性，其价值相对较高。评估人员需在数据

① GB/T 37550－2019，电子商务数据资产评价体系［S］. 北京：国家市场监督管理总局，国家标准化管理委员会，2019.

市场中对数据的稀缺性进行判定。

数据的可替代性即为数据独占性的反面。通常，若数据市场中有某项可替代数据，则该数据价值随其可替代程度升高而下降。相反，若数据可替代程度低，其在市场中的独占性会增加，相应数据价值高。

数据的场景适应性是指具体应用场景中数据的价值。通常，数据价值随场景不同而异。这在一定程度上体现出已开发数据与现实场景的结合程度和应用程度，同时有赖于数据交易市场建立，使其挖掘潜在应用场景。

数据的关联性是指某一特定数据与其他数据之间的关系，强关联性数据价值更大。数据的关联性具体包含流入/出数据数量、流入/出数据频率、流入/出数据大小、流入/出数据关联强度和数据的依赖/独立程度（张驰，2018）。

3.2.1.4 数据风险类因素

风险类因素是指影响数据资产价值的风险因素。《资产评估专家指引第9号——数据资产评估》第十九条中将影响数据价值实现的风险归纳为数据管理风险、增值开发风险、数据安全风险和数据流通风险四类。

数据的管理风险是指数据在持有阶段，由于持有主体的管理水平、人员素质、组织结构等原因，造成数据信息判断失误、数据价值挖掘不充分、数据增删更混乱等现象的可能，这将导致数据持有主体一定程度上的增加经济利益流出的可能性。

数据的增值开发风险是指数据价值挖掘潜力不足，致使数据潜在增量价值消失的可能。该风险通常与数字技术的持续更迭、相关技术人员的引进，以及潜在应用场景的挖掘紧密相关。

数据的安全风险是指数据被持有主体以外的其他主体以非法渠道获取并以此谋利的可能。根据数据的安全分级，数据安全风险可分为危害国家安全和国家利益的国家风险、危害行业安全和组织利益的行业风险、危害个人隐私和权益的个人隐私风险。对不同风险予以不同级别的安全管理措施，是防范数据安全风险的有效途径。

数据的流通风险是指数据的流动性出现困难，数据在数据市场中的交易流转受限甚至受阻的可能。极端情况下，数据流通风险将导致数据价值的消失。与数据管理风险相比，数据流通风险是一种综合性的风险，该风险通常是由其他风险引致而成。

3.2.2　数据资产价值形成机制

数据资产价值是各影响因素共同作用后复杂的综合价值。通常而言，通过数据资产价值影响因素构建的数据资产价值评价指标体系，在一定程度上可反映出数据资产的价值水平，但并未揭示各因素相互中的价值形成过程，难以形成统一的数据资产价值评估标准（符山，2018）。数据资产价值形成是一个复杂的系统问题，既涉及技术的发展下形成的数据质量，又涉及技术应用于数据挖掘投入的成本，还涉及外部市场环境和风险因素。因此，本书拟从系统动力学（System Dynamics，SD）视角①，借助计算机 Vensim PLE 对数据资产价值形成机制进行分析，并通过构建期初的数据资产价值系统因果关系回路图②，分析数据资产价值形成机制，为后文构建和修正数据资产价值评估模型提供基础。

3.2.2.1　数据资产价值形成系统结构分析

根据 ACER 值影响因素的分析，数据资产价值系统包含 4 个子系统，即数据属性系统、成本系统、经济系统、风险系统四部分［见图 3－3（a～d）］③。数据属性系统包含完整性、准确性、及时性、数据规模。其中，数据完整性是指数据特征记录的精确程度和可靠程度；数据的准确性和及时性主要受技术水平和管理者业务素质等因素影响；数据规模是数据价值形成的物质基础，主要受原始数据量、有效利用率、剔除率、

---

① 系统动力学起源于上世纪 50 年代的工业领域，是研究系统反馈结构与行为的一门科学，是系统科学与管理科学的一个分支，该理论随后在农业、经济、生态环境、能源等领域得到广泛应用。

② 系统动力学模型的构建分为明确问题确立边界、系统目标和系统要素、构建系统因果关系图和流图、确定变量和参数进行系统仿真。本部分仅为分析数据资产价值形成机制，不涉及参数选取、流图构建和模拟仿真。系统动力学方法用于数据资产评估的假设与边界、参数选取、流图构建和模拟仿真，在后文基于成本法的数据资产价值评估模型优化分析中予以论述。

③ 此外，由于系统动力学仿真语言 DYNAMO 基本规则中对输入变量的要求，这里将各变量用英文和数字表示，具体变量名称和变量释义见表 2。

数据覆盖次数等因素影响。成本系统依据资产化形成阶段为依据分为建设成本、运维成本和管理成本，系统动力模型集中于研究对象状态影响分析，故这里根据各阶段的具体投入类型将成本因素调整为人力投入成本、技术和设备投入成本，所述细分因素内容不变，仅将分类方式做重新划分。经济系统包含稀缺性、可替代性、场景适应性、关联性。其中，稀缺性是相较于数据市场供求而言，当数据市场中某数据需求大于供给时，该数据呈现出稀缺性，主要受市场竞争程度因素影响；可替代性为数据独占性的反面，主要受技术水平和市场竞争程度等因素影响；场景适应性指具体应用场景中数据的价值，主要受盈利能力和同行盈利能力影响；关联性指某一特定数据与其他数据之间的关系，强关联性数据价值更大，主要受数据规模因素的影响。风险系统包含管理风险、增值开发风险、安全风险、流通风险。其中，管理风险主要受管理者素质和财务风险等因素影响；增值开发风险和安全风险主要受数字技术的持续更迭因素影响；流通风险是指数据交易流转受限的可能性，是一种综合性的风险，通常由其他风险引致而成。

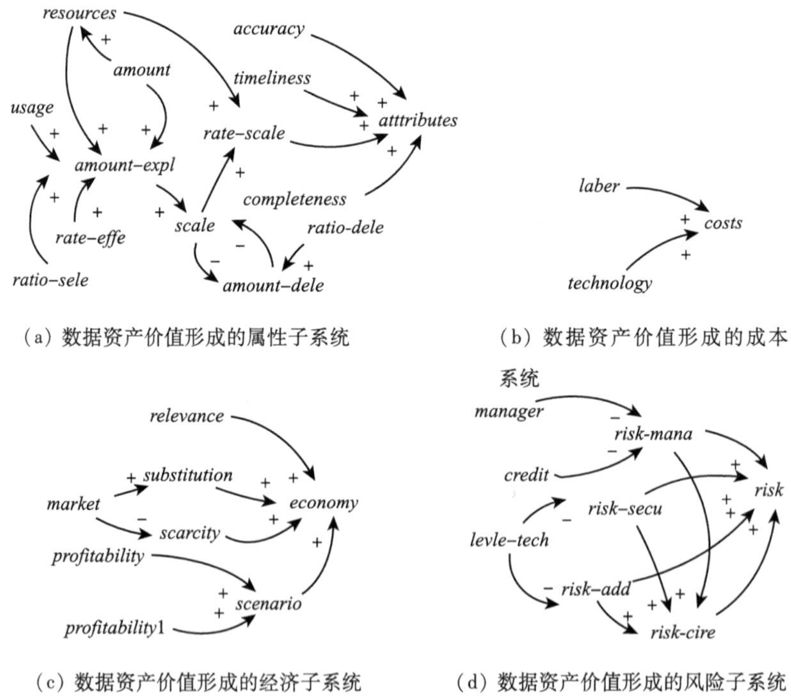

（a）数据资产价值形成的属性子系统

（b）数据资产价值形成的成本子系统

（c）数据资产价值形成的经济子系统

（d）数据资产价值形成的风险子系统

图 3－3　数据资产价值系统

3.2.2.2　数据资产价值结构的因果分析

根据数据资产价值形成系统结构分析图，以及前文关于各子系统的主要构成元素（即价值影响因素）分析（如图 3－3 所示），将数据资产价值形成各子系统的元素依据所分析的因果关系进行连接，即可得到数据资产价值形成系统汇总的因果关系回路图（见图 3－4）。

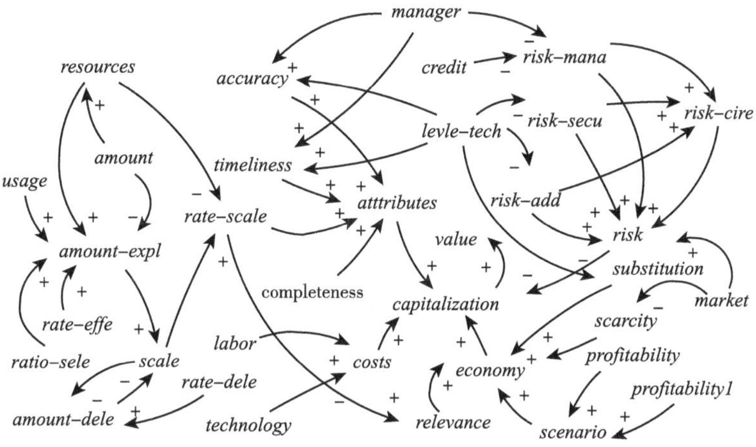

图 3－4　数据资产价值形成机制的系统因果关系图

可以看到，成本子系统是数据资产价值形成的基础，一是通过人力成本投入、技术和设备成本投入，组织进行数据挖掘、清洗和分析，数据中隐含的信息才有价值化的可能性；二是通过设备和技术成本投入，组织内和组织间实现数据流通，将数据运用至不同场景，数据资源被充分利用，才可实现数据价值化；三是价值实现过程中需要数据的安全和隐私保护、技术的引进和创新、数据专业人才的培养和利用等辅助活动的成本投入，才能实现数据资源的高效配置。

在数据子系统的基础上，这里通过数据资产价值形成机制的系统因果关系图可以得出，数据资产价值有三次价值释放：

一是数据属性—数据资产化率—数据资产价值的释放路径，即数据推动数智决策。通过对数据属性的处理，使得企业多环节的决策更加优化。一方面，通过对数据进行筛选、管理以及分析，使决策者不再依靠经验做出决策，用数据分析提高决策的准确度，以防范决策风险；另一方面，数据分析模型化和 AI 化将分析能力“赋予”系统，实时进行系统数据分析，向单一业务赋予智能化价值。

二是经济因素—数据资产化率—数据资产价值的释放路径，即数据业务贯通。数据经过规范性处理，在特定要求下合格的数据规模不断提升，逐渐发展成为可利用的通用型数据资源，贯通企业内外部相关联业务的发展，数据通过赋能关联业务创造价值。

三是风险因素—数据资产化率—数据资产价值的释放路径，即数据流通融合赋能。生产要素的流通有利于生产要素的价值释放。在掌控数据流通风险的前提下，数据持有主体可将数据以独立形式进行流通，则此时数据剥离于具体关联业务限制，可与外部数据资源融合，具有多场景应用性，呈现相对独立的经济价值。

3.3 数据资产的价值表现形式

数据资产价值形成有显性和隐性两种形式，对应数据资产价值的体现形式也有两种，即内在价值与外在价值。通常，前者用于衡量投资分析、战略分析、生产决策和以价值为基础的管理用数据资产价值；后者则用于转让、出（增）资、租赁、抵押、捐赠等经济业务直接体现出的市场价值、经济价值、业务价值等各类具体价值。内在价值是外在价值确定的基础，外在价值是内在价值的具体化显现（见图 3 –5）。

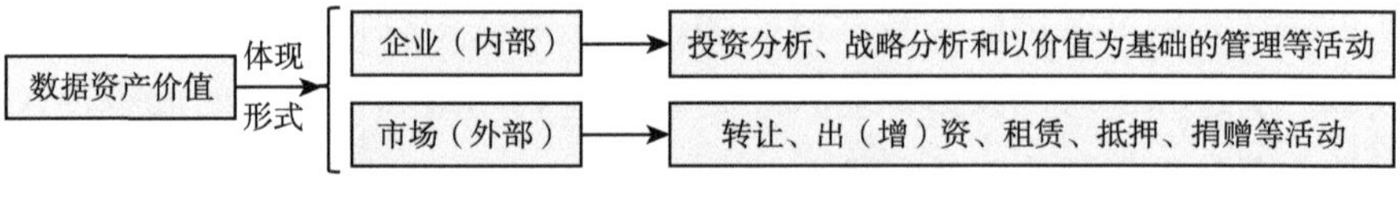

图 3 –5　数据资产价值体现分析图

3.3.1 数据资产的内在价值

内在价值最早应用于投资领域。数据资产内在价值是指在数据资产存续期间产生的全部现金流的折现值，由于利率等变化因素，该价值是一个估计值而非精准数字①。数据资产内在价值评估是专业人员在数字技术发展情形、数据市场建设情况、持有主体对数据的感知及应用情况等多方面共同作用下，对数据资产未来现金流量折现值进行专业判断的结果。

3.3.1.1　数据资产内在价值特性

数据资产内在价值不同于市场价值、绩效价值等，具有一定特性：

第一，数据资产的内在价值呈动态性。这是由于数据资产本身的特征和外部环境所决定。首先，在数据资产概念辨析中已叙及，数字技术的迭代更新会使得数据资产价值在跨技术周期时产生较大变化；其次，数据资产具有多场景应用的特征，在场景转换间数据资产价值发生较大变动；再次，数据资产持有者对于市场变化的反应调整程度，也会影响数据资产价格的变化；最后，数据资产外部因素的变化使其价值发生较大变动，如数据市场上可替代数据资产的出现、购买者对于数据信息的获取、相关数据资产政策变动等因素，均可使得数据资产的价值发生较大变动。

第二，数据资产的内在价值呈相对稳定性。首先，数据资产是在数字技术和社会经济发展到一定阶段后的产物，是技术与制度背书下的刚性价值；其次，数据资产是持有主体组织长期营运中搜集—挖掘—利用的结果，该数据资产中蕴含团队的组织文化、组织制度等不易受市场、政策等外在客观因素的影响；最后，数据资产内在价值主要反映持有主体在商品与要素市场中的竞争能力，受资本市场的影响较小。

第三，数据资产的内在价值在动态性与相对稳定性中具有动态边界性。数据资产内在价值的动态性可对未来数据市场中技术变动、应用场景变动、政策等宏观因素变动形成基本预判，可反映数据资产在持续使用假设下的客观价值。数据资产内在价值的相对稳定性对数据资产价值变化的技术变动、应用场景变动、政策等致使的价格变动设定了一个相对估计边界，进而能够有效评估数据资产内在价值变动的范围。

---

① 巴菲特 W E. 巴菲特致股东的信：投资者和公司高管教程［M］. 第四版，杨天南译. 北京：机械工业出版社，2018：337 – 339.

3.3.1.2 数据资产内在价值评估

数据资产价值不确定性特征下，数据资产内在价值评估旨在通过一定时期的专业评估，提高组织内部数据资产管理质量、促进组织生产决策、战略决策等。数据资产内在价值评估至少发挥以下作用：

一是加强组织资产管理。数据资产作为组织的一项新型无形资产，虽暂未被纳入财务报表或财务管理系统，但将其列入报表是未来的必然趋势（Schönberger V M and Cukier K，2014）。故首先，数据资产内在价值反映了数据要素投入对组织利润的贡献程度，对其进行评估一方面可促进组织有效挖掘潜在暗数据，另一方面可实现组织对已经实际控制数据资产的有效管理；其次，数据资产内在价值评估可扩充组织财报披露的内容。数据资产列报披露的重点是数据资产的经济流入事项、人才技术等各类配套支持事项。其中，经济利益的流入披露依赖于数据资产内在价值评估，可有效保障投资者进行理性抉择。

二是内在价值夯实数据资产收益法的应用基础。数据资产内在价值以持续经营为假设前提，内在价值具有相对稳定性，更加强调对客观环境的抗干扰能力和数字技术支撑下的数据系统应用的稳定能力。这可为收益法模型构建，以及收益法为基础的衍生模型构建提供基础。此外，内在价值不是固定数值，区间评估值是对客观影响因素变动的合理预判，可动态反映数据资产内在价值。

3.3.2 数据资产的外在价值

与数据资产内在价值相对应，数据资产外在价值是内在价值的显化。这随不同的应用场景而变，具体体现为数据资产的市场价值、绩效价值、经济价值、成本价值、业务价值等。在评估实务中，评估人员应结合具体的评估目的及其应用场景进行分析和确定。

3.3.2.1 数据资产外在价值类型

数据资产的外在价值体现在数据资产的转让、出（增）资、租赁、抵押、捐赠等市场交易中。在数据要素可流通的市场中，数据资产外在价值的作用将在交易中被最大化地利用，数据资产的价值得以充分体现。数据资产的外在价值主要分为以下五种：

一是数据资产的市场价值。根据《资产评估价值类型指导意见》（中评协〔2017〕47号）关于市场价值的定义。数据资产市场价值是指自愿买卖双方在理性行事且不受强迫情形下的正常公平交易价格。市场价值可直观体现数据资产的价格，对数据要素流通具有重大意义。但需要注意的是，数据资产市场价值会受到所在区域数据市场的规模、交易量、供求等因素影响，同一数据资产在各地区数据市场的价值可能不同。

二是数据资产的经济价值。数据资产的经济价值体现出一定的经济效益，即市场主体（包括个人和组织）由于从其中获取一定的效用而取得的经济利益。

三是数据资产的绩效价值。数据资产的绩效价值体现在数据资产同实体企业具体生产相结合的过程中。数据成为经济主体做出生产决策、战略决策、组织管理的重要依据，以及应用于生产管理各环节中，由此带来的降本增效、服务水平提升（精准推送等），即为数据资产的绩效价值。

四是数据资产成本价值。包括数据资产在开发、运行、维护中所消耗的所有人工支出、基建支出、设备支出、耗材支出、管理费用支出、日常维护支出、其他支出等系列显性成本。

五是数据资产的业务价值。数据资产的业务价值是指数据资产在租赁、买卖、再挖掘分析、数字媒体等业务中获取的收益。业务价值依据数据资产的具体商业模式而得以显化体现。

3.3.2.2　数据资产外在价值评估

实务中，数据资产价值评估需根据一定的评估目的，确定其价值类型，进而对被评估数据资产进行评定和估价。数据资产的外在价值使得数据资产评估的价值具体化。例如，市场法中可比数据资产的市场价值成为被评估数据资产的价值依据，以此价值进行修正因素的调整；收益法依据降本增效的绩效价值和具体应用场景的业务价值，对数据资产未来的收益进行预测，以此确定收益额；成本法依据数据资产成本价值，对数据资产的建设成本、人工成本、管理维护成本等进行核算，确定数据资产的总成本。

因此，数据资产外在价值是数据资产具体评估业务中，各评估方法具体变量的取值依据。评估人员应当根据具体的评估目标，选取适当评估方法，确定所需的数据资产外在价值，进而依据被评估数据资产所处组织、经济环境、应用场景等综合环境，对数据资产的具体外在价值相关的资料进行获取、搜集、归纳与整理。

3.4 数据资产的价值实现路径

前已叙及，Maury M F 利用制成的航线分析系统，Koshimizu S 采集人类坐姿数据制成汽车防盗系统，将数据与具体的实体应用相结合，使得数据资产价值显化。数据资产价值的显化需通过一定的途径（如出售或出租数据系统和数据空间），并且需经过一系列具体过程方能体现出来。本部分系统剖析数据资产价值显化的具体途径和过程，即数据资产价值的实现，为后文数据资产价值影响因素和方法分析提供基础。

3.4.1 数据资产价值实现的技术流程

由数据资产概念可知，企业或组织收集到的数据需满足一系列条件方可成为数据资产。这需借助数字技术，数据在处理过程中使得数据资产价值得以实现。具体处理中技术流程包含数据的隐私化、标准化。

3.4.1.1 数据隐私化

数据的隐私化是一个系统性技术工程，是数据利用的首要处理步骤，是成为数据资产化的技术基础。综合美国、欧盟、我国深圳等区域数据资产化过程中数据隐私的技术处理流程，本书概括出数据隐私化主要包括以下两方面：

（1）数据脱敏

数据脱敏是数据隐私化的关键步骤，具体而言数据脱敏主要有物理技术和加密技术两种方式（刘明辉等，2014；陈性元等，2020）。其中，物理技术有：限制数据访问地点，即只能在固定地点（某研究中心，某区域数据中心）浏览和使用数据，且不可拷贝；限制数据访问渠道，即系统内部访问人员可浏览和使用数据；限制数据访问类型，即访问人员只可浏览和使用处理后的数据，原始数据不可读取。加密技术包含删除字符法、字符加密法、字符替换法、字符截断法、字符取整法、字符乱序法、字符再定义等，详情见表 3－2。

表 3－2　数据脱敏示例表

脱敏方法	原始数据	脱敏数据
删除字符法	Name＝王五；Tel＝15289070028；Occupation＝医生	Name＝；Tel＝；Occupation＝医生
字符加密法	Name＝王五；Tel＝15289070028	Name＝王＊；Tel＝152 ****** 28
字符替换法	Name＝王五	Name＝王某
字符截断法	Name＝王五；Tel＝15289070028	Name＝王；Tel＝1528907
字符取整法	Tel＝15289070028；ID＝120976499378650023	Tel＝15200000000；ID＝120976000000000000
字符乱序法	Name＝王五；Tel＝15289070028	Name＝五王；Tel＝17250028890
字符再定义法	Age＝51；Height＝173；Weight＝50	Age＞50；Height＜180

（2）数据分级

对数据进行分级是数据隐私化的重要步骤，是数据隐私化的“护城河”。数据分级是明确数据的隐私敏感程度，数据可分为：影响国家安全、国家机密的一级数据；影响企业经营、组织运行商业秘密的二级数据；影响个人隐私安全的三级数据（许宪春等，2018）。欧盟和美国在对数据进行分级后，对不同级别的数据予以不同安全级别的技术施以保护，并采用不同的方式进行开发利用。通常，对于涉及国家安全事务一级特大敏感数据，不进行开发应用或脱敏后采取限制性的谨慎应用；对于涉及组织运营和企业经营的行业敏感数据以及个人数据，脱敏后允许开发利用。数据分级不是静止工作，数据级别需随时间和外部环境变化不断进行动态调整。

3.4.1.2 数据标准化

数据要素流通的技术要求之一为数据标准化，也是数据价值实现的必要技术流程。元数据可对数据进行有效整合，是用来描述数据信息的基本工具，该信息能被计算机有效识别、提取和分析。此后，对其进一步预处理即可凸显数据价值。

（1）元数据标准化

当前国际使用范围最广的元数据标准为国际标准化组织（International Organization for Standard，ISO）发布的都柏林核心元素集（Dublin Core Element Set，DC）。其具体包含题名（Title）、主题（Subject）、来源（Source）、描述（Description）、关联（Relation）、语种（Language）、范围（Coverage）7 个内容描述核心元素；创建人（Creator）、出版人（Publisher）、贡献人（Contributor）、权限（Rights）4 个产权核心元素；日期（Date）、标识符（Identifier）、格式（Format）、类型（Type）4 个外部属性核心元素（贾李蓉等，2018）。DC 元数据具有简洁易行、易于理解、灵活可扩展且具有通用性等特点，适用于各类电子数据的组织、分类管理，其为各行业标准的制定奠定基础。如，医学领域在此基础上细化 DC 核心元素，建立起 CKRM 与 TCMLM 等（贾李蓉等，2018）；政务服务管理领域在此基础上建立起 DCAT、eGMS 等（任泳然，2020）。当前，各行业的元数据标准正在逐步确立。

除确立元数据核心元素外，数据标准化还包括元数据格式和数据语义的标准化。其中，数据格式包含 Json、XML、HTML、TXT、CSV、RDF 等，各格式均具有各自特点，需结合具体行业与应用场景确定适合的数据格式；数据语义因行业不同而异，需建立起各行业和跨领域通用的数据语义标准，形成行业数据字典。

（2）数据预处理

在元数据标准化后，数据尚不可进行价值挖掘，需对其进行预处理。其具体包含数据字段补充和数据管理设置。数据字段补充是将元数据确认的信息元素进行字段补充，如数据具体应用失效、应用群体和领域等；数据管理设置是指对数据储存、更新、访问接口等进行加密设置，保证数据的使用与流转。

3.4.2　数据资产价值实现的具体途径

数据资产价值的具体显化途径具有多样性。本书从数据资产价值实现的具体途径和商业模式两个角度对其进行归纳。数据资产价值实现的具体途径和商业模式是在数字技术发展下逐步形成，且在未来呈继续创新变化趋势。数据资产价值不确定性的原因之一是数据的可重复利用，这是数据资产区别于一般资产的特征，本书就此对其进行梳理，从价值实现途径角度揭示数据资产价值的不确定性原因。

一是数据的汇集。数据的低成本复制性以及非损耗性使得已产生的数据具有再利用的可能。例如，电商平台利用网站点击浏览数据分析客户偏好，以制定销售策略和精准推送；谷歌利用语音识别服务搜集数据创建语音识别服务系统；通信运营商利用连接基站数据调整网络性能和完善通信基础设施布局区域。可见，汇集数据较单一数据而言，具有较大的价值潜能，但由于数据的分散性，在互联网早期交易被组织所忽视。随着数据管理能力的提升，数据服务价值将得以体现。

二是数据的再利用。房地产厂商和广告厂商利用停车系统汇集数据确定房地产价格和广告牌位价格；实体厂商物流公司整合的全区域（甚至全球）同行业物流出货信息，进行销售市场的再定位与销售策略的调整；旅游公司利用通信运营商的定位信息，进行个性化出游广告推送。可见，数据的二次再利用，使得数据资产价值的潜在来源扩大。

三是数据的可拓展应用情景。零售厂商的监控数据不仅可实现安全需要，还可通过该数据分析顾客在具体商品的浏览时间，以实现其采购货源量和摆放位置的调整；高德地图不仅可以利用数据进行导航，还可通过该数据分析城市交通健康指数，以实现不同出行方式的销售商品智能推送；GPS 数据不仅可优化地图定位服务，而且对自动驾驶研究至关重要。可见，挖掘数据的双重甚至多重的可拓展使用情景成为扩大数据资产潜在价值的又一途径。

四是数据的反“折旧”。部分数据的潜在价值会随着时间呈现下降趋势。例如，随着婴儿长大，家庭对母婴用品的需求数据逐渐减少最终归零，商家需对客户数据资产进行更新，剔除不再具备生产价值的数据，此过程称为数据的“折旧”。可见，对数据进行动态整合（增减和替换），使得数据资产不被贬值，价值得以维护。

3.4.3 数据资产价值实现的商业模式

商业模式是描述客户价值主张、价值创造、价值获取的架构（魏江等，2012）。数字技术的发展可以通过改变市场主体的价值主张、价值创造、价值获取方式，进而改变其商业模式，实现商业模式的创新发展。可见，商业模式的差异使得被评估数据资产的获益方式不同，本书结合《资产评估专家指引第9号——数据资产评估》第八条，以及数据资产交易发展现状，总结出以下三类六种数据资产的商业模式：数据价值类（租售数据模式和租售数据服务模式）；数据增值类（数字媒体模式和数据资产服务模式）；数字技术服务类（数据空间运营模式和数字技术服务模式），如表3－3所示。

表3－3　数据资产商业模式表

类型	商业模式	含义	代表公司
数据类	租售数据模式	租售收集、处理后的原始数据	广联达
	租售信息服务模式	租售提炼、深度整合后的服务数据集	路透
数据增值服务类	数字媒体模式	数字媒体公司收集整合数据进行营销服务	IZP
	数据赋能模式	依用户需求提供数据开发服务，提升用户运营能力	阿里金融
数字技术服务类	数据空间运营模式	提供数据存储空间	腾讯云
	数字技术服务模式	提供开发数据资源所需技术	拓尔思

数据类商业模式是以数据为主要依托，对数据进行收集和整理用于租售业务以产生价值。其中，租售数据模式是以租售原始数据为主营业务。该模式的企业使用相关数字技术和基础设施，通过收集、清洗和整理数据后，在确保数据时效性、安全性和准确性的基础上，以租售形式为零售业、金融业甚至个人等用户提供原始数据服务（如图3－6中点状部分）。该模式的主要特点是保持数据的初始价值。租售信息服务模式是以租售提

炼和深加工处理后的数据集为主营业务。该模式的企业在租售数据模式的基础上，通过数据挖掘、深度整合信息，形成专业数据终端和数据库，形成数据采集、信息提取、价值量化的全过程，以租售形式为零售业、金融业甚至个人等用户提供专业数据库服务（如图3－6中线状部分）。

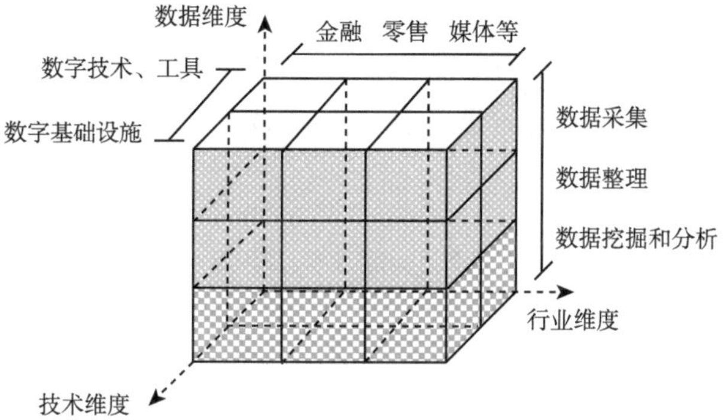

图3－6　数据类商业模式分析图

数据增值服务类商业模式主要利用数据挖掘信息对客户进行专业增值服务。其中，数字媒体模式是数字媒体企业使用相关数字技术和基础设施，通过收集数据，进行数据分析与挖掘构建行为预测模型进行模拟预测，为客户提供精准营销服务（如图3－7中线状部分）。数据赋能模式是指专业数据服务公司根据用户需求，为客户指定专业的数据开发指导、优化数据群运行设计、保障运行应用安全为一体的全方位数据服务，助力客户实现暗数据的开发和应用，提升客户数据营运能力（如图3－7中点状部分）。

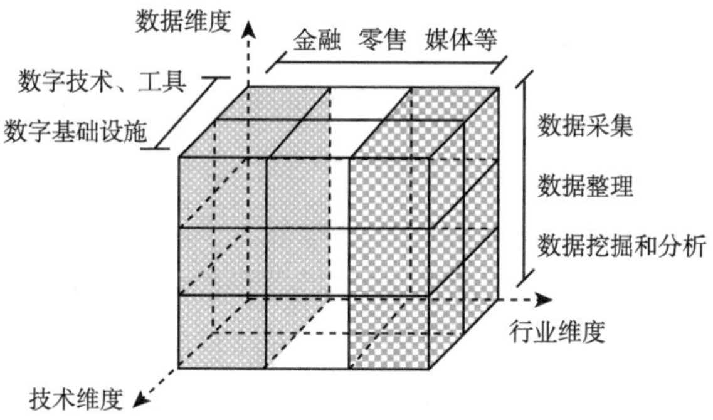

图3－7　数据增值服务类商业模式分析图

数字技术服务类商业模式主要利用数字技术、工具、数字基础设施向客户提供专业技术服务。其中，数据空间运营模式是数字技术企业使用数字基础设施向个人、企业提供在线储存服务，以出租空间盈利的模式（如图3-8中线状部分）。数字技术服务模式是数字技术企业通过向客户提供其开发数据资产所需的数据识别、数据处理、数据传输、数据控制等数字技术实现盈利（如图3-8中点状部分）。典型的企业有拓尔思的非结构化数据处理技术、科大讯飞的语音数据处理技术、捷成世纪的视频处理技术等。

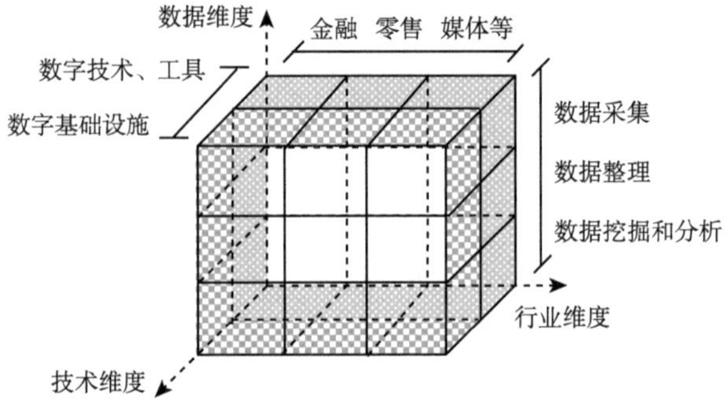

图3-8 数字技术服务类商业模式分析图

3.5 数据资产价值评估的方法比较与选择

尽管数据资产没有正式纳入资产负债表，但组织外部进行数据资产交易、组织内部利用数据资产进行决策分析、组织生产以降本增效这一经济事项客观存在。故数据资产价值评估是促进数据资产管理和价值开发，促进数据要素流通的有效方式。然而，数据要素流通和数据价值利用并未改变缺乏数据资产价值评估标准这一现实（符山，2018），数据资产价值评估方法有待进一步深入研究。本部分通过梳理数据资产价值评估的三大基础方法及选择，明晰当前数据资产价值基础评估方法应用的关键和存在的问题，为后文数据资产价值评估方法模型的改进提供基础。

3.5.1　数据资产价值评估的三大基本方法

关于数据资产价值评估方法可分为三大基本方法和其他衍生方法。当前数据资产价值评估主要是基于三大评估方法（徐漪，2017；何玉长和王伟，2021），三种方法各有利弊（Visconti R M，2020；李春秋和李然辉，2020），应用场景各有不同。在具体执行价值评估的基础上，逐步发展出资产价值评估的其他衍生方法。因此，本部分基于无形资产视角，重点分析三大基础评估方法在数据资产价值评估中的适用性，为后文数据资产价值评估模型的构建和调整提供基础。

3.5.1.1　成本法评估数据资产价值

成本法是基于数据资产的重置角度，依据在现有条件下重新形成该数据资产所需的全部费用确定数据资产价值。具体步骤为：首先确定被评估数据资产的重置成本；其次确定被评估数据资产的各种贬值因素；最后将贬值因素从重置成本中扣除。此外，数据资产属于广义无形资产范畴，不具有实体性，不存在实体性贬值，数据资产的贬值因素包含由于数字技术进步导致的数据资产效用降低甚至被替代，从而价值下降的功能性贬值；以及由于国家相关数据资产政策、数据市场变化等原因导致数据资产价值下降的经济型贬值。成本法基本模型为：

$$V = V_1 - V_2 - V_3 \qquad 3-4$$

其中，V表示数据资产价值，V_1表示数据资产的重置成本，V_2表示数据资产的功能性贬值，V_3表示数据资产的经济型贬值。成本法的评估思路认为，理性人购置某一数据资产时，其所意愿支付的价格不会高于构建该项数据资产的先行构建成本。由于成本法是以再取得被评估数据资产的重置成本为基础的评估方法，使用前提是被评估数据资产处于继续使用状态，且该继续使用状态需具备有效使用该数据资产的经济意义。即该数据资产可持续为持有主体带来经济利益时，该数据资产的重置成本才可能为市场中各主体所接受。

3.5.1.2 市场法评估数据资产价值

市场法是基于替代性原则，通过分析市场上相似或相同的可比数据资产的市场行情，并将可比数据资产与被评估数据资产进行比较，量化现存差异并对其进行调整，以预测数据资产市场价值的一种方法。市场法基本模型为：

$$V = V_i \cdot X_1 \cdot X_2 \cdot X_3 \cdot X_4 \qquad 3-5$$

其中，V表示数据资产价值，V_i表示第i个可比数据资产的交易价格，X_1表示数据资产修正系数1，X_2表示数据资产修正系数2，X_3表示数据资产修正系数3，X_4表示数据资产修正系数4。

运用市场法进行数据资产价值评估的重要前提，是被评估数据资产的市场价值，与所选取的具有可比性和竞争性的可比数据资产的市场价值有直接相关性。比较的关键在于分析影响被评估数据资产与可比数据资产相异的因素，即修正因素分析。这些修正因素包括但不限于：数据规模、数据的可替代性、数据资产权益状况、数据资产交易日期等。市场法是数据资产价值评估程序中重要的部分，即使目前不易确定和量化对数据资产价值的修正因素造成影响，但该方法可提供数据资产价值的可能范围区间，可作为其余数据资产价值评估方法的参考价值。数据资产价值评估的市场法模型的结果计算简单、说服力强，随着大数据交易场所的建立，市场法的应用条件将趋于成熟（李永红和张淑雯，2018）。

3.5.1.3 收益法评估数据资产价值

收益法是基于数据资产预期使用视角，通过计算该数据资产在未来场景应用中产生的收益折现值确定数据资产价值，基本模型为：

$$V = \sum_{t=1}^{n} R_t/(1+r)^t \qquad 3-6$$

其中，V表示被评估数据资产价值，r表示折现率或资本化率，n表示被评估数据资产的预期收益年限，R_t表示被评估数据资产第t年的预期收益额。

收益法的评估思路认为，理性人在购置某一数据资产时，其所意愿支付的价格不会高于该项数据资产在未来持有使用期间产生的预期回报，即收益额。收益方利用预期未来投资回报和收益折现等技术手段，将被评估数据资产的预期获益能力作为评估标的，以此测算待估数据资产价值。理论上看，收益法是较为优选的数据资产评估方法（Mark B，2002；Mawer C，2015；杨训和周遊，2016；邹照菊，2018），较易被数据资产业务各方主体所接受。但其需满足一定的前提条件：一是被评估数据资产未来预期收益可以预测并可用货币衡量；二是数据资产实际控制者（或持有人）为获得预期收益所承担的风险可以预测并可用货币衡量；三是被评估数据资产的预期获利年限可以预测。

3.5.2　数据资产价值评估方法的选择

具体而言，数据资产价值评估方法的选择有三个层次：一是数据资产评估思路的选择，即三大基础方法对被评估数据资产的适用性分析；二是选择恰当的实现数据资产价值评估的具体方法；三是确定具体评估方法所涉及的参数。因此，数据资产价值评估方法的选择是评估方法适用性、具体实现价值评估的方法、方法所涉及的具体参数选择的统一。

3.5.2.1　数据资产基础评估方法适用性分析

成本法是基于价值补偿原理，将被评估资产置于重置资产角度进行价值分析。成本法以历史成本为依据，操作相对简单。对于以外购形式获取的数据资产可以通过初始入账价值等会计资料确定其重置成本；对于内部研发的数据资产，可通过会计报表直接获取资本化的数据资产成本，以及通过查找费用类科目获取费用化的数据资产成本，但由于数据资产并未进表，故评估人员较难准确掌握其成本价值。此外，由于数据资产属于广义无形资产范畴，其成本与价值具有弱对应性，成本法的使用受到一定程度的限制，但对于特定的数据资产（如在技术挖掘阶段和信息提取阶段已经形成的数据资产）具有一定的适用性，故成本法评估数据资产价值具有一定的合理性。

市场法依据替代原则，将被评估数据资产与市场中的可比数据资产相联系。其中，可比数据资产价格是市场均衡的结果，故应用市场法评估的数据资产价值，在理论上与市场均衡价格最为接近，实务中较易被各方认可。但市场法要求数据市场是活跃的公开市场。当前，我国数据交易市场的建设处于起步初期，市场上较难找到相似可比参照数据资产，且数据资产异质性较大，修正因素的量化和调整较为困难，故市场法适用于交易活跃的具体某一领域（如广告精准营销领域，在线云储存领域等）。随着数据市场的发展与完善，市场法在数据资产价值评估领域的使用范围将不断扩大。

基于数据资产特征，收益法模型中的各参数较难确定。因此，评估参数的确定成为使用收益法进行评估的关键。收益额的确定需以市场条件为基础，结合数据资产的特点、数据资产价值形成的阶段和未来使用场景，必要时分阶段有效量化被评估数据资产未来收益。此外，由于数据资产不同形成阶段的风险不同，对未来预期收益进行折现时，评估师应考虑数据资产化阶段、数据市场成熟程度、数字技术应用情况等多元化的风险因素；以及根据数字技术迭代、数据市场、相关政策等因素影响下的数据资产全生命周期，确定收益期限。

若收益法的评估参数可确定，收益法几乎适用于所有数据资产价值评估。原因在于收益法将数据资产价值与未来预期收入联系起来，突出了数据资产对持有主体的收益增量和成本减量的贡献，符合数据资产持有主体“将本逐利”理性决策思维，并考虑了货币时间价值因素，故收益法较易被持有主体及数据资产交易各方接受（见表3－4）。

表3－4　　　　　　数据资产价值基础评估方法对比表

差异项目	成本法	市场法	收益法
评估原理	价值补偿原理	替代原则、市场均衡原理	资产“将本逐利”角度、效用论原理
价值尺度	数据资产重置成本	数据资产现行市场价格	数据资产未来预期总收益的折现值
前提条件	被评估数据资产与假设重置具有可比性、数据资产可再生	公开活跃的数据市场、可比数据资产	数据资产的收益额、风险、使用年限可计量

续表

差异项目	成本法	市场法	收益法
适用范围	企业新近研发的内部用数据资产（无市场参照物和营销记录）；新近外购的数据资产	以市场价为基础的数据资产（多用于数据资产转让、租赁等）	能够独立测算收益额的单项数据资产或数据资产组（多用于企业内部研发数据资产）
优缺点	历史数据交易获取；贬值参数不易全面计算、与数据资产未来使用效益脱节	计算简单、易被接受；当前参照物及修正因素较难确定	易被接受；参数确定有难度

3.5.2.2　数据资产价值评估方法的选择原则

根据前章节关于数据资产价值评估相关理论框架，数据资产价值评估方法的选择受到数据资产价值理论和评估基础要素的影响。此外，评估方法的选择还受到可获取评估材料的限制。具体而言，在选择数据资产价值评估方法时，应当遵循以下原则：

一是数据资产价值评估方法的选择需与具体评估目的、被评估数据资产所处的市场条件，以及由此确定的价值类型相适应。资产评估的目的说明"为何评"，即评估业务要实现的目标；资产评估价值类型说明"评什么"，即价值的质的规定，对评估方法具有约束性；资产评估方法说明"如何评"是价值的量的规定，且评估方法具有多样性，服务于以上评估要素。

二是评估方法的选择需基于数据资产特征。被评估数据资产的特点是评估方法选择需考虑的重要因素，评估方法的选择受数据资产类型、状态等因素制约。不同被评估数据资产之间，以及同一数据资产价值的不同形成阶段差异较大，对评估方法的选取要求不同。

三是数据资产价值评估方法的选择受可获取资料和具体经济参数的限制。任一评估方法的选择，均需确定相关参数，这需要充足的数据资料予以支撑。若在某一时点，某项数据资产具体基础评估方法所需资料收集困难，则该具体评估方法的选择将受阻。此时，评估人员需应用替代性原理，选取该基础评估方法的衍生方法、相似方法抑或是选择替代性资料补充进行评估，例如，某项企业内部新近研发的数据资产既无市场参照物，也无营销记录，市场法和收益法受阻，此时则选取成本法较为适宜。

综上所述，数据资产评估方法的选择需统筹规划。三大基础评估方法各有特点及其适用条件，这同时界定了其适用范围。在选取数据价值评估方法时，评估人员应保证评估方法同数据资产特征、各评估要素、参数选取数据等在理论逻辑上的一致性（参见图 3 –9）。

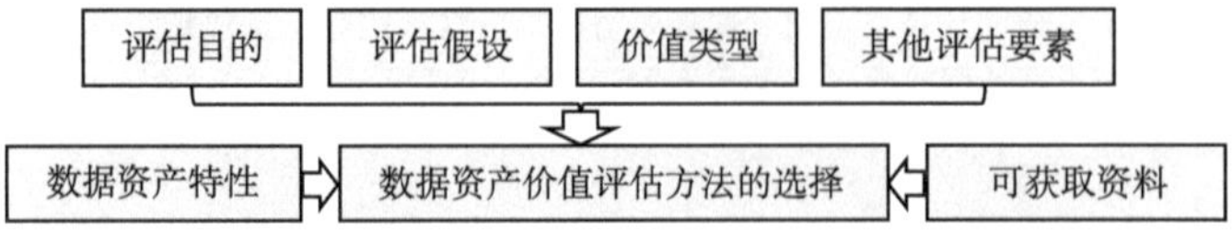

图 3 –9　数据资产价值评估方法选择原则梳理图

3.6　本章小结

本章是数据资产价值分析章节，从数据资产价值形成阶段、内外在价值体现、价值实现途径、影响因素和价值形成机制等方面进行梳理与论述，并在价值分析的基础上，梳理数据资产价值评估三大基础方法及选择。

第一，数据资产价值形成分为技术挖掘阶段、信息提取阶段和资产量化三个阶段（TIA）。但数据资产的价值并非第三阶段才形成，部分数据资产在技术挖掘一个阶段（T）或在技术挖掘和信息提取两阶段（TI）就已经形成数据资产价值；部分数据资产需经技术挖掘、信息提取和价值量化三阶段（TIA）才可形成全部数据资产价值，故在 TIA 的任一阶段均可形成数据资产价值。

第二，内在价值是外在价值确定的基础，外在价值是内在价值的具体化显现。评估人员在实务中应当以内在价值为基础，结合具体评估目的，确定其价值类型，选取适当评估方法，确定所需的数据资产外在价值。

第三，数据资产价值的实现需要经过数据的隐私化、标准化技术处理，且价值的实现通过数据的汇集、再利用、可拓展应用情景、反“折旧”等方式实现，在经济活动中逐步形成租售数据模式、租售数据服务模式、数字媒体模式、数据资产服务模式、数据空间运营模式、数字技术服务模式这六大服务模式。

第四，数据资产价值受 ACER 价值影响因素体系的综合影响，形成数据资产价值的数据属性—数据资产化率—数据资产价值的释放路径、经济因素—数据资产化率—数据资产价值的释放路径、风险因素—数据资产化率—数据资产价值的释放路径。

第五，数据资产价值三大评估方法各有特点，评估人员选取评估方法时应保证评估方法同数据资产特征、各评估要素、参数选取等在理论逻辑上的一致性。

第4章　基于成本法的数据资产价值评估模型优化与仿真应用

本章为数据资产价值评估之成本法分析。成本法是依据数据资产形成过程中的投入成本进行估算，但成本与价值具有弱对应性，使得成本法的使用受到一定程度的限制。对此，本书基于数据资产成本与价值的弱对应性特点，并在《资产评估专家指引第9号——数据资产评估》（中评协〔2019〕40号）的成本溢价思路基础上，构建出“成本+溢价-贬值”的数据资产成本法评估优化模型；同时引入系统动力学原理，结合ACER价值影响因素体系建立SD仿真模型，最后以国家税务总局SZ市税务局企业微信应用系统数据资产1年期的所有权为例进行仿真应用。结果显示，本书所构建的数据资产价值评估模型具有通用性，可推及至其他数据资产价值评估活动。希冀以此为数据资产成本法评估模型的完善提供理论借鉴，为实际评估情景下企业新近研发的内部用数据资产或新近外购数据资产的评估业务活动提供实践参考。

4.1　采用成本法评估数据资产的技术难点与优化思路

成本法是基于重置成本视角对评估标的进行评估的方法。当前数据资产市场处于建设初期，参数测算存在一定困难，可考虑成本法进行评估。当前已有学者基于重置成本计算和各类贬值视角采用成本法构建数据资产模型（Heckman J et al.，2015；张志刚等，2015；张咏梅和穆文娟，2015；李永红和李金骜，2017），为数据资产成本法模型的修正和完善提供经验与思路，但较少有研究从数据资产价值影响因素角度分析预期使用溢价对成本的影响。本部分重点分析成本法应用于数据资产价值评估的难点及解决途径，为后文优化数据资产价值评估的成本法模型提供基础。

4.1.1　采用成本法评估数据资产的技术难点

成本法以历史成本为依据，操作相对简单。由于数据资产属于广义无形资产范畴，数据资产成本呈现出不完整性和弱对应性两大特点。

首先，限于我国现行财务制度规定，企业账簿中的无形资产所反映的成本不完整。出于谨慎性原因，会计准则将数据资产化前期研究阶段进行费用化处理，记入当期损益“管理费用”科目；在进入开发阶段后，符合资本化条件的记入“无形资产”科目，其余仍记入“管理费用”。通常，在数据资产化过程中，数据平台或数据系统的前期市场调研、需求分析、数据系统概要设计和详细设计、编码和单元测试等前期基础开发研究成本、前期人员培训成本、数据系统集成配置测试等相关实验难以反映在无形资产成本中。以上成本并未进行资本化处理，并未通过折旧摊销等方式予以补偿，而是通过其他途径进行补偿。

其次，数据资产后期价值与成本呈弱对应性。部分数据资产价值会经历“技术挖掘—信息提取—资产量化”三个阶段（TIA）全过程方可形成。在数据资产化过程中，部分研发投入成为沉没成本，当数据资产化过程完结进行成本核算时，前期沉没成本的费用测算较为困难，且数据资产价值的变动受到后期使用场景、持有者数据资产管理能力、宏观政策、技术风险、市场需求等因素影响较大。

因此，数据资产的成本具有不完整性和成本—价值的弱对应性特征。但数据资产的成本同时具有相对性，特别是对于数据资产而言，数据资产在预期使用期间内，随着数字技术的发展，价值远超其外在形式所呈现的成本含义。这再次说明：第一，数据资产的成本法仅在数据资产化完结、数据资产投资建成初期和新购数据资产时适宜使用；第二，基于数据资产价值不确定性较大原因，传统成本法中重置成本与各类贬值作差的思路不再适用于数据资产；第三，数据资产价值等于数据资产成本与预期使用溢价思路中，各溢价影响因素之间并非各自独立，建立溢价影响因素数量关系，测算其影响系数成为成本与预期使用溢价思路中的难点与挑战。

4.1.2 采用成本法评估数据资产的优化思路

成本法是数据资产评估的基础方法之一，适用范围小但仍具有不可替代性，对成本法进行优化分析，增强成本法的适用性，以提升评估质量是本章的研究重点。由前文分析可知，成本与贬值思路的适应性较差，成本与预期使用溢价思路成为数据资产成本法优化的技术思路，但溢价影响因素间相互关系及其系数测算较为困难，这成为选取成本法进行数据资产价值评估的难点问题。然而，数据资产价值形成过程是复杂的系统问题，既涉及持有主体的技术和人员投入、数据属性，还涉及外在经济和风险因素。故本书拟对成本法评估模型进行优化研究，提升成本法在数据资产价值评估中的适用性。

首先，当前有部分学者从成本修正（Coyle D et al.，2020）、成本加收益（张鹏和蒋余浩，2020）、成本加买卖双方收益（赵瑞琴和孙鹏，2021）等视角对数据资产价值进行分析，并论证该价值的合理性。即，以上研究集中于收益因素对数据资产价值影响的实证研究，这可明晰收益因素对数据资产价值的影响机制，但未能对数据资产价值增值产生的具体因素从整体机制视角予以认知。因此，本书应用系统动力学理论思维和研究方法，对数据资产成本的预期使用溢价展开分析。

其次，受技术和市场影响，数据资产成本构成较为复杂。特别是随着数字技术发展水平的不断提升，众多数据资产的平均研发周期、更替周期、技术迭代周期均在缩短，致使数据的可用性变动大，且更替频率变动快。这体现为数据资产生命周期的缩短以及数据资产生命周期内各阶段转换较为快速。基于此，本书拟从两方面进行优化：一是从整体机制视角系统梳理数据资产的预期用溢价；二是梳理数据资产的贬值因素，为数据资产成本测算提供思路。

最后，集中整理委托人提供的现有数据，搜集市场数据及与数据资产相关的其他资料，为成本法模型中各参数确定提供数据基础（见图4-1）。

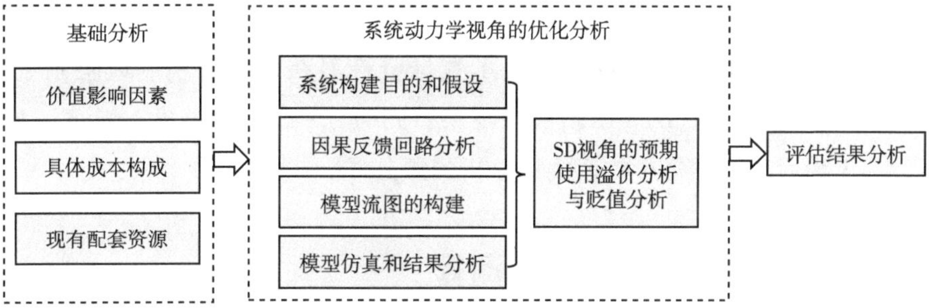

图 4－1　数据资产价值评估的成本法优化思路图

4.2　将 SD 方法纳入成本法评估模型的研究设计

本书结合《资产评估专家指引第 9 号——数据资产评估》的数据资产成本与预期使用溢价思路，构建数据资产价值评估基本模型为：

$$V = TC \cdot (1 + R) \quad 4-1$$

其中，V 表示数据资产价值，TC 表示数据资产的总成本，R 表示数据资产的预期使用溢价。数据资产的预期使用溢价影响因素众多，结合前文中主要影响数据资产价值的影响因素，本书将预期使用溢价细化为数据属性系数、数据资产价值实现的经济系数和风险系数。式 4－1 可转化为式 4－2：

$$V = TC \cdot [1 + (1 + \alpha)(1 + \beta)(1 - r)] \quad 4-2$$

其中，α 表示数据属性系数，β 表示数据资产价值实现的经济系数，r 表示数据资产价值实现的风险系数。

因此，从上式可以看出，本部分研究内容具体包括数据资产成本概述和数据资产预期使用溢价分析两方面。由于数据资产的价值易变性，使得数据资产预期使用溢价较难衡量。对此，本书进一步对各预期使用溢价系数进行调整，从中剥离出在最佳使用原则下的潜在预期使用溢价，和数据资产在实际使用过程中因使用方式、技术、应用情景、环境等因素变动出现的贬值。式 4－2 进一步转化为式 4－3，即为数据资产价值的成本法评估优化模型：

$$V = TC \cdot [1 + (1 + \hat{\alpha})(1 + \hat{\beta})(1 - \hat{r})] - D_e - D_t \quad 4-3$$

其中，$\hat{\alpha}$ 表示数据资产潜在价值实现的数据属性系数，$\hat{\beta}$ 表示数据资产潜在价值实现的经济系数，$\hat{r}$ 表示数据资产潜在价值实现的风险系数，D_e表示经济性贬值，D_t表示功能性贬值。同时，“成本 + 溢价 - 贬值”的式 4 - 3 为后文数据资产价值实证分析的源公式。

4.2.1 数据资产的成本测算

前一章节从价值影响因素角度对数据资产成本类因素进行分析，将其概括为建设成本、运维成本和管理成本。本部分将从成本测算角度对数据资产成本构成、测算方法进行梳理。

4.2.1.1 数据资产成本构成

从数据资产化整个过程来看，数据资产成本支出包含数据系统或数据库的开发设计和实施、运行和维护、管理和更新等阶段支出。

（1）开发成本

数据库或数据系统开发成本，包含开发设计阶段和开发实施阶段的成本。其中，开发设计阶段包括数据库或数据系统的需求分析、数据库或数据系统的概要和详细设计、编码和单元测试、集成测试、配置项测试等环节。

数据库或数据系统的需求分析环节需对用户及市场进行调研分析，估算数据库或数据系统设计所需的人力、资金、技术投入等。涉及的成本包含开发人员工时、差旅费用、数据库或数据系统原型构造费用、硬件设备费用、用于需求分析的软件工具和技术费用、必要的外聘专家费用、当期其他耗费及开发管理费用等。数据库或数据系统的概要和详细设计环节涉及的成本主要包含开发人员工时费、用于概要和详细设计的软件工具和技术费用、当期其他耗费及开发管理费用等。集成测试和配置项测试环节涉及的成本主要包含开发人员工时费、集成工具费、测试用例生成费、测试环境专用设备费和开发费、当期其他耗费及开发管理费用等。综上，开发成本主要包含系统或数据库设计费用、消耗材料费用、测试费用、开发人工费用、专业设备等专用费用等。

数据系统或数据库的开发实施阶段主要包括专业硬件设备的安装与调

试、专业软件设备的安装与调试、人员的培训等环节。该阶段的主要费用包括数据库或数据系统专用设备机房建设费（或租赁等费用）、通信网络费用、专用硬件与软件购置费用、数据搜集费用、人员培训费用、其他管理费用、数据库和系统升级等引起的费用以及相关的机会成本。

（2）运维成本

数据库或数据系统运维成本，包含运行成本和维护成本。

运行成本是指数据库或系统建设完成投入使用后的专业设备机房管理、数据库或系统运行管理和生成的文档管理等的费用。专业设备机房管理包括制定机房操作规章制度、人员权限制度、电力供应及温湿度管理、防火防水防盗等安全管理内容。数据库或系统运行管理包括数据录入和校准、系统安全管理、临时编码修正、数据备份与保密、运行日记管理等内容。生成的文档管理包括数据库或系统的开发报告、说明书、设计说明、程序清单、用户手册、运行日记、维护日记等文档。相应地，该阶段费用主要包括：专业设备所用水电暖费用、人员工时费用、机房固定资产折旧费用、数据收集管理费用、其他耗材费用以及必要时的专家咨询费用。

维护成本是指对数据库或系统所涉及的硬件、软件、专业人员的维护费用。专业硬件设备的维护包括与专业设备相关的清洁、保养、故障检修、零件更替等。专业软件设备的维护包括与专业设备相关的代码、程序、数据维护等。其中，代码和程序维护是指数据库或系统运营中对应用程序或代码的调整、修改与故障排查；数据维护是指对数据内容和结构的调整、备份与恢复。专业人员维护是指保证数据库或系统稳定运营的人员变动、工作交接等成本。相应地，该阶段费用主要包括硬件费用、软件费用和人员费用。

（3）管理成本

管理成本是指贯穿于数据库或系统全生命周期的费用。具体包含：数据库或系统项目审计费、系统服务费和行政管理费。其中，行政管理费包括与数据库或系统相关的差旅费、办公费、会议费等。

4.2.1.2　数据资产成本测算的难点与原则

成本测算是数据资产价值评估的基础环节和重要参数。作为新近研发的数据库或系统，数字技术的更新、专业技术人员的变动以及管理水平均会影响数据资产成本。因此，与一般无形资产不同，数据资产的成本呈现变化特点，加大了数据资产成本测算的难度：一是数据库或系统中有大量程序自动生成器计算机辅助软件工程等新技术，人机界面设计依靠自动生成器等完成，该技术源程序基础上的成本测算较难；二是随市场等外部因素变化，系统逻辑模型抽象度、业务流程复杂度等变动会对成本测算造成持续性影响。

在数据资产价值评估实务中，评估人员应遵循以下原则：准确原则，即数据资产成本测算需如实、准确地反映数据库或成本的变化情况；客观原则，即在数据资产成本测算中尽可能地减少人为干预。

4.2.2 SD 仿真测算数据资产的潜在预期使用溢价

数据资产价值形成与实现结果受 ACER 价值影响因素体系中各因素相互作用的影响。采用系统动力学的因果反馈关系对数据资产进行分析，可直观地研究各价值影响因素之间的相互作用关系。基于此，本书构建数据资产价值 SD 仿真模型，从定量角度对数据资产价值运作的动态过程进行研究，测算数据资产在持有期间内的潜在预期使用价值。模型具体分为明确模型边界和假设条件、模型构建和仿真结果分析三部分。

4.2.2.1 SD 仿真模型边界与假设条件

（1）模型边界

模型边界将系统内环境和系统外环境进行有效区分。本研究的边界为 ACER 价值影响因素体系的构成要素。即，数据资产价值是研究内容，本模型主要围绕 ACER 价值影响因素体系中的各因素进行分析。此外，本书对部分系统外部要素，以及系统内与数据资产价值相关性较小的要素不予考虑，以明确数据资产价值 SD 仿真模型边界。

（2）模型假设

由于数据资产价值的形成和实现过程复杂，故数据资产价值 SD 仿真模型的构建是在排除以下因素的假设前提下实现的：

第一，数据资产价值作为一个系统，其价值高低受 ACER 价值影响因素体系中各因素相互作用的影响，即成本类因素、属性类因素、经济类因素、风险类因素共同决定数据资产价值的高低。

第二，数据资产价值的形成和实现是连续性和持续性状态。

第三，数据资产持有主体为理性人，系统内各因素相互作用，实现数据资产价值最大化。

第四，持有主体对数据的收集、加工处理、分析挖掘等行为合理、科学，且以上行为过程均符合法律和相关法规规定。

第五，在仿真期内，数据资产持有主体所在行业的政府管制政策保持不变，即不考虑政府政策变动因素对系统的影响。

第六，持有主体运营环境稳定，具有可持续经营能力，且数据市场环境、宏观经济环境、社会环境、政治环境等较为稳定，不存在战争、灾害等不可抗力因素影响其持续经营能力。

4.2.2.2 SD仿真模型的构建

数据资产价值SD仿真模型的构建须有前提和基础，前提为SD仿真模型边界和假定，基础为数据资产价值系统的结构分析。其中，数据资产价值系统的结构分析具体包括数据资产价值形成系统结构分析和结构的因果分析，即数据资产价值形成机制。为保证前文数据资产价值理论分析的完整性，本书将数据资产价值系统的结构分析前置至3.2.2中予以论述，故本部分不再赘述。本部分的主题为利用数据资产价值SD模型进行价值仿真，以优化成本法模型。根据3.2.2中所述因果关系，本书构建出以ACER价值影响因素体系为核心的数据资产价值SD流图。

（1）构建数据资产价值SD流图

根据前文数据资产价值影响因素因果关系图（见图3-4），可构建出不考虑贬值情形下数据资产潜在价值的整体流图（见图4-2），流图具体包含状态变量（Level Variable）、速率变量（Rate Variable）、辅助变量（Auxiliary Variable）和常量（Constant）（见表4-1）。此外，为直观地体现各系统内要素关系以及各子系统之间的相互关系，需划分子系统的边界，本书使用边框进行边界的界定；为清晰地体现各系统内各要素的相互关系，本书对部分变量使用影子变量形式予以表示。

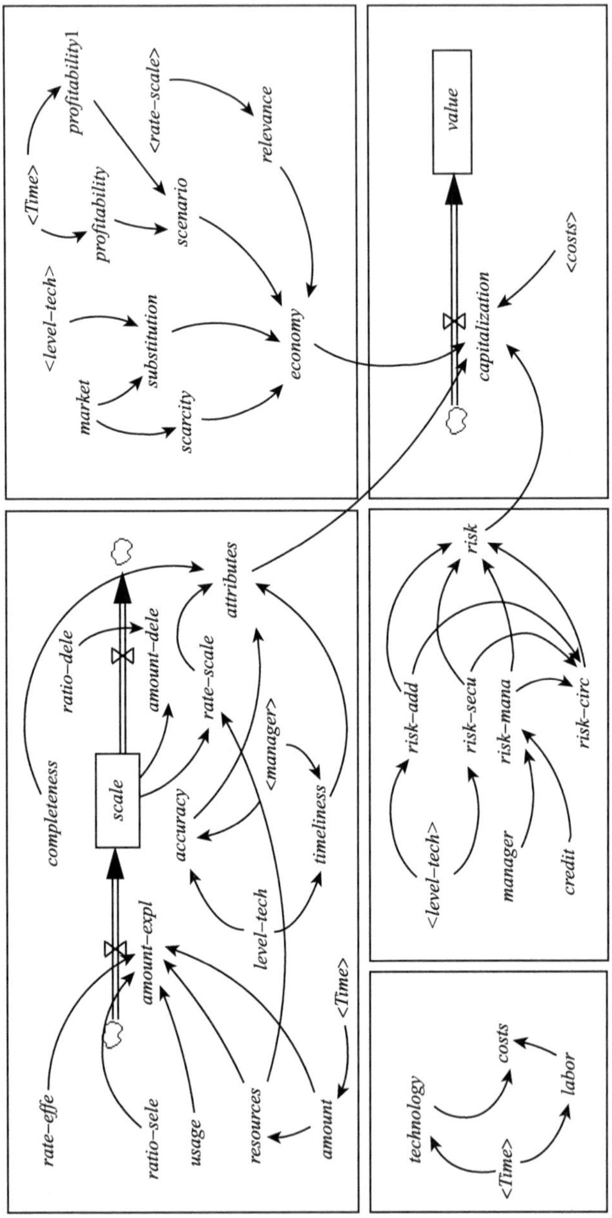

图 4－2　数据资产价值系统的 SD 流图

表 4-1　数据资产价值系统的 SD 流图变量释义表

序号	变量类型	变量名称	变量说明	序号	变量类型	变量名称	变量说明
1	*Level Variable*	*scale*	规模性	19	*Auxiliary Variable*	*risk*	风险因素
2	*Level Variable*	*value*	数据资产价值	20	*Auxiliary Variable*	*economy*	经济因素
3	*Rate Variable*	*amount - expl*	开采量	21	*Auxiliary Variable*	*scarcity*	稀缺性
4	*Rate Variable*	*amount - dele*	剔除量	22	*Auxiliary Variable*	*substitution*	可替代性
5	*Rate Variable*	*capitalization*	资产化增量	23	*Auxiliary Variable*	*profitability*	盈利能力
6	*Auxiliary Variable*	*rate - scale*	数据规模转化率	24	*Auxiliary Variable*	*profitability*1	同行盈利能力
7	*Auxiliary Variable*	*amount*	原始数据量	25	*Auxiliary Variable*	*scenario*	场景适应性
8	*Auxiliary Variable*	*resources*	数据资源	26	*Auxiliary Variable*	*relevance*	关联性
9	*Auxiliary Variable*	*accuracy*	准确性	27	*Constant*	*rate - effe*	有效利用率
10	*Auxiliary Variable*	*timeliness*	及时性	28	*Constant*	*ratio - sele*	剔除比率
11	*Auxiliary Variable*	*attributes*	数据属性	29	*Constant*	*usage*	覆盖次数
12	*Auxiliary Variable*	*costs*	年成本投入量	30	*Constant*	*completeness*	完整性
13	*Auxiliary Variable*	*labor*	劳动投入量	31	*Constant*	*market*	市场竞争程度
14	*Auxiliary Variable*	*technology*	设备和技术投入量	32	*Constant*	*manager*	管理者素质
15	*Auxiliary Variable*	*risk - add*	增值开发风险	33	*Constant*	*credit*	财务风险水平
16	*Auxiliary Variable*	*risk - secu*	数据安全风险	34	*Constant*	*ratio - dele*	剔除比率
17	*Auxiliary Variable*	*risk - mana*	管理风险	35	*Constant*	*level - tech*	技术水平
18	*Auxiliary Variable*	*risk - circ*	流通风险				

（2）设置模型主要方程与参数

系统动力学模型主要方程，需采用 Vensim PLE 的编程代码和语言进行编辑，本书将主要方程概括为表 4－2①。

表 4－2　数据资产价值系统的主要方程

序号	方　程	单位
1	$scale = INTGE(amount-expl - amount-dele, A_1)$	MB
2	$value = INTGE(capitalization\ increment, B_1)$	Yuan
3	$amount-expl = usage \cdot rate - effe \cdot ratio - sele \cdot resources/amount$	MB
4	$amount-dele = scale \cdot ratio-dele$	MB
5	$capitalization = costs \cdot (1 + C_1 \cdot attributes + C_2 \cdot economy - C_3 \cdot risk)$	Yuan
6	$amount = WITH\ LOOKUP(Time)$	MB
7	$resources = D_1 \cdot amount$	MB
8	$rate-scale = scale/resources$	dmnl
9	$accuracy = E_1 \cdot manager + E_2 \cdot level-tech$	dmnl
10	$timeliness = F_1 \cdot manager + F_2 \cdot level-tech$	dmnl
11	$attributes = G_1 \cdot accuracy + G_2 \cdot completeness + G_3 \cdot rate-scale + G_4 \cdot timeliness$	dmnl
12	$technology = WITH\ LOOKUP(Time)$	Yuan
13	$labor = WITH\ LOOKUP(Time)$	Yuan
14	$costs = labor + technology$	Yuan
15	$risk-add = 1/level-tech \cdot H_1$	dmnl
16	$risk-secu = 1/level-tech \cdot I_1$	dmnl
17	$risk-mana = 1/manager \cdot J_1 + 1/credit \cdot J_2$	dmnl
18	$risk-circ = K_1 \cdot risk-secu + K_2 \cdot manage + K_3 \cdot risk-add$	dmnl
19	$risk = L_1 \cdot risk-circ + L_2 \cdot risk-secu + L_3 \cdot risk-mana + L_4 \cdot risk-add$	dmnl
20	$profitability1 = WITH\ LOOKUP(Time)$	Yuan
21	$profitability = WITH\ LOOKUP(Time)$	Yuan
22	$substitution = M_1 \cdot market + 1/level-tech \cdot M_2$	dmnl

① 需要说明的是，26 个方程中具体参数依次使用 $A_x - P_x$，参数取值在后文案例分析中予以详细举例说明。

续表

序号	方　　程	单位
23	$scenario = IF\ THEN\ ELSE(profitability >= profitability1, 1, profitability/profitability1)$	dmnl
24	$economy = N_1 \cdot relevance + N_2 \cdot scarcity + N_3 \cdot scenario + N_4 \cdot substitution$	dmnl
25	$relevance = O_1 \cdot rate - scale$	dmnl
26	$scarcity = P_1 \cdot market$	dmnl

系统动力学模型参数主要包含两部分，一部分是初始数据，即常量，是模型仿真的基础数据，该部分数据可依据具体研究对象获取；另一部分是系数参数，即各影响因素的权重。参数处理常用方法包括专家打分法、层次分析法、时间序列法、定性分析法、数学演绎法、经验观察法等。其中，专家打分法是系统动力学中定性指标参数求取过程中最具代表性和普遍性的方法。由于数据资产价值系统中各影响因素相对抽象，随样本不同研究对象而异，且系统动力学侧重于系统各要素之间的动态变化关系，本书采用问卷调查法求取系数参数，发放给研究样本所在主体或评估领域相关专家①，在此基础上对其进行直接赋值或利用一定方法（如层次分析法等）进行权重的确定。

数据资产价值 SD 模型的参数与主要方程确定后②，即可确定数据资产成本（*costs*）、数据资产潜在价值实现的数据属性系数（*attributes*）、数据资产潜在价值实现的经济系数（*economy*）和数据资产潜在价值实现的风险系数（*risk*），进而将式 4－2 编辑入代码中（序号 2）进行数据资产潜在价值输出。其具体操作步骤为：评估人员对 INITIAL TIME、FINAL TIME、TIMESTEP、Units for time 等模型初始设定，运行模型（Simulate）求出数据资产在最佳使用原则下的潜在价值。

4.2.3　SD 仿真测算数据资产的实际贬值

前文模型的仿真结果为未来最佳使用原则下，该数据资产可产生的潜

① 问卷设计因不同研究主体而异，在后文案例分析中予以详细举例说明。

② 此处需进行模型设置与单位设置进行检验，检验通过方可进行仿真模拟演算分析。

在预期使用溢价，但实际使用过程存在贬值情况。当进一步考虑贬值因素时，需对潜在预期使用溢价进行调整，这具体体现为 SD 流图的调整、与之对应的参数方程的调整以及仿真结果测试的调整等。

4.2.3.1 SD 仿真模型的调整

考虑到系统动力学模型的边界，本书选取经济性贬值和功能性贬值的主要影响因素为经济属性和技术水平。首先，在 SD 模型中加入贬值因素，增加的两个变量分别为速率变量 *amount - deva*（贬值量）和中间变量 *rate - deva*（贬值率）。相应地，流图的局部改变形式如图 4 - 3 所示。两个变量的表达式分别为：$amount - deva = value \cdot rate - deva$，单位 Yuan；$rate - deva = 1/economy \cdot Q_1 + 1/level - tech \cdot Q_2$，单位 dmnl。在此基础上采用层次分析法确认参数系数，即可求出考虑贬值因素后的数据资产价值。

4.2.3.2 SD 模型仿真结果分析

依据实际评估业务需要，评估师可选取子阶段历史时间的部分变量数据，对模型精度进行检验，以调整各系数对整体系统的影响参数值，提高模型精确度。均方绝对百分比误差（Mean Absolute Percentage Error，MAPE）是测定精度①的一种方式，具体公式为：

$$MAPE = \frac{1}{n}\sum_{t=1}^{n}\left|\frac{observed_t - simulation_t}{observed_t}\right| \quad 4-4$$

其中，$observed_t$为真实值，$simulation_t$为系统仿真值，MAPE 越小，则仿真值越趋近于实际值。当 0 < MAPE < 10 时，仿真结果为高精度；当 10 < MAPE < 20 时，仿真结果为好的仿真结果；当 20 < MAPE < 50 时，仿真结果为可行的仿真；当 MAPE > 50 时，仿真结果为不可行的仿真（马金龙，2013）。

---

① 评估精度的方法有尺度效应误差、百分比误差、比例误差。其中，尺度效应误差包含平均绝对误差（MAE）和均方根误差（RMSE）；百分比误差指均方绝对百分比误差（MAPE）和其衍生方法 sMAPE。MAPE 最大的优点是无单位，常用其比较各数据集间的仿真能力，本书构建的数据资产价值系统，涉及较多的无量纲（*dmnl*）变量，即无单位变量，故选用该方法测定模型的精度。

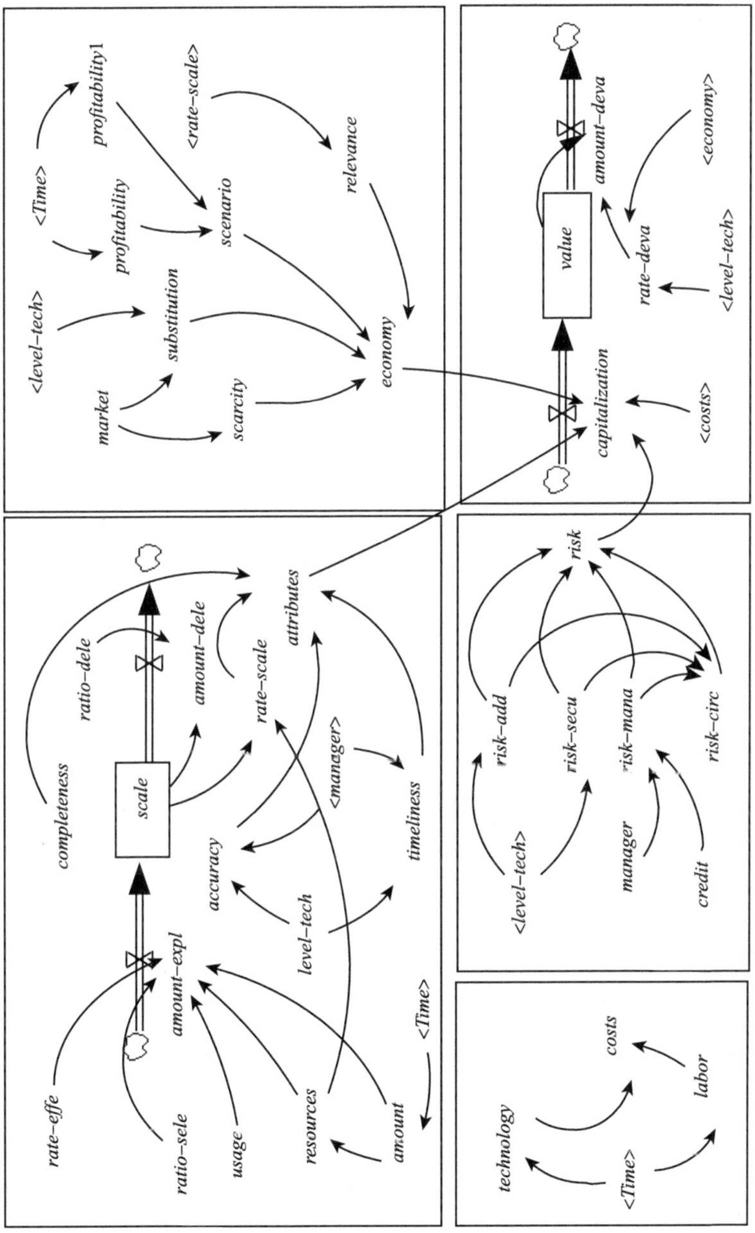

图 4-3　考虑贬值因素的 SD 流图

4.3 基于成本法优化模型的数据资产价值评估仿真应用

前文分析了数据资产成本法的应用条件和适用范围，并结合成本法评估数据资产的难点，提出了基于SD仿真分析的数据资产成本法优化思路。本部分将以国家税务总局SZ市税务局发起建立的企业微信应用为研究样本，进行数据资产价值评估的成本法优化模型的仿真应用。

4.3.1 研究对象与样本数据

随着数字化转型进程的加快，国家税务总局为充分挖掘税收数据的“潜在税能”，同时为提升税务服务水平与征管效率，加速数字技术与税收服务的融合，于2016年推出全国税收大数据服务平台建设项目。截至2020年，国家税务总局基于智慧税务平台，采用分布式计算技术，实现三十多个省级机关核心税务数据的T+0汇总核算①。这一举措提高了税务服务效率和征管水平，实现了以数据分析为底层依托的税收风控分析，还实现了减税降费和税收优惠政策的落地实施。在此背景下，国家税务总局SZ市税务局积极探索“数字技术+税务服务”新发展模式，让税收数据资产成为税收管理、税收服务及风险防控的稳定剂与助推器。

SZ市作为中国的主要纳税城市之一，于2015年在全国率先开通微信缴税业务。这是税收服务领域“互联网+税务”的最先探索，此后陆续推出“@S税平台”“W税务”等。2020年3月，国家税务总局SZ市税务局进一步开展“企业微信应用”项目，该项目基于W税务企业微信，并涵盖当前Web端中适合于移动办公的税务功能和其他税务相关网站链接端口、税企互动工作台和监控管理台，旨在构建征纳沟通渠道，打通政务微

① 国脉电子政务网．国家税务总局打造的智慧税务大数据平台已建设完成［EB/OL］．http：//www.echinagov.com/news/287554.htm，2020-08-27/2021-11-22.

信和企业微信间的数据独立状态，整合并挖掘政企间关联数据，提升税收服务水平与税收创新能力。

当前，该应用系统已建成投入使用，该系统及其系统内所含数据所有权归国家税务总局 SZ 市税务局所有①，并在未来持有期间提升国家税务总局 SZ 市税务局的税收征管效率与税务服务水平，创造经济效益与社会效益，为国家税务总局 SZ 市税务局的一项数据资产。对此，在该数据资产形成初期，本书拟以其为研究对象，并对其进行价值评估分析。本部分数据来源分为两部分：成本测算数据来源为国家税务总局 SZ 市税务局网站信息公开数据；预期使用溢价数据来源为熟悉评估对象的 5 名项目专员和 5 名评估行业内专家调查打分。其中，5 名项目专员分别为该项目的评审专家 LDY 和 MZW 以及负责项目技术开发的资深软件工程师 WCV、高级程序员 HYT、高级程序员 ZSW；5 名评估行业内专家分别为：ZQHGS 副总裁 RYH、ZTHGS 高级合伙人 ZQ、CTEX 研究部部门总经理 SY、SDJJMYDX 教授 CL、ZQHGS 研发部研发助理 WQ，以上专家来自综合评价前百强的资产评估企业；由科技部、中国科学院和北京市人民政府联合共建的专业提供价值评估、交易对接、公开竞价、项目孵化的专业化服务机构；北京市属重点高校数据资产领域研究专家、教授。以上 10 位专家打分具有较强的权威性、代表性与可靠性。

4.3.2　评估要素的选择

本书主要对以下评估要素进行界定与说明：

评估基准日。基于项目建成和使用情况，本书将评估基准日设定为 2021 年 12 月 31 日。

评估对象。评估对象为国家税务总局 SZ 市税务局企业微信应用系统数据资产 1 年期的所有权。

评估目的。本次评估的目的为提升国家税务总局 SZ 市税务局数据资产挖掘与管理能力，为其后续数据资产所依托项目的技术迭代、管理改

① 前文已述，该所有权为限制型所有权。参见前文 2.2 节分析内容。

革、服务升级提供价值参考意见。

评估假设。假设该项目技术水平保持社会平均水平，经济市场中保持占优位置，暂不考虑功能性贬值和经济性贬值。

价值类型选择。首先，该项目建成过程中所涉及的招标等经济行为在平等互惠、友好协商基础上展开并达成一致意见，并依据《中华人民共和国合同法》签订相关合同，经济行为符合市场化要求；其次，在后续项目建成后投入使用，征纳双方及数据收集整理行为均符合法律要求及市场经济规定。因此，综合以上因素，该项数据资产评估的价值类型为市场价值类型。

评估方法选择。由于该项数据资产处于建成初期评估，结合本次评估对象、评估目的、价值类型等评估要素，以及考虑到当前可获取数据资料，本书选取成本法优化模型对其进行价值评估。

4.3.3 评估过程及结论

依据成本法评估数据资产的技术思路、优化研究设计，在构建的 SD 仿真模型的基础上，本次评估主要环节为数据资产总成本的确定、潜在预期使用溢价细化的数据属性系数、经济系数和风险系数的确定以及折旧的确定。

4.3.3.1 数据资产总成本

国家税务总局 SZ 市税务局将企业微信应用项目以招标方式进行外包，中标公司为 SZ 市 HYZSKJ 股份有限公司。本书根据国家税务总局 SZ 市税务局关于企业微信应用的招标文件、中标公告、建设项目合同等公开文件数据信息，并调查了解企业微信应用在建成过程和建成运维等期间已发生和即将发生的各项费用，综合确定该项数据资产的总成本。调查结果显示，该项目以外包方式进行委托，成本结构相对清晰。

开发成本分为外包总费用和招标期间产生的中标服务费。合同规定在项目期内 HYZSKJ 股份有限公司需依照合同按时提交项目交付物（包括阶段性交付物和最终交付物），且软件开发期间办公场地、办公设施、通信费用、计算机软件、硬件等均由 HYZSKJ 股份有限公司自行解决。

运维费用在建成交付 1 年内为零。合同规定 HYZSKJ 股份有限公司免费为国家税务总局 SZ 市税务局人员提供培训服务；该项目自终验合格并交付之日起，HYZSKJ 股份有限公司承担 1 年的应用软件系统维护义务，主要维护服务包括：故障处理、技术咨询、系统优化、系统接口修改、系统业务数据管理、用户新需求讨论、技术转移等。具体该数据资产成本结构如表 4 – 3 所示。

表 4 – 3　数据资产成本结构分析表　单位：万元

成本类别	成本支出项目	支出金额
开发成本	外包总费用①	255.946
	中标服务费	2.748
运维成本	运行成本	0
	维护成本	0
数据资产总成本	258.694	

4.3.3.2　数据资产预期使用溢价

该数据系统可有效打通政务微信和企业微信间的数据独立状态，整合企业纳税相关数据，通过税收大数据分析，可全面深入地进行税务稽查、税源分析、税收优惠效益等税务工作。在未来使用过程中，可产生较大收益。基于数据资产成本与收益的弱对应性和数据资产价值影响因素的复杂性，本书使用 SD 仿真测算数据资产预期使用溢价。

SD 仿真分析主要步骤为：①构建模型边界与假定条件；②系统结构分析和因果分析；③数据资产 SD 模型流图分析；④模型参数估计和表达式分析；⑤仿真结果分析。前文已对① ~ ③进行全面阐述，案例分析中不再赘述。本部分重点分析上述数据资产成本法优化模型的参数估计和仿真结果分析。其中，参数估计分为初始数值（具体包括边界因子数值、表达式

① 该项目费用等同于在自建开发项目形式下所花费的数据库或数据系统专用设备机房建设费（或租赁等费用）、通讯网络费用、专用硬件与软件购置费用、数据搜集费用、人员培训费用、其他管理费用、数据库和系统升级等引起的费用以及相关的机会成本等开发费用。

函数初始值）和系数参数（具体包括单因素影响系数和多因素影响系数）。

（1）边界因子数值

本书采用专家打分法，并取算数平均值确定边界因子数值①，其中，*rate - effe*、*usage*、*ratio - sele*、*ratio - dele*、*completeness*、*level - tech* 等边界因子打分由 5 名数字技术专员处获取，*market*、*manager*、*credit* 等边界因子打分由 5 名评估行业内专家处获取，结果如表 4 - 4 所示。

表 4 - 4　　边界因子数值专家打分表

边界因子	专家 A	专家 B	专家 C	专家 D	专家 E	综合得分
rate - effe	0.9	0.7	0.9	0.9	0.8	0.84
ratio - sele	0.8	0.8	0.9	0.7	0.9	0.82
usage	0.6	0.4	0.6	0.5	0.5	0.52
completeness	0.7	0.8	0.7	0.5	0.7	0.68
ratio - dele	0.1	0.1	0.1	0.2	0.1	0.12
level - tech	0.8	0.9	0.7	0.8	0.7	0.78
market	0.6	0.5	0.7	0.3	0.5	0.52
manager	0.9	0.9	0.8	0.9	0.8	0.86
credit	0.9	0.7	0.9	0.8	0.9	0.84

（2）表达式参数初始值

本书建立 SD 模型中两个水平变量函数的初始值，采用专家打分法，并取算数平均值予以确定，问卷分值设定为 1 ~ 5 的整数数值。其中，*sale* 打分由 5 名数字技术专员处获取，*value* 打分由 5 名评估行业内专家处获取（结果如表 4 - 5 所示），最终求得表 4 - 2 中 A_1 为 2.4，B_1 为 1.8。

表 4 - 5　　水平变量函数初始值专家打分表

水平变量	专家 A	专家 B	专家 C	专家 D	专家 E	综合得分
sale	3	3	2	1	3	2.4
value	2	1	3	1	2	1.8

（3）单因素影响系数

本书对单因素影响系数采用专家打分法，并取算数平均值予以确定。

① 具体问卷见附录 A，下同。

其中，*amount to resources*、*level - tech to risk - secu*、*rate - scale to relevance* 打分由5名数字技术专员处获取，*level - tech to risk - add*、*market to scarcity* 打分由5名评估行业内专家处获取（结果如表4-6所示），最终求得表4-2中的D_1为0.86，I_1为0.88，O_1为0.72，H_1为0.78，P_1为0.46。

表4-6　　　　单因素系数参数专家打分表

水平变量	专家A	专家B	专家C	专家D	专家E	综合得分
amount to resources	0.9	0.8	0.9	0.9	0.8	0.86
level - tech to risk - add	0.9	0.8	0.8	0.6	0.8	0.78
level - tech to risks - secu	0.9	0.9	0.9	0.9	0.8	0.88
market to scarcity	0.3	0.5	0.6	0.4	0.5	0.46
rate - scale to relevance	0.7	0.9	0.7	0.6	0.7	0.72

（4）多因素影响系数

本书对多因素影响系数采用专家打分法、层次分析法（Analytical Hierarchy Process，AHP）予以确定。专家通过比较标准进行评分，并根据评分构造两两比较判断矩阵，并利用Matlab计算各因素影响系数①。主要过程为：

①构造各层级判断矩阵

根据专家评分，分别构造A矩阵、B_1矩阵、B_2矩阵、B_3矩阵、C_1矩阵、C_2矩阵、C_3矩阵、C_4矩阵、C_5矩阵。其中，A矩阵表示 *attributes*、*economy*、*risk* 对 *capitalization* 的影响程度；B_1矩阵表示 *completeness*、*scale*、*accuracy*、*timeliness* 对 *attributes* 的影响程度；B_2矩阵表示 *scarcity*、*substitution*、*scenario*、*relevance* 对 *economy* 的影响程度；B_3矩阵表示 *risk - add*、*risk - secu*、*risk - mana*、*risk - circ* 对 *risk* 的影响程度；C_1矩阵表示 *risk - add*、*risk - secu*、*risk - mana* 对 *risk - circ* 的影响程度；C_2矩阵表示 *level - tech*、*manager* 对 *accuracy* 的影响程度；C_3矩阵表示 *level - tech*、*manager* 对 *timeliness* 的影响程度；C_4矩阵表示 *level - tech*、*market* 对 *substitution* 的影响程度；C_5矩阵表示 *manager*、*credit* 对 *risk - mana* 的影响程度。

① 本书重点为应用层次分析法求取参数，利用参数进行价值分析，故层次分析方法过程不在正文中列示；问卷形式、比较标准及含义表等内容，详见附录A。

B_1矩阵、C_2矩阵、C_3矩阵打分由5名数字技术专员处获取；A矩阵、B_2矩阵、B_3矩阵、C_1矩阵、C_4矩阵、C_5矩阵打分由5名评估行业内专家处获取。而后，本书分别求取以上矩阵的行元素乘积M_i、M_i的n次方根$\bar{W}_i$、对向量M_i进行归一化处理求取特征向量确定权重：

$$A=\begin{bmatrix}1 & 5 & 6\\ 1/5 & 1 & 2\\ 1/6 & 1/2 & 1\end{bmatrix}\qquad B_1=\begin{bmatrix}1 & 1/2 & 2 & 3\\ 2 & 1 & 5 & 4\\ 1/2 & 1/5 & 1 & 2\\ 1/3 & 1/4 & 1/2 & 1\end{bmatrix}$$

$$B_2=\begin{bmatrix}1 & 1/2 & 1/6 & 1/5\\ 2 & 1 & 1/4 & 1/3\\ 6 & 4 & 1 & 2\\ 5 & 3 & 1/2 & 1\end{bmatrix}\qquad B_3=\begin{bmatrix}1 & 1/5 & 1/2 & 1/3\\ 5 & 1 & 4 & 3\\ 2 & 1/4 & 1 & 1/2\\ 3 & 1/3 & 2 & 1\end{bmatrix}$$

$$C_1=\begin{bmatrix}1 & 5 & 6\\ 1/5 & 1 & 2\\ 1/6 & 1/2 & 1\end{bmatrix}\qquad C_2=\begin{bmatrix}1 & 3\\ 1/3 & 1\end{bmatrix}$$

$$C_3=\begin{bmatrix}1 & 5\\ 1/5 & 1\end{bmatrix}\qquad C_4=\begin{bmatrix}1 & 1/2\\ 2 & 1\end{bmatrix}$$

$$C_5=\begin{bmatrix}1 & 2\\ 1/2 & 1\end{bmatrix}$$

②层次排序和一致性检验

对以上A矩阵、B_1矩阵、B_2矩阵、B_3矩阵、C_1矩阵、C_2矩阵、C_3矩阵、C_4矩阵、C_5矩阵分别进行层次单排序和一致性检验（结果如表4-7所示），结果总排序及一致性检验，$CR=0.0572<0.1$，通过检验。

表4-7　层次单排序和一致性检验结果列示表

矩阵	λ_{max}	CI	RI	CR	是否通过检验
A	3.0291	0.0145	0.5800	0.0251	√
B_1	4.0716	0.0239	0.9000	0.0265	√
B_2	4.0339	0.0113	0.9000	0.0126	√
B_3	4.0511	0.0170	0.9000	0.0189	√
C_1	3.0536	0.0268	0.5800	0.0462	√

续表

矩阵	λ_{max}	CI	RI	CR	是否通过检验
C_2	2.0000	—	0.0000	—	√
C_3	2.0000	—	0.0000	—	√
C_4	2.0000	—	0.0000	—	√
C_5	2.0000	—	0.0000	—	√

注：$CI=(\lambda_{max}-n)/(n-1)$，其中，$\lambda_{max}$为比较判断矩阵的最大特征根。

③确定权重值

通过以上计算和检验，即可确定各矩阵的最终权重，即表 4－2 中主要方程的参数。C_1为 0.7258、C_2为 0.0.1721、C_3为 0.1020、E_1为 0.75、E_2为 0.25、F_1为 0.1667、F_2为 0.8333、G_1为 0.1351、G_2为 0.2658、G_3为 0.5079、G_4为 0.0912、J_1为 0.3333、J_2为 0.6667、K_1为 0.6608、K_2为 0.1331、K_3为 0.2081、L_1为 0.2329、L_2为 0.5450、L_3为 0.1385、L_4为 0.0837、M_1为 0.6667、M_2为 0.3333、N_1为 0.3131、N_2为 0.0680、N_3为 0.4980、N_4为 0.1209。

（5）仿真结果分析

本书构建的 SD 模型包含 35 个内生变量（表 4－1），26 个表达式（表 4－2），如下 4 个 Vensim 系统外生变量，仿真期为 4 个月，计算步长为 1，即：

INITIAL TIME = 1

FINAL TIME = 16

TIME STEP = 1

Units for Time = Week

仿真结果如图 4－4，数据资产价值在建成后的 4 个月内持续提升。在不考虑贬值因素的情形下，评估基准日数据资产潜在价值为 6411.5 万元。该模拟评估结果表明：从系统测试完成投入使用到评估基准日，随着注册量、访问量、使用次数、业务完成率的提升，原始数据量激增，且前期数控系统测试和后期运维，使得数据属性系统具有完备性，风险系统控制性得以保障，税务类数据的经济性得以呈现，并最终体现为该项数据资产价值的显著提升。这可为成本法优化模型衡量数据资产价值提供路径支撑和量化标准。

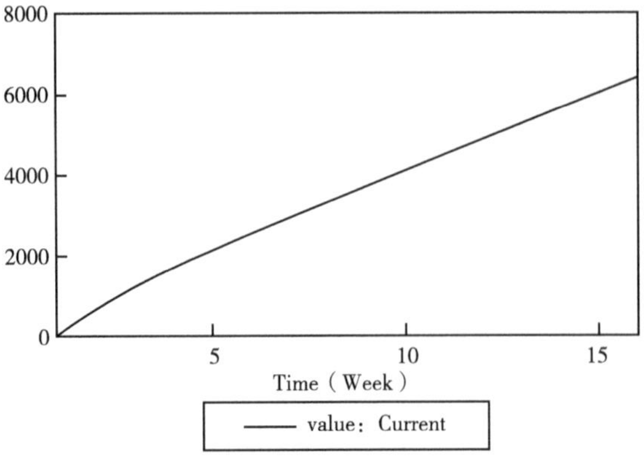

图 4-4　数据资产价值评估的成本法潜在价值评估曲线图

4.3.3.3　进一步分析

上文结果表明在未来使用过程中，该数据资产可产生较大的潜在预期使用溢价。进一步考虑贬值因素后（即放宽评估要素中假设（4）的限制条件），模型需相应进行调整。在前文 4.2.3.1 分析基础上，构造 *economy*、*level - tech* 对 *rate - deva* 影响程度的矩阵，$C_6 = \begin{bmatrix} 1 & 3 \\ 1/3 & 1 \end{bmatrix}$，求得 Q_1为 0.75，Q_2为 0.25。进而，本书再次对其进行仿真分析的结果如图 4-5 所示。

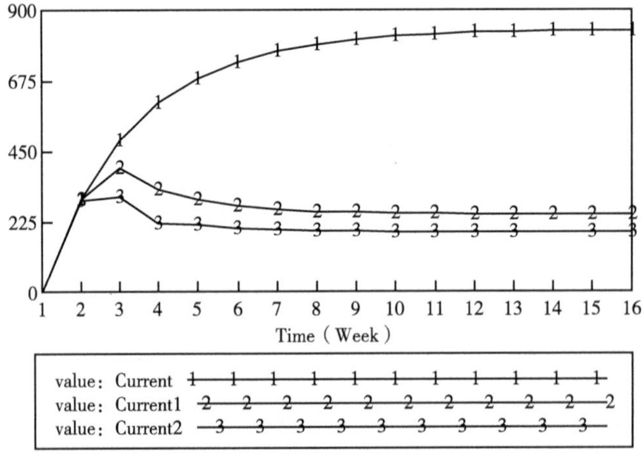

图 4-5　数据资产价值评估的成本法价值评估曲线图

Current 为考虑技术因素造成的功能性贬值后的数据资产价值趋势变化曲线；Current1 为考虑经济因素造成的经济性贬值后的数据资产价值趋势变化曲线；Current2 为同时考虑技术因素和经济因素后造成的功能性贬值和经济性贬值后的数据资产价值趋势变化曲线。因此，通过对比图 4－5 可知，在考虑贬值因素后，通过 Current→Current1 和 Current1→Current2 的变化幅度表明，经济性因素对数据资产价值的影响远大于技术因素，且预期使用溢价上升趋势骤减，数据资产价值的趋势趋于平稳，呈现出寻的行为模式[①]。

从具体评估数值结果分析，考虑功能性贬值后，评估基准日的数据资产评估价值为 835.318 万元；考虑经济性贬值后，评估基准日的数据资产评估价值为 247.197 万元；同时考虑经济性和功能性贬值后，评估基准日的数据资产评估价值为 190.818 万元。这表明，场景适用性、可替代性、稀缺性、关联性等经济因素是影响数据资产溢价变动的重要因素，甚至可能由于场景适用性和可替代性等问题，最终评估价值低于其开发成本（如 Current1 和 Current2）。

4.3.3.4　评估结论

本书通过对国家税务总局 SZ 市税务局企业微信应用系统数据资产 1 年期的所有权评估活动可知，基于成本法的数据资产价值评估模型中，包含成本测算、预期使用溢价测算、贬值测算三个主要部分。首先，本书使用系统动力学对预期使用溢价进行测算，测算结果可作为不存在贬值因素、且对其进行充分价值挖掘后的理想情景下的潜在价值。其次，当放松假设条件加入技术更新、使用场景变换等因素后，该项数据资产价值呈现寻的行为下的趋稳状态，价值评估结果逐步稳健。最后，经济因素是数据资产价值的主要影响因素，参数需进行进一步验证与调整，由于该项数据资产评估活动所涉评估期为 4 个月，评估期较短，在后续年份的评估中，可进一步加入仿真精度检验分析。必要时对模型参数进

① “寻的”是系统动力学中的一种基本行为模式，是负反馈回路追求将系统状态带到目标或设想状态，目标与实际状态偏离时采取纠偏行为的过程。本书中 Current，Current1，Current2 均趋于稳定，表明数据资产价值逐渐排除各因素干扰，逐步趋于其真实价值。

一步调整，以继续优化评估模型。

以上研究结果表明，该数据资产价值评估模型具有通用性，可推及至其他数据资产价值评估活动，可在本书构建的SD仿真模型基础上，依据实际评估标的和评估情境进一步调整和完善，具体参数及个别表达式可依据实际评估标的进行确定与调整。此外，考虑贬值因素后，经济性因素对数据资产价值的影响较大，在日后成本法分析及模型的进一步优化研究中，还应尝试继续细化研究具体各项经济因素对数据资产价值的影响程度，以增强成本法估值模型的科学性和合理性。

4.4　本章小结

本章是数据资产价值评估的成本法分析章节，以数据资产成本法的适用缘由、评估模型设计、评估参数测算、实证模拟案例应用为主线，对数据资产价值评估成本法展开分析。

首先，本书基于数据资产特性和数据资产成本与价值的弱对应性，并结合《资产评估专家指引第9号——数据资产评估》中成本法溢价分析思路，构建出“成本+溢价-贬值”的数据资产成本法评估优化模型，该公式同时为实证分析的源公式。

其次，本书系统分析了数据资产成本结构，并指出数据资产成本测算的难点；引入系统动力学模型测算预期使用溢价，构架SD模型，确定35个内生变量、27个表达式及所需参数。

最后，本书以国家税务总局SZ市税务局企业微信应用系统数据资产1年期的所有权为例，对数据资产价值评估的成本法优化模型进行仿真应用。结果表明，该优化模型具有普适性，且构建的SD仿真模型可推及至其他数据资产价值评估。

第5章　基于超额收益法的数据资产价值评估模型优化与仿真应用

本章为数据资产价值评估之收益法分析。收益法是将被评估数据资产的预期获益能力作为评估标的进行评估的方法，但数据资产的依附性使得传统收益法模型中未来收益难以测算。对此，本书以较常使用的超额收益法为例，基于数据资产的依附性特点，构建出数据资产的超额收益法优化评估模型。其中，该优化模型的核心为引入除数据资产以外的贡献资产整体集合的调整系数，并选取软件和信息技术服务业中50家代表性数据公司，利用2015—2020年的相关统计数据测算调整系数。研究结果显示，软件和信息技术服务业的调整系数值为5.2%，且该方法同样适用于其他行业调整系数的测算，此外，实证检验结果亦反向证明了优化模型中调整系数 k 存在的合理性。在此基础上，本书以SWTX当前所持有的数据资产所有权为例，对数据资产价值评估的超额收益法优化模型进行仿真应用，结果表明该优化模型具备可操作性。希冀以此为数据资产收益法评估模型的完善提供理论借鉴，为评估实务中企业开发并持有的内部用数据资产，或基于预期使用视角的交易用数据资产的评估业务活动提供实践参考。

5.1　采用收益法评估数据资产的技术难点与优化思路

收益法是基于未来预期视角对评估标的进行评估的方法。在反映数据资产未来收益能力的业务委托中，多采用收益法进行评估（李春秋和李然辉，2020；王进江，2021）。但收益法也需要接受结构、比较和预期等专业原则的限制（汪海粟等，2021）。例如，收益法模型中参数的测算就与比较有关，各系数反映数据资产持有主体的生产能力、研发能力、风险管理能力等，尚存在可拓展的研究空间。对此，本书以无形资产收益途径评估常用的超额收益法为例，重点分析其应用于数据资产价值评估的难点及解决途径，拓展研究空间，为后文数据资产价值评估的超额收益法优化模型构建提供基础。

5.1.1 采用收益法评估数据资产的技术难点

收益法的具体形式可分为许可费节省法（Relief from Royalty Method）、增量收益法（Premium Profits Method）、超额收益法（Excess Earning Method）。许可费节省法是通过虚拟许可使用费额情境设定，测算收益期限内持有主体由于拥有被评估数据资产，而“节省”的向第三方支付许可使用费金额的现值。增量收益法是通过对比主体拥有和没有被评估数据资产两种情境，测算两种情境下持有主体利润差异，并将该收益期限内差异额的现值作为被评估数据资产价值。超额收益法是用归属于目标数据资产所创造收益的折现值作为该项数据资产价值。未来预期收益、收益期限和折现率是采用收益法进行数据资产价值评估的基本参数，以上三种模型技术思路的主要区别是对未来预期收益额测算的差异。无形资产评估中，收益额的测算主要分为增量收益、超额收益、收益分成三种方法。

事实上，判断数据资产是否具有价值，关键在于其是否能够产生超额收益，而超额收益的高低，则直接决定数据资产的价值高低。因此，超额收益法成为数据资产评估时确定预期收益的核心模型（王进江，2021）。但数据资产形成机制复杂，超额收益的确定会因不同形式数据资产的形成机制而异、因不同使用场景而异。当数据资产用于持有主体内部组织管理时，其超额收益与数据资产相关产品开发、生产、利用以及组织管理等相关；当数据资产用于市场交易时，超额收益与数据市场竞争、相关替代产品相关，数据资产的超额收益具有不确定性。然而，超额收益法仍然是数据资产评估中应用较多的方法。如何测算超额收益成为数据资产价值评估超额收益法应用的关键，也是当前重要的研究议题。

5.1.2　采用超额收益法评估数据资产的优化思路

超额收益法的应用关键是确定归属于被评估数据资产所创造的收益。该方法需要首先测算数据资产与其他相关贡献资产共同创造的整体收益，再从中扣除其他相关贡献资产的相应贡献；如果扣除后的整体收益仍有剩余，则此剩余收益就被作为被评估数据资产的超额收益；最后采用适当的折现率转换为评估基准日的现值，并将各期现值加总即得到数据资产价值（陈蕾和周艳秋，2021）。这里的其他相关贡献资产一般包括流动资产、固定资产和其他无形资产等。其基本模型可构建如下：

$$V = \frac{\sum_{t=1}^{n} R_t}{(1+r)^t} \tag{5-1}$$

其中，V 表示被评估数据资产价值，r 表示折现率或资本化率，n 表示被评估数据资产的预期收益年限，R_t 表示被评估数据资产第 t 年的超额收益。具体而言，为进一步体现数据资产超额收益的测算环节，式 5－1 可变形为式 5－2。即，从被评估主体的整体收益中，扣除其他贡献资产相应的贡献后得到超额收益，以此作为数据资产所创造的收益，再通过折现计算得到其最终评估值：

$$V = \sum_{t=1}^{T} \frac{(R_1 - R_2)_t}{(1+r)^t} \tag{5-2}$$

其中，$(R_1 - R_2)_t$ 为未来第 t 期被评估数据资产为持有主体带来的超额收益。需要注意的是，超额收益法涉及的贡献资产是指与数据资产共同发挥作用、共同对未来收益产生贡献并共同形成现金流的资产。因此，并非所有持有主体的资产均可视为贡献资产。实务中，评估专业人员通常是将数据资产和相关贡献资产组成一个资产组展开分析。数据资产评估中常见的贡献资产归纳如表 5－1 所示。

表 5-1　　数据资产所在资产组中常见的贡献资产

类别	贡献资产界定	贡献资产构成	贡献资产特征
流动资产（或营运资金）	与数据资产共同形成现金流，可在一个营业周期内（通常为1年）变现的资产	货币资金、应收票据、应收账款等	周转速度快、变现能力强、与数据资产共同创造收益的过程中一般不发生价值损耗
固定资产	使用时间超过1年且达到一定价值标准，与数据资产共同形成现金流的非货币性资产	与数据资产相关的机器设备和其他与生产经营活动相关的设备	资产价值高、使用周期长、使用地点分散、管理难度大、与数据资产共同创造收益的过程中会发生一定的价值损耗
表内无形资产	持有主体拥有或者控制的不具有实物形态的其他可辨认非货币性资产	软件、专利权等	可能会发生一定的价值损耗
除数据资产外的表外无形资产	除数据资产外，持有主体拥有或者控制的不具有实物形态的其他可辨认非货币性资产	人力资本等	可能会发生一定的价值损耗

由此，通过测算数据资产的整体收益，再从中剔除流动资产、固定资产、除数据资产外的其他无形资产等贡献资产对资产组的价值贡献（在式 5-2 的基础上），即可构建得到数据资产的一般超额收益法评估模型。整体收益可通过数据资产持有主体的现金流计算表示：

$$V = \frac{(E - E_W - E_F - E_I - E_L)_t}{(1+r)^t} \qquad 5-3$$

其中，E 为数据资产所在资产组产生的自由现金流基数，E_W为资产组中流动资产的贡献值，E_F为资产组中固定资产的贡献值，E_I为资产组中表内无形资产的贡献值，E_L为除数据资产以外其他表外无形资产的贡献值。

然而，数据资产价值的发挥需直接或间接地依附于其他载体。如图 5-1 所示，在剔除营运资金（①）、固定资产（②）、表内无形资产（③）、除数据资产外的其他表外无形资产（④）各自对资产组的贡献后，以上贡献资产的整体集合通过数据资产这一“媒介”，仍对整体收益具有影响（如图 5-1 中数据资产所在资产组所创收益结构示意图中的线路⑤所示）。这表明在一般超额收益法评估模型中，数据资产的超额收益为

“毛”超额收益，该影响（⑤）需从式 5－3 的数据资产“毛”超额收益 $(E-E_W-E_F-E_I-E_L)_t$ 中予以剔除，方可计算得出数据资产自身对资产组的影响和贡献值，即数据资产自身产生的净超额收益。

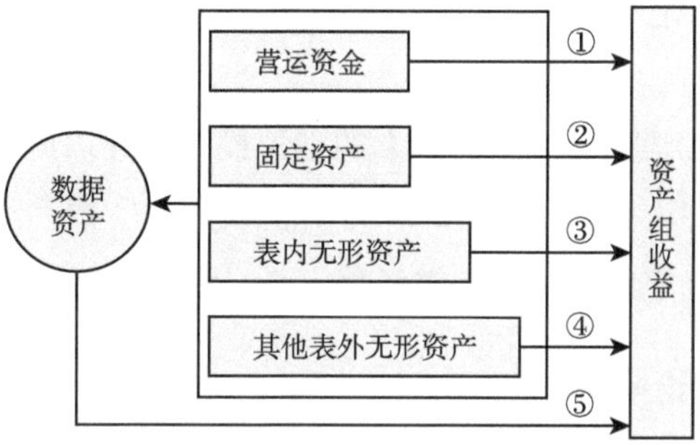

图 5－1　数据资产所在资产组所创收益结构示意图

剔除方法有差值剔除法与比率剔除法。其中，差值剔除法由于缺少报表具体数值参考，当前不具备可行性；比率剔除法有主观与客观两种方式，主观方法通常采用 AHP 法（孙俐丽和袁勤俭，2019；景思棋，2020；王进江，2021）、模糊综合评价法（梁艳，2020）或行业经验判断法（Shen Y et al.，2016），客观方法通常采用计量统计等方法。最终，在式 5－3 的基础上，可构建出数据资产的超额收益法优化评估模型：

$$V=\frac{[E-(E_W+E_F+E_I+E_L)(1+k)]_t}{(1+r)^t} \qquad 5-4$$

其中，k 为除数据资产以外的贡献资产整体集合对资产组收益的贡献比例，即贡献资产整体集合的调整系数。显然，数据资产的超额收益法优化评估模型应用的核心是测算调整系数 k 的值。因此，下文主要围绕该参数进行实证研究设计。

5.2　数据资产超额收益调整系数的实证测算

前已叙及，数据资产的依附性使得评估中需要剔除贡献资产整体集合对资产组收益的贡献比例。本部分以调整系数 k 为主题进行实证研究设计，并选取软件和信息技术服务业、互联网和相关服务、计算机、通信和其他电子设备制造业等行业中的代表公司为研究对象，对调整系数 k 进行测算。

5.2.1 理论模型、变量说明和数据来源

本部分主要构建测算调整系数 k 的理论模型，并以此为基础，在综合考虑 CSMAR 中国数字经济研究数据库的可获取数据、数字经济发展状况和现有研究等方面，确定解释变量与被解释变量，为评估活动提供理论基础。

5.2.1.1 理论模型

为测算贡献资产整体集合的调整系数，需要从数据资产“毛”超额收益中剔除贡献资产整体集合所创造的收益。这首先需要识别整体集合对数据资产的影响，其次从数据资产变动中剥离出该影响的相对变动比例，即调整系数 k。故本书将基本模型设定为：

$$da_{it} - da_{it-1} = k_{it}(da_{it}^{*} - da_{it-1}) \quad 5-5$$

其中，da_{it}和 da_{it}^{*} 表示在当前数字技术和实际数字经济环境状况下，数据资产所创造的毛超额收益和净超额收益，da_{it-1}为前一个会计年度数据资产所创造的毛超额收益，k_{it}为毛超额收益与净超额收益差的变动调整系数。至此，本书从资产组所创造超额收益中，剥离出贡献资产整体集合的超额收益动态调整比率。

虽然 da_{it}^{*} 无法直接通过报表计算得到，但可以通过影响其变动的一组变量的函数反映为 $da_{it}^{*} = f(x_{it}, d_i, d_t)$，其中，$x_{it}$为影响 da_{it}^{*} 的一组变量，d_i和 d_t分别为行业和时间虚拟变量。k_{it}为动态调整系数，具有行业异质性且随时间变化呈动态形式，本书将其函数设定为 $k_{it} = g(w_{it},\ d_i,\ d_t)$，其中，$w_{it}$为影响 k_{it}的一组变量。为进一步引入贡献资产整体集合对数据资产的影响因素进行实证检验，式 5-5 转化为：

$$da_{it} = k_{it}da_{it}^{*} + (1 - k_{it})da_{it-1} + \varepsilon_{it} \quad 5-6$$

其中，$da_{it}^{*} = \alpha_0 + \sum_j \alpha_j x_{jit} + \sum_i \alpha_i d_i + \sum_t \alpha_t d_t, k_{it} = \beta_0 + \sum_j \beta_j w_{jit} + \sum_i \beta_i d_i + \sum_t \beta_t d_t$，$\varepsilon_{it}$为随机干扰项，且$\varepsilon_{it} \sim i.i.d.N(0,\ \sigma_v^2)$。

5.2.1.2 变量说明

（1）被解释变量

由于 da_{it}^{*} 无法直接获取，对其进行替代表示是当前实证研究的解决途径之一。基于已有研究（AL－Adwan A S A，2017；林乐和谢德仁，2017；任碧云和郭猛，2021），本书采取文本挖掘方式，以关键词频数确定和构建被解释变量。本书从 CSMAR 中国数字经济研究数据库中依据上市公司基本信息、经营范围选取 816 家典型数字化企业①，进而根据其报表附注中关于数据资产相关部分的披露信息，对数据资产相关阐述的关键词进行词频统计分析，得到信息化、人工智能、云计算、区块链、大数据、数字技术、数据信息应用等高频关键词。其中，数据资产所创造的净超额收益与持有数据资产主体的数据信息应用水平呈正向变动关系，数据信息应用水平的货币化形式能够在一定程度上反映数据资产价值，也即超额收益法中各年所创收益。故本书最终确定数据信息应用水平（*daal*）指标衡量数据资产在其持有主体中所创造的收益，用数字技术应用次数的自然对数表示。

（2）解释变量

数据资产的依附性，使得数据资产渗透至持有主体的生产、管理、运营等多环节。本书综合考虑前文构建的 ACER 价值影响因素体系、《电子商务数据资产评价指标体系》（GB/T 37550－2019）以及当前已有研究（景思棋，2020），确定以下变量为 da_{it}^{*} 的解释变量：公司规模（*size*），用总资产额自然对数表示；资产结构（*stru*），用总负债与总资产的比值表示；盈利能力（*npr*），用净利润与主营业务收入的比值表示；资产流动性（*flu*）用流动资产与流动负债的比值表示；公司成熟度（*age*），用公司成立时间的序别化变量形式表示，以公司成立年份起至评估基准日年份止，以 33 和 66 分位值为界，对所选样本公司的成立时间进行分类，将成立时间小于第 33 分位值的公司定义为成熟公司（$age=3$），将成立时间介于第 33 分位值和第 66 分位值的公司定义为成长公司（$age=2$），将成立时间大于第 66 分位值的公司定义为初创公司（$age=1$）；研发实力（*rd*），用研

① 本书具体选取的 878 家证券名称、证券代码、行业代码内容，详见附录 B。

发投入金额的自然对数表示。k_{it}的解释变量则由 da_{it}^{*} 和实际情境决定，在具体所选样本中，同样选取以上变量作为影响 k_{it}变化的解释变量。

5.2.1.3 数据来源

本部分研究数据来自 CSMAR 中国数字经济研究数据库中上市公司数字化子数据库。由于 816 家典型数据企业数据的缺漏值较多，其难以满足实证研究所需，但该数据所包含的上市公司数据在真实性、准确性、及时性方面具有一定优势，因此，基于数据的可获得性，本书手动从 816 家典型数字化企业中筛选软件和信息技术服务业、互联网和相关服务、计算机、通信和其他电子设备制造业等行业中的 50 家具有行业代表性的数据公司为研究对象①，采用 2015—2020 年②的相关统计数据进行分析研究，样本容量为 300。此外，为了防止企业在营运中发生兼并或重组等情形，本书剔除研究区间内总资产成长率和主营业务成长率大于 100% 的公司；为防止出现奇异值的公司，本书剔除负债率大于 100% 和净利润率大于 100% 或小于 -100% 的公司，最终研究样本容量为 258。表 5 -2 为主要变量的基本描述性统计。

表 5 -2 主要变量的基本描述性统计表

变量	符号	观测值	均值	标准差	最小值	最大值
数据信息应用水平	*ldaal*	258	4.04	0.83	0.69	5.79
公司规模	*size*	258	22.20	0.78	20.31	24.37
资产结构	*stru*	258	0.39	0.16	0.09	0.86
盈利能力	*npr*	258	0.08	0.13	-0.90	0.37
资产流动性	*flu*	258	2.25	1.15	0.74	8.01
公司成熟度	*age*	258	2.14	0.83	1.00	3.00
研发实力	*rd*	258	3.58	0.44	2.18	4.39

① 软件和信息技术服务业（I65）、互联网和相关服务（I64）、计算机、通信和其他电子设备制造业（C39）等行业中的企业对于数字技术应用较为广泛，且形成的数据资产对企业生产、运营、管理等方面影响较大。故本书选取以上行业中具有代表性的 50 家企业作为研究对象，具体选取的 50 家公司的证券代码、证券名称及行业代码等，详见附录 B。

② 2015 年《政府工作报告》中首次提出“互联网 +”，区块链、云计算、人工智能、物联网、数字孪生等数字技术在 2015 年之后快速发展，与此同时，数据资产企业得到同步发展，上市公司数量显著提升。因此，本书选取 2015 年及以后年份作为研究区间，测算调整系数 k 值。

5.2.2 实证结果与分析

本部分将模拟测算各项因素变化对数据信息应用水平的整体影响，并进一步从规模、时间、商业模式差异角度对调整系数的变化进行分析。

5.2.2.1 模型估计

由于设定方程为非线性形式，本书采用非线性最小二乘法（Nonlinear OLS）进行估计，采用高斯—牛顿法进行迭代。同时，参照姜付秀和黄继承（2011）、袁春生和郭晋汝（2018）等研究，为保证结果稳健性，使用稳健标准误确定参数的显著性水平。需要说明的是，本书的研究对象来自同行业，在行业异质性分析中，本书采用以商业模式（*mod*）代替行业进行异质性分析，商业模式来自报表附注和公司基本信息。前文已述，数据资产当前主要形成六大商业模式，本书采用序别化变量形式表示：1 为租售数据模式（mod_1）、2 为租售信息服务模式（mod_2）、3 为数字媒体模式（mod_3）、4 为数据赋能模式（mod_4）、5 为数据空间运营模式（mod_5）、6 为数字技术服务模式（mod_6）。回归结果如表 5-3 所示。

表 5-3　　模型估计结果分析表

估计参数	da_{it}^*		估计参数	K_{it}	
	估计值	*t* 值		估计值	*t* 值
α_{size}	0.8104***	0.0594	β_{size}	0.0189***	0.0304
α_{stru}	-3.2730***	0.8060	β_{stru}	-0.0062***	0.1048
α_{npr}	1.2530	0.8916	β_{npr}	0.0160	0.1124
α_{flu}	0.3712***	0.1153	β_{flu}	0.0033***	0.0145
α_{age}	0.2620**	0.1161	β_{age}	0.0284*	0.0149
α_{rd}	0.4285***	0.1098	β_{rd}	0.0133***	0.0164
α_{2016}	1.6542***	1.7760	β_{2016}	-17.3388***	0.0635
α_{2017}	2.1348***	1.8807	β_{2017}	-17.3814	0.0000
α_{2018}	0.9737*	1.8187	β_{2018}	-17.3673***	0.0601
α_{2019}	1.6471***	1.8463	β_{2019}	-17.3528***	0.0590
α_{2020}	1.4553**	1.8341	β_{2020}	-17.4698***	0.0652

续表

估计参数	da_{it}^*		估计参数	K_{it}	
	估计值	t 值		估计值	t 值
α_{mod_2}	0.5949 *	0.4861	β_{mod_2}	-0.0076 ***	0.0621
α_{mod_3}	-0.3284	0.0000	β_{mod_3}	-0.0266	0.1341
α_{mod_4}	0.3096 ***	0.4212	β_{mod_4}	-0.0349 ***	0.0539
α_{mod_5}	1.8988	—	β_{mod_5}	0.1815 *	0.1091
α_{mod_6}	0.6595 ***	0.4255	β_{mod_6}	0.0080	0.0554
α_0	-5.5732 **	2.7412	β_0	17.2141 ***	0.5302
$Adj-R^2$	0.6476		$Adj-R^2$	0.6887	
N	258		N	258	

注：*、**、*** 表示分别在10%、5%、1%的水平上显著，下同。

估计结果显示，数据资产净超额收益，与其显著相关的因素有公司规模、资本结构、资金流动性、企业成熟度、研发实力；调整系数方面，与其显著相关的因素有公司规模、资本结构、资金流动性、研发实力，企业成熟度显著性下降，这说明对于软件和信息技术服务业、互联网和相关服务、计算机、通信和其他电子设备制造业等行业而言，公司规模、资金实力和研发实力对于数据资产所创收益的影响较大，公司成熟度对于数据资产所创收益的影响较小，即该行业公司成长速度与公司成立时间关联性较弱。

5.2.2.2 进一步分析

（1）规模、时间、商业模式差异

调整系数具有一定的异质性，本书分别从规模、时间、商业模式差异角度对调整系数的变化进行分析。表5-4列示了 k_{it} 按规模①、时间和商业模式的分类统计结果，k_{it} 的平均值为0.052。从规模上看，大中型公司的

① 同 mod 变量处理方式类似，规模用总资产对数的序别化变量形式表示，分别以20、40、60、80和100分位值为界，对所选样本公司的规模进行分类，将总资产对数小于第20分位值的规模公司定义为大型规模公司（$size_5$）、将总资产对数位于第20分位值和第40分位值之间的规模公司定义为较小型规模公司（$size_4$）、将总资产对数小于第40分位值和第60分位值之间的规模公司定义为中型规模公司（$size_3$）、将总资产对数小于第60分位值和第80分位值之间的规模公司定义为较大型规模公司（$size_2$）、将总资产对数小于第80分位值和第100分位值之间的规模公司定义为大型规模公司（$size_1$）。

调整系数较高，表明随着公司规模的扩大，公司规模这一集合资产对数据资产收益的贡献较大，在计算数据资产所创净超额收益时，调整系数增大；从时间上看，2016—2017年调整系数较高，这表明数字技术的应用对企业数据资产所创超额收益的增量贡献较大，后随技术应用的稳定增量变动减小，相应调整系数趋于稳定；从商业模式上看，租售信息服务模式、数据赋能模式、数据空间运营模式的调整系数较高，这表明以上商业模式对数据资产超额收益的贡献较大，租售数据模式、数字技术服务模式的贡献其次。

表5-4 调整系数 k_{it} 差异分析表

规模	k_{it}		时间	k_{it}		商业模式	k_{it}	
	均值	中位数		均值	中位数		均值	中位数
$size_1$	0.036	0.028	2016	0.067	0.028	mod_1	0.031	0.020
$size_2$	0.038	0.028	2017	0.144	0.144	mod_2	0.062	0.055
$size_3$	0.075	0.034	2018	0.013	0.005	mod_3	0.017	0.071
$size_4$	0.054	0.028	2019	0.037	0.029	mod_4	0.064	0.040
$size_5$	0.058	0.043	2020	0.002	0.007	mod_5	0.081	0.079
—	—	—	—	—	—	mod_6	0.039	0.013
total	0.052	0.029	*total*	0.052	0.029	*total*	0.052	0.029

此外，为验证 k_{it} 在规模、时间和商业模式差异是否在统计上具有显著性，本书对其进行Kruskal-Wallis H检验（见表5-5）。检验结果表明，无论采用何种方式分组，k_{it} 均在1%的水平上显著。这表明处于不同规模、不同商业运营模式下的典型数据企业的调整系数不同，在采用超额收益法评估时，除数据资产以外的贡献资产整体集合对资产组收益的贡献比例显著不同，需予以测算并剔除。同时，检验结果亦反向证明了优化模型中调整系数 k 存在（式5-4）的合理性和科学性。

表5-5 调整系数 k_{it} 规模和商业模式差异 Kruskal-Wallis H 检验表

时间	2016	2017	2018	2019	2020	*df*
规模差异	5.590***	6.843***	15.562***	4.498***	3.311***	5
商业模式差异	3.776***	5.386***	1.988***	2.482***	5.722***	4

注：年度差异检验值为64.254，自由度为4。

（2）稳健性检验

本书参照现有文献（姜付秀和黄继承，2011），对第 t 年的 da_{it}，除用第 $t-1$ 年的组合资产贡献值变化衡量外，还可用第 t 年的组合资产贡献值衡量，本书将式 5－6 中的 da_{it-1} 用 da_{it} 替换，重新进行回归分析，分析结果通过稳健性检验①。

5.3 数据资产收益期限和折现率的确定

数据资产收益期限和折现率受到替代性数据资产、数字技术、市场风险等多方面影响。数据资产的收益期限与风险在不同阶段和不同应用场景的差异较大，实务中确定方式和标准尚未统一。基于此，本部分首先分析数据资产收益期限的类型、确定原则和方法等；其次，从当前适用性角度分析折现率的测算方法。

5.3.1 数据资产收益期限的确定

当前数据资产价值评估中对数据资产期限的概念较为模糊，理论上对评估人员的指导不足。故本部分着重梳理和分析数据资产收益期限的类型，并从收益期限的确定原则和方法等角度对数据资产收益期限予以论述。

5.3.1.1 数据资产收益期限的类型

根据数据资产定义的存在性，本书所指“数据资产”是静态数据资产，不包含数据资产的衍生资产，即预测性数据形成的数据资产，以及在外部技术、市场、法律等环境改变后当前数据资产经一定化学变形衍化后的数据资产。因此，本书研究的收益期限为静态数据资产的收益期限。数据资产收益期限亦称为有效期限、剩余寿命，是指数据资产能够持续发挥

① 稳健性检验的估计结果分析详见附录 B。

作用并产生经济利益的时限期间，该期限受多种因素影响。通常，数据资产收益期限包含以下类型：

（1）物理寿命

数据资产的物理寿命与数据属性特征相关。当数据资产以全新状态投入使用，并随着数字化发展程度的加深，逐渐出现数据特征记录精度不足、字段缺失等原因致使其逐渐不符合元数据标准，直至在技术性能上丧失用途，从当前时点到数据资产不可继续使用所经历的期间即为数据资产的物理寿命。影响数据资产物理寿命使用年限的主要因素有：数字技术因素和数据资产持有主体对数据的维护质量。

（2）经济寿命

数据资产的经济寿命是指数据资产可为其持有主体产生经济收益，并获取利润的年限，亦称为“收益年限”。当数据资产不能为其持有主体带来经济收益，或使用其他数据资产将带来更高的经济收益时，该项数据资产经济寿命终止。数据资产的经济寿命受数据市场、市场需求、数字技术、可替代性数据资产等多种因素影响，往往不受其持有主体所控制。

（3）合同使用寿命

合同使用寿命是指与数据资产相关的商业合同中规定数据资产使用期限。具体包括：租售合同、开发利用合同、授权许可合同等。此外，公开合同中更新条款等均应列入合同有效期限的影响因素中。

（4）其他类型寿命

数据资产的寿命类型还表现（但不限于）为以下三种：一是法定寿命，是指数据资产所依存的数字技术专利期限的法定寿命，该数字技术剩余法定寿命期限也即为该数据资产形成之时的法定寿命；二是技术寿命，是指数据资产所依托的数字技术被新型数字技术替代所经历的期间；三是功能寿命，是指数据资产从开始使用到使用功能上失去作用所经历的时间，如母婴产品客户资产数据会因客户群体转换而失去使用功能，该使用功能从开始到结束所经历的期间即为该项数据资产的功能寿命。

5.3.1.2　数据资产收益期限的确定原则

数据资产不具有实物形态，不存在实体性贬值，但其会产生无形的损耗。这是由于以下原因所致：一是数字技术的更新迭代，使得数据资产原有标准不再符合新标准而发生的物理形态的损耗；二是由于替代性数据资产逐步替代原有数据资产，使其逐渐无利可图；三是由于数据资产需求逐渐减少失去价值。

在资产评估实务中，可依照以下方法确定数据资产收益期限[①]：首先，依据数据资产所依附的数字技术等法律规定的法定有效期限确定数据资产使用年限；其次，法律未规定有效法定使用年限的数据资产，可依据商业合同中规定数据资产使用期限确定数据资产使用年限；再次，法律与商业合同均未规定相关使用期限情形下，评估师需依据当前经济环境、数据市场环境、市场风险、技术条件以及数据资产相关可获取资料，确定数据资产的功能寿命、经济寿命、物理寿命，并依据功能寿命、经济寿命、物理寿命孰短原则确定数据资产使用期限。

5.3.1.3 数据资产收益期限的确定方法

依据数据资产收益期限的确定原则，数据资产收益期限的确定方法主要分为以下两种：一是法定年限法，即依据法律规定或相关合同规定确定数据资产的使用年限；二是剩余年限预测法，即采用一定的方式，确定数据资产的功能寿命、经济寿命、物理寿命等。其中，具体方式需依据被评估数据资产相关资料的可获得性、评估环境等因素综合确定。例如，可依据数据资产属性、经济因素、数字技术等综合因素做出预测，且需结合该领域专家意见进行修正调整。

5.3.2 数据资产折现率的测算

数据资产属于广义无形资产范畴。风险累加法是将数据资产的无风险报酬率和风险报酬率量化并累加，进而确定数据资产折现率的一种方法。其中，无风险报酬率是指在正常条件下的获利水平，即任何投资都应该得

① 本部分依据中国资产评估协会编著的《资产评估实务（二）》结合数据资产收益年限具体情形整理而得。关于无形资产收益年限确定原则，参见：中国资产评估协会．资产评估实务（二）［M］．北京：中国财政经济出版社，2019：33.

到的投资回报率；风险报酬率是指数据资产持有主体因承担投资风险而获得的超过无风险报酬率以上部分的投资回报率。其通用公式为：

$$r = R_f + R_d \tag{5-7}$$

其中，r表示数据资产的折现率，R_f表示数据资产的无风险报酬率，R_d表示数据资产的风险报酬率。值得注意的是，由于行业分类及社会环境的差异，数据资产所涉及的风险类型相应具有差异，且种类繁杂。本书从宏观与微观两方面总结出数据资产需考虑的通用因素，即排除行业和个体差异因素，如表5－6所示。

表5－6　通用数据资产风险报酬率的影响因素

与数据资产评估有关的宏观风险	与数据资产评估有关的微观风险
数据资产产业情况	数据资产商业化水平
技术可替代行	数据资产持有主体的研发水平
数据资产相关的政策、法律	数据资产持有主体的财务水平
市场评估竞争情况	数据资产持有主体的管理、营运水平

在数据资产价值评估分析中，风险累加法中无风险报酬率与风险报酬率的确定方法主要有两种途径：

一是直接测算数据资产的折现率。无风险报酬率一般采用政府发行债券的利率，具体可选取10年期国债在评估基准日的到期收益率。此外，在评估实务中，银行1年期定期存款利率也可作为无风险报酬率。风险报酬率一般是将数据资产在研发和使用过程中面临的各类影响因素进行量化求和所得。公式如下：

$$r = R_f + R_i + R_e + R_o + R_c + R_z \tag{5-8}$$

其中，R_i表示数据资产的行业风险报酬率，R_e表示数据资产的开发风险报酬率，R_o表示数据资产的经营风险报酬率，R_c表示数据资产的财务和管理风险报酬率，R_z表示数据资产的风险报酬率。

二是在数据资产持有主体企业权益资本成本的基础上，叠加数据资产的特定风险而确定出折现率。首先，企业权益资本成本可依据资本资产定价模型（Capital Asset Pricing Model，CAPM），选用行业上市公司的数据进行测算；其次，特定风险是指被特定的个人、群体和组织等人为干预而引起的风险，数据资产的特定风险包括管理风险、流通风险、增值开发风险、安全风险等。在实务中，特定风险报酬率一般是由评估师结合数据资产相关政策及数据市场的具体情形来确定。公式如下：

$$r = R_w + R_s \tag{5-9}$$

其中，R_w表示企业权益资本成本，R_s表示数据资产的特定风险报酬率。

5.4 基于超额收益法优化模型的数据资产价值评估仿真应用

前文分析了数据资产收益法的应用条件和适用范围，并结合收益法评估数据资产的难点，提出了数据资产超额收益法优化思路。本部分将以软件和信息技术服务业中典型数据公司 SWTX 为研究样本，进行数据资产价值评估的成本法优化模型的仿真应用。

5.4.1 研究对象与样本数据

SWTX 创立于 2002 年，是国内首批具有导航地图制作资质的企业。当前，SWTX 建成了以数据和计算为依托的车联网、导航、芯片、位置大数据服务、高级辅助驾驶及自动驾驶等领域的核心业务体系，服务区域覆盖中国、美国、荷兰、日本、新加坡等多国。SWTX 财报显示，在 2020 年的主营收入达 21.48 亿元，其中，车联网业务为 7.691 亿元，占比 35.81%；导航业务为 6.406 亿元，占比 29.83%；芯片业务为 3.042 亿元，占比 14.16%；位置大数据服务业务为 2.970 亿元，占比 13.83%；高级辅助驾驶及自动驾驶业务为 1.071 亿元，占比 4.98%；其他业务为 2968 万元，占比 1.38%。此外，SWTX 基于大数据能力、客户基本和潜在需求，积极拓展物联网应用，赋能智慧出行，企业经营现状稳定、经营前景良好。

SWTX 所处的地理信息行业具有特殊性，形成较强的数据壁垒，并且其凭借数据信息及数据衍生信息发展高精准定位、Telematics、MineData 等新型业务，形成了以数据资产和计算技术为基础依托，以宝马、奔驰等乘用车，中国一汽、东风等商用车，BOSCH、TechniSat 等系统商，腾讯、中国移动通信、交通运输部科学研究院、世界银行等互联网政/企，清华大学、南开大学等高校的多维高端客户关系和渠道，惠及政府、企业和大众的租售数据商业模式（见图 5－2）。此外，由于其处于产业链源核心位置，逐步形成寡头垄断竞争格局，加剧了数据资产的相对稀缺性，数据资产逐步成为 SWTX 的新型基础资产。如何评估其拥有的数据资产价值，合理挖掘并有效开发数据资产，成为 SWTX 未来发展的关键环节。对此，本书以 SWTX 所持有的数据资产为研究对象，对其进行价值评估分析，助力公司新一代物联技术发展战略计划的制订和实施。本部分案例研究所需数据来源于 SWTX 上市公司 2015—2020 年公开财务报表。

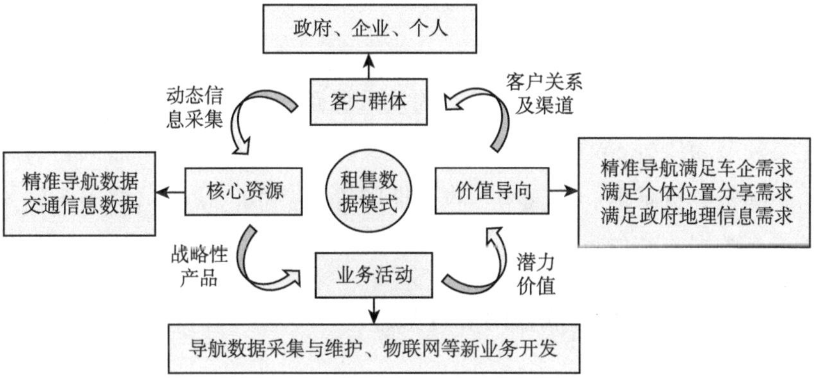

图 5－2　SWTX 商业模式结构示意图

5.4.2　评估要素的选择

本书主要对以下评估要素进行界定与说明：

评估基准日。由于公开财务年报最新截止日期为 2020 年 12 月 31 日，故本书将此次评估基准日设定为 2020 年 12 月 31 日。

评估对象。评估对象为 SWTX 公司当前所持有的数据资产所有权。

评估目的。本次评估的目的为助力 SWTX 合理挖掘和有效使用数据资产，为其后续数据资产所赋能的企业技术发展、管理改革、服务优化、战略优化提供价值参考意见。

评估假设。假设 SWTX 公司在收益期内持续经营，相关国家行业政策、会计政策在收益期内无重大变化。

价值类型选择。SWTX 为上市数据公司，其所提供的产品和服务在市场中公开交易。因此，该项数据资产评估的价值类型为市场价值类型。

评估方法选择。由于 SWTX 所持有的数据资产依附并赋能于其公司大部分业务，渗透至研发、生产、管理、战略制定与实施等公司各领域，影响着企业战略发展方向和企业经济效益，故结合本次评估对象、评估目的、价值类型等评估要素，以及考虑到当前可获取数据资料，本书选用超额收益法优化评估模型对其所持有的数据资产进行价值评估。

5.4.3 评估过程

依据超额收益法评估数据资产的技术思路、优化研究设计，本次评估的主要环节为依据 SWTX 公司财务报表，分别计算模型中所需的自有现金流、各项资产贡献值、折现率、收益期限等各参数，最终求取出 SWTX 公司所持有数据资产的评估值。

5.4.3.1 数据资产收益期限的确定

由于 SWTX 所处行业为软件和信息技术服务业，具有技术更新快、行业内数字替代产品多、竞争激烈等特点，收益期限并非为永续期①。此外，本书评估对象为 SWTX 公司持有的数据资产所有权，价值分析基于当前数据资产为公司产生的经济收益。故本书采用经济寿命来确定 SWTX 公司数据资产评估的收益期限。由于该行业数据资产具有时效性，数字市场经济因素、数字技术更迭等综合因素不稳定性较强，在结合该领域专家和当前

① 前已叙及，本书所指数据资产是静态数据资产，不包含数据资产的衍生资产，即预测性数据形成的数据资产，以及在外部技术、市场、法律等环境改变后，当前数据资产经一定化学变形衍化后的数据资产。

已有研究（苑泽明等，2021；陈芳和余谦，2021）综合判断后，本书将当前 SWTX 所持有的数据资产收益期限确定为5年，即2021—2025 为数据资产收益期。

5.4.3.2 数据资产超额收益的确定

2015年SWTX成立自动驾驶研发部、2017年建成 MineData 位置大数据平台、2018年和2019年 MCU 芯片实现批量生产。SWTX 凭借优势行业地位和数字技术获取并开发的数据资产在其新型业务中逐渐发挥作用，于2015年开始产生超额收益。因此，本书依据从2015年开始的报表数据预测 SWTX 自由现金流。此外，由于 SWTX 所持有的数据资产赋能于研发、生产、管理、销售等公司的主营业务，故数据资产所在资产组的现金流为公司主营业务所涵盖全部资产的现金流。

（1）自由现金流量的预测

本书应用最小二乘法对 SWTX 公司2021—2025年的营业收入进行拟合预测；营业成本、营业税金及附加、销售费用、管理费用、资本性支出、营运资金增加额、折旧和摊销等项目，取各项目所对应的会计科目占营业收入的均值为基础，对未来期间各项目进行预测。其中，营业收入回归拟合结果为 $Y = 15308.547X - 30687676.668$（$Y$ 表示营业收入，X 表示年份），拟合结果的 $Adj - R^2 = 0.6468$，P 值在5%的水平上显著，拟合结果较好；SWTX 属于国家重点扶持高新技术企业，根据《企业所得税法》第二十八条规定，可享受15%的企业所得税优惠税率，由此计算 SWTX 5年的自由现金流（见表5-7）。

表5-7　　SWTX 2021—2025年自由现金流预测表　　单位：万元

项目	2021年	2022年	2023年	2024年	2025年
一、营业收入	250896.663	266205.210	281513.757	296822.304	312130.851
减：营业成本	69638.036	73887.025	78136.014	82385.002	86633.991
营业税金及附加	2478.686	2629.924	2781.162	2932.400	3083.638
销售费用	15595.586	16547.156	17498.726	18450.296	19401.866
管理费用	24741.238	26250.833	27760.428	29270.024	30779.619

续表

项目	2021 年	2022 年	2023 年	2024 年	2025 年
二、EBIT	138443.117	146890.272	155337.427	163784.582	172231.737
税率（%）	15	15	15	15	15
三、税后利润	117676.650	124856.731	132036.813	139216.895	146396.976
减：资本性支出	60174.980	63846.577	67518.174	71189.771	74861.369
营运资金增加额	-5513.172	-5849.560	-6185.949	-6522.337	-6858.725
加：固定资产折旧	7184.425	7622.785	8061.145	8499.505	8937.865
无形资产摊销	16420.482	17422.384	18424.285	19426.186	20428.088
长期待摊费用摊销	11912.200	12639.027	13365.854	14092.681	14819.508
四、自由现金流	98531.950	104543.911	110555.872	116567.833	122579.794

（2）各项资产贡献值的预测

第一，流动资产贡献值预测。本书以总资产增加额占营业收入比重的均值50.30%为基础，预测2021—2025年总资产数额，再以流动资产占总资产比重的均值44.05%为基础，可得未来流动资产增加额占营业收入比重的均值为22.16%，由此预测SWTX 2021—2025年的流动资产。流动资产回报率取6个月至1年短期贷款利率4.35%①，进而求取出SWTX 2021—2025年的流动资产贡献值（见表5-8）。

表5-8　　SWTX 2021—2025年流动资产贡献值预测表　　单位：万元

项目	2021 年	2022 年	2023 年	2024 年	2025 年
营业收入	250896.663	266205.210	281513.757	296822.304	312130.851
期初流动资产	276575.263	332168.274	391153.312	453530.377	519299.468
流动资产增加额	55593.011	58985.038	62377.065	65769.092	69161.119
期末流动资产	332168.274	391153.312	453530.377	519299.468	588460.587
流动资产平均余额	304371.768	361660.793	422341.844	486414.922	553880.028
回报率	4.35%	4.35%	4.35%	4.35%	4.35%
流动资产贡献值	13240.172	15732.244	18371.870	21159.049	24093.781

① 此数据来源于RESSET金融统计数据库。

第二，固定资产贡献值预测。固定资产的贡献值分为补偿回报和投资回报，前者是指固定资产折旧额，后者为固定资产投资收益额。其中，固定资产折旧额采用固定资产年折旧额占营业收入比重的均值 2.86% 进行预测；固定资产投资收益额以资本性支出占营业收入比重的均值 23.98% 预测 2021—2025 年资本性支出数额，而后再以固定资产资本支出占资本性支出比重的均值 10.37% 为基础，由此预测 2021—2025 年的固定资产资本支出。固定资产回报率取 5 年期以上长期贷款利率 4.90%①，由此求取出 SWTX 2021—2025 年的固定资产贡献值（见表 5 -9）。

表 5 -9　　SWTX 2021—2025 年固定资产贡献值预测表　　单位：万元

项目	2021 年	2022 年	2023 年	2024 年	2025 年
营业收入	250896. 663	266205. 210	281513. 757	296822. 304	312130. 851
期初固定资产	62911. 696	61965. 108	60960. 763	59898. 662	58778. 805
固定资产折旧	7184. 425	7622. 785	8061. 145	8499. 505	8937. 865
资本性支出	60174. 980	63846. 577	67518. 174	71189. 771	74861. 369
固定资产资本支出	6237. 837	6618. 440	6999. 044	7379. 648	7760. 252
期末固定资产	61965. 108	60960. 763	59898. 662	58778. 805	57601. 191
平均余额	62438. 402	61462. 935	60429. 713	59338. 733	58189. 998
回报率	4. 90%	4. 90%	4. 90%	4. 90%	4. 90%
投资回报	3059. 482	3011. 684	2961. 056	2907. 598	2851. 310
补偿回报	7184. 425	7622. 785	8061. 145	8499. 505	8937. 865
固定资产贡献值	10243. 907	10634. 469	11022. 201	11407. 103	11789. 175

第三，表内无形资产贡献值预测。表内无形资产的贡献值亦分为补偿回报和投资回报。其中，补偿回报采用无形资产摊销额占营业收入比重的均值 6. 55% 进行预测；投资回报以资本性支出占营业收入比重的均值 23. 98% 预测 5 年资本性支出数额，而后再以无形资产资本支出占资本性支出比重的均值 15. 46% 为基础，预测 5 年的无形资产资本支出，由此求取出 SWTX 5 年的表内无形资产贡献值（见表 5 - 10）。

① 此数据来源于 RESSET 金融统计央行数据库。

表 5－10　SWTX 2021—2025 年表内无形资产贡献值预测表　单位：万元

项目	2021 年	2022 年	2023 年	2024 年	2025 年
营业收入	250896.663	266205.210	281513.757	296822.304	312130.851
期初无形资产	105549.872	98430.683	90877.115	82889.167	74466.840
无形资产摊销	16420.482	17422.384	18424.285	19426.186	20428.088
资本性支出	60174.980	63846.577	67518.174	71189.771	74861.369
无形资产资本支出	9301.294	9868.815	10436.337	11003.859	11571.380
期末无形资产	98430.683	90877.115	82889.167	74466.840	65610.132
平均余额	101990.278	94653.899	86883.141	78678.004	70038.486
回报率	4.90%	4.90%	4.90%	4.90%	4.90%
投资回报	4997.524	4638.041	4257.274	3855.222	3431.886
补偿回报	16420.482	17422.384	18424.285	19426.186	20428.088
表内无形资产贡献值	21418.006	22060.425	22681.559	23281.409	23859.974

第四，其他表外无形资产贡献值预测。SWTX 作为一家软件和信息技术服务业公司，除数据资产以外的其他表外无形资产主要为人力资本（陈芳和余谦，2021；王进江，2021）。本书以应付职工薪酬占营业收入比重的均值 12.10% 对人力资本投入进行预测，人力资本回报率为 17.81%（黄敏等，2020），由此求取出 SWTX 5 年的其他表外无形资产贡献值（见表 5－11）。

表 5－11　SWTX 2021—2025 年其他表外无形资产贡献值预测表　单位：万元

项目	2021 年	2022 年	2023 年	2024 年	2025 年
营业收入	250896.663	266205.210	281513.757	296822.304	312130.851
人力资本投入	30360.607	32213.070	34065.533	35917.996	37770.459
回报率	17.81%	17.81%	17.81%	17.81%	17.81%
其他表外无形资产贡献值	5407.224	5737.148	6067.071	6396.995	6726.919

5.4.3.3　数据资产折现率的确定

本书选取第二种途径（即式 5－9）测算数据资产的折现率。

首先，选用 CAPM 确定 SWTX 公司的权益资本成本，公式如下：

$$R_w = R_f + \beta(R_m - R_f) \quad 5-10$$

其中，R_w表示权益资本成本，R_f表示无风险报酬率，R_m表示市场平均风险报酬率，β 表示风险系数。这里选取 5 年期债券的年无风险收益率的平均水平作为无风险报酬率 R_f，取值为 3.25%①；选取上证综合指数 2000—2020 年 20 年期指数的平均收益率作为市场平均风险报酬率 R_m②，取值为 10.93%；查取 SWTX 公司 2020 年的β 值为 1.21③。由此可计算得出公司的权益资本成本 R_w = 3.25% + 1.21 × (10.93% − 3.25%) = 12.54%。

其次，计算数据资产的特定风险报酬率。结合前文分析结果，数据资产风险包括管理风险、流通风险、增值开发风险、安全风险等。SWTX 公司市场占有率高，在产业链中占有优势地位，并利用数据资产及行业特殊领域优势积极开展技术发展战略，打造智慧大脑，但管理风险、流通风险、增值开发风险依旧存在。与此同时，随着数据资产价值的挖掘，数据红利与客户数据安全矛盾显现，数据安全风险逐步提升。对此，SWTX 公司对以上风险通过风险控制、风险补偿、风险规避等风险策略工具加以管理。本书结合 SWTX 公司实际风险管控情况、同行业平均风险水平及访谈相关评估专家的建议④，将 SWTX 公司数据资产持有风险（R_s）确定为 12.15%。

最后，本案例 SWTX 公司数据资产的折现率 = 公司权益资本成本 + 数据资产特定风险报酬率 = 12.54% + 12.15% = 24.69%。

5.4.3.4 数据资产价值评估结果及分析

依据式 5 − 4，将预测的 SWTX 公司自有现金流减去各项资产贡献值后，用前文测算的软件和信息技术服务业超额收益调整系数 5.2%，对以上“毛超额收益”进行调整，即可得到 SWTX 公司数据资产净超额收益和最终评估值，具体测算过程如表 5 − 12 所示。

---

① 5 年期债券年无风险收益率数据来源于 RESSET 债券数据库。

② 上证综指的指数收益率数据来源于 CSMAR 数据库。

③ β 值数据来源于 RESSET 股票数据库。

④ 访谈专家为 CTEX 研究部部门总经理 SY，该专家长期从事无形资产及数据资产领域相关业务的研究。

表 5-12　SWTX 数据资产价值评估结果表　单位：万元

项目	2021 年	2022 年	2023 年	2024 年	2025 年
自由现金流	98531.950	104543.911	110555.872	116567.833	122579.794
流动资产贡献值	13240.172	15732.244	18371.870	21159.049	24093.781
固定资产贡献值	10243.907	10634.469	11022.201	11407.103	11789.175
表内无形资产贡献值	21418.006	22060.425	22681.559	23281.409	23859.974
表外其他无形资产贡献值	5407.224	5737.148	6067.071	6396.995	6726.919
调整系数	1.052	1.052	1.052	1.052	1.052
折现率	0.247	0.247	0.247	0.247	0.247
折现系数	0.802	0.643	0.516	0.414	0.332
现值	36574.776	30589.949	25474.165	21131.201	17466.233
数据资产价值	131236.323				

从评估结果来看，数据资产价值占 SWTX 公司 2020 年非流动资产总额的 18.91%，其估值结果超过 SWTX 公司现持有的报表内无形资产 12.51 亿元。这表明，随着公司对数字技术的掌握和核心数据资源的挖掘利用，数据资产成为重要的新型核心资产。即使当前该资产尚未被纳入财务报表，但 SWTX 公司应将该资产作为战略性资源予以重视①，数据资产价值评估作为数据资产管理和治理的关键环节，这将有助于 SWTX 公司后续数据资产所赋能的企业战略优化、智能生产和组织管理等提供价值参考。

5.4.4　评估结论

本书通过对 SWTX 公司持有数据资产所有权的评估活动可知，基于超

① 数据资产的战略性地位已受到国家广泛重视，2020 年 12 月，发展改革委、网信办、工业和信息化部、能源局四部门联合印发《关于加快构建全国一体化大数据中心协同创新体系的指导意见》发改高技〔2020〕1922 号，强调数据是国家基础战略性资源和重要生产要素，应优化数据中心建设布局，推动数字技术、数据间的集约化和服务化创新，深化大数据的协同创新。参见：发展改革委，网信办，工业和信息化部，能源局．关于加快构建全国一体化大数据中心协同创新体系的指导意见［R］．北京：2020.

额收益法的数据资产价值评估模型，包含超额收益测算、折现率测算、收益期限确定四个主要部分。首先，确定 SWTX 公司持有数据资产的收益期限；其次，以此为基础进行超额收益中自有现金流、各项资产贡献值的预测；最后，采用权益资本成本和特定风险累加法确定 SWTX 公司持有数据资产的折现率。

研究结果表明，本书构建的数据资产超额收益优化模型具备可操作性。值得注意的是，基于当前数据市场处于创建初期、数字技术处于变革发展期，考虑到数据资产未来期间时效性和可用性问题，本书选取 5 年期为收益期限进行评估。在未来数据市场建成、数字经济进入稳步发展时期，评估专业人员应考虑采用多期超额收益法，依据数据资产形成期、成熟期等全生命周期视角对数据资产的未来现金流进行分阶段预测，从而提高估值的科学性。此外，本案例中的收益期限和现金流测算所涉及的收支项目具有较强的行业特征。软件和信息技术服务业对流动资产、表内无形资产等依附性较强，贡献值较大，但对固定资产的依附性弱，贡献值相较于前者较小，因此，不同行业最终测算的各项资产贡献值大小和最终评估值结果会呈现一定的行业差异。

5.5　本章小结

本章是数据资产价值评估的收益法分析章节，以数据资产收益法的技术难点、模型设计、评估参数测算、实证模拟案例应用为主线，对数据资产价值评估收益法展开分析。

首先，本书从数据资产的非实体依附性出发，指出资产组中各项资产的整体集合仍对整体收益具有影响，应从整体收益中剔除该部分收益方可确定数据资产自身产生的净超额收益，由此建立数据资产超额收益法优化模型。

其次，本书重点针对剔除比例，即超额收益调整系数进行实证研究设计，并重点选取 50 家行业代表性公司，测算软件和信息技术服务业的调整系数值。此外，实证检验结果亦反向证明了模型设置的合理性和科学性，并且该方法同样适用于其他行业调整系数的测算。

最后，本书以 SWTX 所持有的数据资产所有权为例，对数据资产价值评估的超额收益法优化模型进行仿真应用。结果表明，该优化模型具备可操作性。此外，该模型可成为日后实务和学术研究的基础模型，在此基础上，随着数据市场建成和数字经济未来进入平稳发展期，该模型亦有进一步优化空间，如在此基础上继续构建多期超额收益模型。

第 6 章　数据资产价值评估的基准修正法评估模型构建与仿真应用

本章为数据资产价值评估之市场法分析。市场法是通过量化和修正可比数据资产与被评估数据资产之差异求取被评估数据资产价格的方法，但该方法的应用前提是具有活跃公开的数据市场，显然当前市场法应用具有困难。对此，本书引入市场法的衍生方法基准修正法，依据“基准 + 修正”路径，确立基于市场评估路径的数据资产价值评估 AER 指标体系，编制资产特征修正系数表和应用环境修正系数表，构建出数据资产基准修正法模型，为欠发达数据交易市场提供有效的路径支持。在此基础上，本书以 SDJJMY 大学购买的 Wind 公司金融数据终端服务单账号 1 年期使用权为例，对数据资产基准修正模型进行仿真应用。研究结果表明：该模型具备可操作性，评估合理性的提高有赖于 AER 指标体系和修正系数表的动态调整和细化完善。希冀以此为数据资产收益法评估模型的完善提供理论借鉴，为评估实务中市场法应用条件无法满足时提供参考。

6.1　采用市场法评估数据资产的技术难点与优化思路

市场法是以可比数据资产市场价格为基础，通过修正差异因素确定被评估数据资产价格的方法。当前关于数据资产市场法的研究主要集中于修正系数的构建和调整（Ho C T B et al.，2011；刘琦等，2016；左文进和刘丽君，2021）。但在当前市场法的应用尚存在一定困难。对此，本部分在梳理和分析市场法评估数据资产技术难点的基础上，尝试引入基准修正评估思路，为后文构建数据资产价值评估的基准修正模型提供基础。

6.1.1 采用市场法评估数据资产的技术难点

市场法依据替代性原则，将可比数据资产同被评估数据资产进行差异比较，而后通过量化差，求取被评估数据资产价格（如图 6－1 所示）。P_1 为同类或相似的可比数据资产生产者的社会必要成本费用，包括在正常生产条件和技术水平下形成的平均生产成本（C）和数据市场中交易行为产生的平均交易费用（S）；M 为所有市场参与者集体议价博弈后形成的价值增量，该增量反映了数据市场中整体数据生产者和购买者的议价能力及相应获取的生产者剩余和消费者剩余（M，$M \geq 0$[①]）。评估机构根据具体数据资产持有者（或购买者）委托，依据可比数据资产市场价格（P，$P \geq P_1$[②]）与被评估数据资产差异，进行差异量化（U_{adjust}），进而得到被评估数据资产价值。然而，当前市场法的实际应用与市场法理论模型设计存在一定现实差距。这主要体现为缺乏公开活跃的市场、可比交易案例的获取、调整因素的确定三大难点。

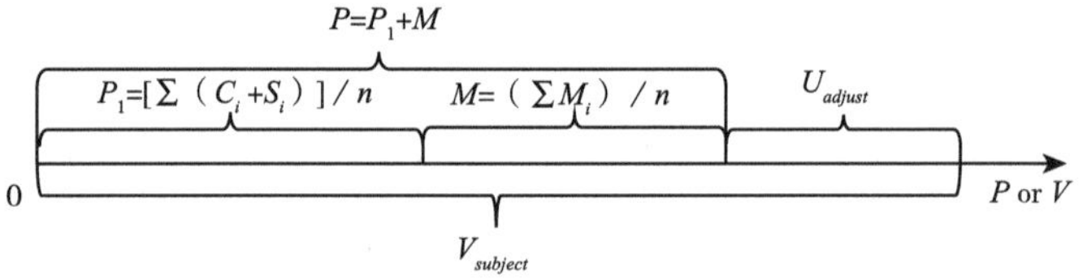

图 6－1 数据资产价值评估的市场法思路图

首先，当前我国数据市场交易场所正在逐步建立，市场交易体系和交易机制有待完善。数据市场当前的发展尚不能满足数据资产体量扩大的市场环境要求，以及数据价值衡量的市场法评估技术专业要求。

其次，数据资产的特点使得批量可比交易案例获取难度加大，限制了市场法的推广应用。当前数据市场环境中，交易案例具体信息及 P 数值较

---

① 价值增量（M）属于当前数据市场中形成的市场价格的组成部分，本章研究主题为市场价值（市场交易案例）基础上的单个数据资产持有者持有该数据资产的价值评估。

② 通常，生产者（理性经济人）供给产品的供给价格高于或等于社会平均生产成本，否则在长期内将选择退出市场。

难获取，可比数据资产的确定具有一定难度。

最后，数据资产价值调整因素众多且复杂，数据资产价值评估指标体系尚未统一。可比交易案例与被评估数据资产差异的对比与调整是数据资产市场价值确定的关键技术环节，分为交易环境的调整、应用环境的调整和资产特征的调整三部分。其中，应用环境和资产特征有较大差别，不同的被评估数据资产在确定调整因素时差异性大，数据资产价值评估指标体系是量化以上差异的基础，但当前数据资产价值评估指标体系尚未统一，U_{adjust}差异量化困难。

6.1.2 采用市场法评估数据资产的优化思路

市场法中可比因素市场价格的确定是市场均衡的结果，数据资产价值在理论上与市场均衡价格最为接近，实务中较易被各方认可。但当前市场法的应用存在诸多现实困难。对此，本书拟尝试使用与市场法相关的方法评估数据资产价值。

基准修正法（Benchmark Correction Method，BCM）[①] 是将待估资产的特征与政府公布的标准资产特征比较，并按照修正表修正特征差异后得到待估资产价值的一种方法。其实质是市场法的一种衍生方法，该方法最先被用于土地估价（杨建波等，2013；傅颖秀等，2014；唐旭等，2014），后扩展至海域估价（郑晓云等，2021）、房地产估价（马文明和卞正富，2005；蔡苏文等，2010）等不动产价值评估。此外，还有部分学者将其用于房地产税税基评估领域，求取房地产税税基评估价值（陈蕾等，2021）。

该方法的显著特点是“符合了”市场法中活跃公开的市场假设条件。政府公布的标准资产及资产特征是以评估周期为界，依据市场和被评估区域中经济发展情况，定期对其进行调整和修正的结果，标准资产、特征及其价格均具备市场普遍性和代表性。因此，基于当前数据市场处于建设初期、交易数量少、可比交易案例选取困难等现实困境，本书尝试将其引入

① 通过笔者对国内外相关文献梳理可知，“基准修正法”源于“Benchmark Correction Method”，其亦被命名为“Correction Method of Benchmark Price”“基准物业法”“标定物业价格修正法”“基准价格修正法”等。

数据资产价值评估领域，构建当前数据市场情景下的数据资产价值评估的基准修正模型。

基准修正法具体采用“基准 + 修正”的技术思路，首先选取被评估资产所在行业内具有普遍性和代表性的基准数据资产，通过比较所选基准数据资产交易案例差异后（P_0），编制修正系数表量化差异，对其进行修正调整（U），得到基准数据资产评估值（$V_{benchmark}$）；其次依据替代原理，通过比较被评估数据资产与基准数据资产的差异，对基准价值进行修正调整（U'_{adjust}），最后确定被评估数据资产的价值（$V_{subject}$），如图 6 - 2 所示。

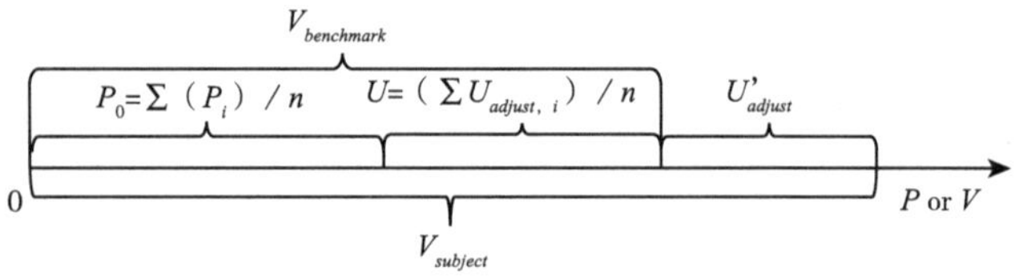

图 6 - 2　数据资产价值评估的基准修正法思路图

6.2　数据资产基准修正法评估体系的研究设计

根据数据资产价值评估的基准修正法的“基准 + 修正”技术思路可知，数据资产价值评估的基准修正法研究设计，主要围绕选取和确定基准数据资产价值和对被评估数据资产进行调整修正两部分展开。

6.2.1　选取和确定基准数据资产价值

选取和确定基准数据资产价值，是基准修正法的关键，是后续调整修正的基础。其测算主要步骤为：构建基于市场评估路径的数据资产价值评估指标体系、选取和确定基准数据资产、编制修正系数表、测算数据资产基准价值。

6.2.1.1　构建基于市场评估路径的数据资产价值评估指标体系

分析和确认对数据资产价值产生影响的各项因素，构建基于市场评估路径的数据资产价值评估指标体系，是选取基准数据资产、编制修正系数表的基础。根据前文构建的影响数据资产价值的 ACER 体系，本书将基于市场评估路径的数据资产价值评估指标体系确定为 AER 指标体系①，具体包含：数据完整性、数据准确性、数据及时性、数据规模性等数据属性类指标；数据稀缺性、数据可替代性、数据场景适用性、数据关联性等数据经济类指标；数据管理风险、数据流通风险、增值开发风险、数据安全风险等风险类指标，如图 6－3 所示。

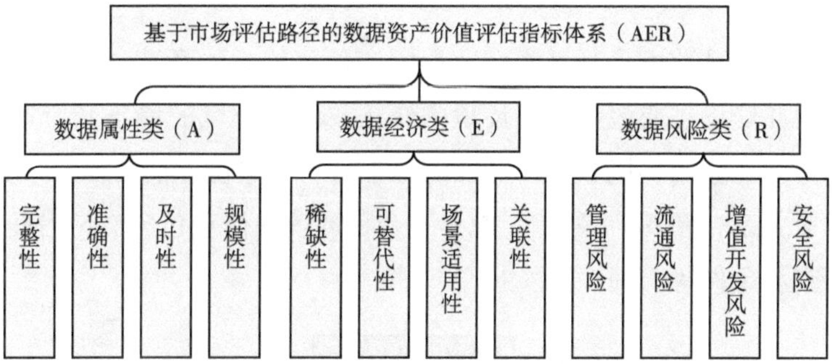

图 6－3　基于市场评估路径的数据资产价值评估指标分析图

6.2.1.2　选取和确定基准数据资产

基准数据资产是指在一定数据市场区域范围内，当前该数据市场发展水平下，能够反映数据资产基础特征和平均状态的数据资产。该基准资产可以是真实资产，也可以是虚拟资产——根据评估需求构造出符合基础特征的虚拟资产。其选取目的是明确基准条件，从而按照统一的参照标准进行数据资产价值评估。基准数据资产应具备代表性、普适性、易辨性等基本特征。

---

①　数据成本属于数据资产价值的 ACER 体系，但由于基准修正法属于市场法的一种衍生方法，数据成本在数据资产形成之时已确定，成本因素对数据资产市场价格变动的影响较小，故本书依据 ACER 体系构建的基于市场评估路径的数据资产价值评估指标中不包含此类因素。

代表性是指在选择基准数据资产时，应通过对比当前数据市场中的交易案例，选取能够综合反映该数据市场中数据资产基础特征和平均价格的典型样本，作为评估活动中的基准数据资产。普适性是指在选取基准数据资产时，既要保证该基准数据资产达到最高最佳使用状态，还要保证该数据资产评估在法律允许、技术上可能、经济上可行的要求，以此保证所选取基准数据资产的普适性。易辨性是指基准数据资产作为评估的基础和依据，应具有被评估数据资产所在数据市场中的显著特性，并能够及时、显著地反映该数据市场中数据资产的标准价格，故所选取的数据资产应具备易辨性。

6.2.1.3 编制修正系数表

编制修正系数表是测算基准数据资产价值的重要环节。前已叙及，数据资产差异修正主要包含交易环境的修正、应用环境的修正和资产特征的修正三部分。应用环境和资产特征的修正与基于市场评估路径的 AER 指标体系对应关系如图 6-4 所示。此外，交易环境的修正包含交易时间、交易权益、交易条件等方面。

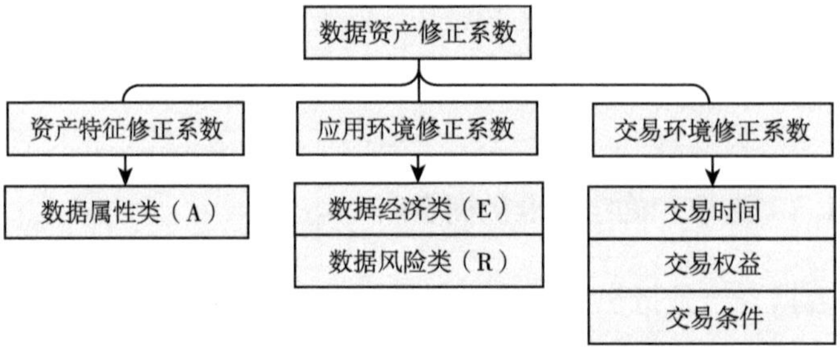

图 6-4 数据资产价值评估指标与修正系数对应关系分析图

6.2.1.4 测算数据资产基准价值

根据数据资产修正系数表，对属性类、经济类、风险类指标进行逐项评分量化后，分别求和计算资产特征修正系数、应用环境修正系数、交易环境修正系数（式 6-1、式 6-2、式 6-3），再结合可比交易案例，即可得到基准数据资产的评估值和数据资产基准价值（式 6-4、式 6-5）。其中，交易情况修正是将数据资产在实际交易情况下的价格修正为在正常交易情况下的价值，交易日期修正是将数据资产在成交日期的价格修正为在评估基准日的价值，权益状况修正则主要是数据资产权属的修正。此三项修正与一般数据资产评估中的修正思路无异。

$$\alpha_A = \alpha_{completeness} + \alpha_{accuracy} + \alpha_{timeliness} + \alpha_{scale} \quad 6-1$$

其中，α_A 表示资产特征修正系数，$\alpha_{completeness}$ 表示完整性修正系数，$\alpha_{accuracy}$ 表示准确性修正系数，$\alpha_{timeliness}$ 表示及时性修正系数，α_{scale} 表示规模修正系数。

$$\alpha_{ER} = \alpha_{scarcity} + \alpha_{substitution} + \alpha_{scenario} + \alpha_{relevance} + \alpha_{manager} + \alpha_{circulation} + \alpha_{development} + \alpha_{security} \quad 6-2$$

其中，α_{ER} 表示应用环境修正系数，$\alpha_{scarcity}$ 表示稀缺性修正系数，$\alpha_{substitution}$ 表示可替代性修正系数，$\alpha_{scenario}$ 表示场景适用性修正系数，$\alpha_{relevance}$ 表示关联性修正系数，$\alpha_{manager}$ 表示管理风险修正系数，$\alpha_{circulation}$ 表示流通风险修正系数，$\alpha_{development}$ 表示增值开发风险修正系数，$\alpha_{security}$ 表示安全风险修正系数。

$$\alpha_T = \alpha_{situation} + \alpha_{time} + \alpha_{equity} \quad 6-3$$

其中，α_T 表示交易环境修正系数，$\alpha_{situation}$ 表示交易情况修正系数，α_{time} 表示交易日期修正系数，α_{equity} 表示权益状况修正系数。

$$V_{banchmark} = P_{comparable} \cdot \alpha_A \cdot \alpha_{ER} \cdot \alpha_T \quad 6-4$$

其中，$V_{banchmark}$ 表示基准数据资产评估值，$P_{comparable}$ 表示可比交易案例成交价格。

$$V_{data} = \left(\sum_{i=1}^{n} V_{benchmark,i} \right) / n \quad 6-5$$

其中，V_{data} 表示取平均后的数据资产基准价值，$V_{benchmark,i}$ 表示第 i 个交易案例标的基准数据资产评估值，n 表示交易案例标的个数。

6.2.2　修正和确定被估数据资产价值

确定数据资产基准价值后，即可根据修正系数表，对被评估目标数据资产进行估值，具体修正和评估过程表示为：

$$V_{subject} = V_{data} \cdot \alpha'_A \cdot \alpha'_{ER} \cdot \alpha'_T \quad 6-6$$

其中，$V_{subject}$表示被评估数据资产的评估值，α'_A表示被评估数据资产的资产特征修正系数，α'_{ER}表示被评估数据资产的应用环境修正系数，α'_T表示被评估数据资产的交易环境修正系数。其中 α'_A、α'_{ER}、α'_T对应的表达式为式6－7、式6－8 和式6－9：

$$\alpha'_A = \alpha'_{completeness} + \alpha'_{accuracy} + \alpha'_{timeliness} + \alpha'_{scale} \quad 6-7$$

其中，$\alpha'_{completeness}$表示被评估数据资产的完整性修正系数，$\alpha'_{accuracy}$表示被评估数据资产的准确性修正系数，$\alpha'_{timeliness}$表示被评估数据资产的及时性修正系数，α'_{scale}表示被评估数据资产的规模修正系数。

$$\alpha'_{ER} = \alpha'_{scarcity} + \alpha'_{substitution} + \alpha'_{scenario} + \alpha'_{relevance} + \alpha'_{manager} + \alpha'_{circulation} + \alpha'_{development} + \alpha'_{security} \quad 6-8$$

其中，$\alpha'_{scarcity}$表示被评估数据资产的稀缺性修正系数，$\alpha'_{substitution}$表示被评估数据资产的可替代性修正系数，$\alpha'_{scenario}$表示被评估数据资产的场景适用性修正系数，$\alpha'_{relevance}$表示被评估数据资产的关联性修正系数，$\alpha'_{manager}$表示被评估数据资产的管理风险修正系数，$\alpha'_{circulation}$表示被评估数据资产的流通风险修正系数，$\alpha'_{development}$表示被评估数据资产的增值开发风险修正系数，$\alpha'_{security}$表示被评估数据资产的安全风险修正系数。

$$\alpha'_T = \alpha'_{situation} + \alpha'_{time} + \alpha'_{equity} \quad 6-9$$

其中，$\alpha'_{situation}$表示被评估数据资产的交易情况修正系数，α'_{time}表示被评估数据资产的交易日期修正系数，α'_{equity}表示被评估数据资产的权益状况修正系数。

6.3 数据资产价值基准修正法评估模型的仿真应用

前文分析了数据资产市场法的应用条件和适用范围，并结合市场法评估数据资产的难点，提出了数据资产基准修正法评估思路。本部分将以SDJJMY 大学购买的 Wind 公司金融数据终端服务单账号 1 年期使用权为研究对象，进行数据资产价值评估的基准修正法模型的仿真应用。

6.3.1 研究对象与样本数据

Wind 公司创立于 1996 年，公司以数据为起点，致力于精“研”数据，针对金融业的研究机构、行业监管机构、投资机构、学术机构等不同类型客户需求，研发一系列信息检索、数据提取与分析的应用工具，为客户提供完整、准确、及时的金融数据终端。当前，Wind 公司建成了国内领先的以金融证券数据为核心，涵盖基金、股票、债券、外汇、期货、指数、宏观行业的金融数据库，国内市场占有率高达 80%，成为国内领先的金融数据、信息和软件服务企业。此外，Wind 公司紧跟金融市场变化，不断开发新型数据产品，满足客户的深层数据与信息服务，企业经营现状稳定、经营前景良好。

Wind 公司拥有专业团队，从事商业大数据的深度采集、挖掘、甄别真伪、判定质量、清洗处理，并设计和开发 Wind 大数据体系，通过数据仓库、元数据、质量体系有效管理数据，为客户提供专业金融数据，挖掘商业数据领域的价值，逐步形成了租售信息商业模式（图 6－5）。此外，Wind 公司不断升级数据采集工具，拓展数据源；不断改进数据加工流程和加工工艺，确保数据的及时性和准确性。围绕公司研发的数据资产相关交易成为 Wind 公司的主营业务。

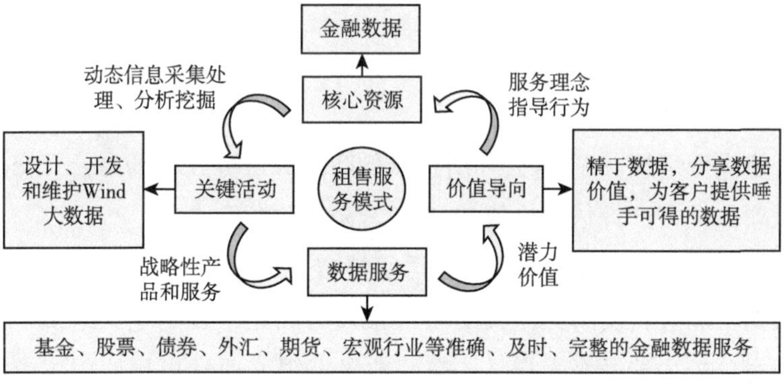

图 6－5 Wind 公司商业模式结构示意图

Wind 公司以其高质量的数据服务占有国内半数以上市场，处于产业核心位置，形成了寡头垄断竞争格局。这使得数据市场需求者议价地位相对较弱，Wind 公司同类数据服务的市场交易价格差异较大，部分数据市场需求者利益受损。如何评估 Wind 公司的数据资产价值，促使其数据资产在市场交易中形成合理交易价格，促进数据市场可持续发展，保护交易各方利益，成为未来 Wind 公司长效发展的关键环节。对此，本书以 SDJJMY 大学购买的 Wind 公司金融数据单个终端服务设备 1 年期数据资产使用权为研究对象，对其进行价值评估分析，以期助力数据市场稳步高质发展。本部分案例研究所需数据来源分为两部分：一部分是整理自中国政府采购网站的采购成交案例数据；另一部分是编制修正系数表权重系数，数据来源于前文第 4 章调查问卷和专家访谈。

6.3.2 评估要素的选择

本书主要对以下评估要素进行界定与说明：

评估基准日。依据市场交易情况，本书将此次评估基准日设定为 2021 年 12 月 31 日。

评估对象。评估对象为 SDJJMY 大学购买的 Wind 公司金融数据单个终端服务设备 1 年期数据资产使用权。

评估目的。本次评估的目的为保护市场交易各方利益，促进数据市场可持续、稳步高质发展。

评估假设。假设 Wind 公司持续经营，相关国家行业政策、会计政策在收益期内无重大变化。

价值类型选择。Wind 公司所提供的产品和服务在市场中公开交易。因此，该项数据资产评估的价值类型为市场价值类型。

评估方法选择。由于 Wind 公司所持有的数据资产以金融数据服务模式在数据市场进行交易，但其交易对象较为固定，以企业、组织、机构等团体为主，较少涉及个人交易；交易数量有限，通常以年使用权为标的进行交易。故结合本次评估对象、评估目的、价值类型等评估要素，以及考虑到当前可获取数据资料，本书选用基准修正法对其所持有的数据资产进行价值评估。

6.3.3　评估过程

依据基准修正法评估数据资产的技术思路、优化研究设计，本次评估的主要环节为：依据 Wind 公司交易案例，设定基准数据资产；根据编制的资产特征和应用环境修正系数表和交易环境修正系数，测算出数据资产基准价值；以此数值为基础，将基准数据资产与被评估数据资产差异进行量化修正，最终求取出 SDJJMY 大学购买的 Wind 公司金融数据单个终端服务设备 1 年期数据资产使用权的评估价值。

6.3.3.1　设定基准数据资产

前已叙及，基准数据资产是反映当前数据市场发展水平下的数据资产基础特征和平均状态。本书依据前文构建的基于市场评估路径的 AER 指标体系、基准数据资产选取标准、Wind 公司数据资产特征、评估需求、评估实施条件构建出虚拟基准数据资产，如表 6－1 所示。

表 6－1　基准数据资产条件及样本选取

指标		基准条件
数据属性类	完整性	数据不包含缺失字段，数据特征记录具有精确度和可靠度
	准确性	数据加工、标准化过程中操作方式和定义准确，数据格式和数据语义准确
	及时性	数据请求—响应时间、更新间隔时间依事实发展更新及时
	规模性	数据条数、存储体积、增长速度、数据应用使用范围等达行业平均水平
数据经济类	稀缺性	数据市场中数据资产需求等于供给
	可替代性	数据资产不具备可替代性
	场景适用性	数据与现实场景的结合程度适中
	关联性	被评估数据资产数据与其他数据关联性适中
数据风险类	管理风险	数据资产持有者管理水平、人员素质适中
	流通风险	数据资产在数据市场中的交易流转难易程度适中
	增值开发风险	数据资产价值挖掘潜力适中
	安全风险	数据资产不存在国家风险、行业风险、个人风险

本书经中国政府采购网站公开信息整理，选取出与SDJJMY大学购买的Wind公司金融数据单个终端服务设备1年期数据资产使用权相类似的10个交易案例，详见表6-2。

表6-2　　基准数据资产样本明细表

数据资产名称	交易日期	使用期限	交易价格（单位：万元）	其他说明
SHLXKJJR学院RESSET金融研究数据资产	2021.6.29	1年	10.5	
MNSF大学RESSET金融研究数据资产	2021.6.27	1年	10	
JXCJ大学RESSET金融研究数据资产	2021.10.9	1年	9.77	
HNSF大学RESSET金融研究数据资产	2020.7.15	1年	9.8	
SHLXKJJR学院CSMAR数据资产	2021.6.24	1年	10.45	
SDCJ大学CSMAR数据资产	2021.5.14	1年	7.5	
NC大学CSMAR数据资产	2021.11.18	1年	8.9	
FD大学Wind数据资产	2021.9.29	1年	25	10个终端
HB经济学院Wind数据资产	2021.12.13	1年	17.8	6个终端
ZYCJ经济学院Wind数据资产	2020.6.29	1年	61.6	22个终端

6.3.3.2　编制资产特征修正系数表

数据资产的资产特征修正系数表的编制过程主要分为两个步骤。首先，对数据属性类各项特征指标进行修正分析。由于数据资产特征在数据资产研发生产过程中形成，其特征表征较为稳定，故这里以等级划分形式确定其各项特征指标修正系数。其次，对数据属性类各项特征指标进行赋权和赋分。

（1）对各项特征指标的修正分析

完整性的修正。这里依据数据资产完整性程度，将其分为5个等级，即非常完整、较为完整、完整、较不完整、不完整。数据资产的完整性修正系数等于被修正数据资产所在完整性等级交易均价与基准数据资产完整性等级交易均价之比，其公式表示为：

$$\alpha_{completeness} = P_{completeness,s} / P_{completeness,b} \quad 6-10$$

其中，$P_{completeness,s}$ 表示被修正数据资产所在完整性等级交易均价，$P_{completeness,b}$ 表示基准数据资产完整性等级交易均价。

准确性的修正。 这里依据数据资产准确性程度，将其分为5个等级，即非常准确、较为准确、准确、较不准确、不准确。数据资产的准确性修正系数等于被修正数据资产所在准确性等级交易均价与基准数据资产准确性等级交易均价之比，其公式表示为：

$$\alpha_{accuracy} = P_{accuracy,s} / P_{accuracy,b} \quad 6-11$$

其中，$P_{accuracy,s}$ 表示被修正数据资产所在准确性等级交易均价，$P_{accuracy,b}$ 表示基准数据资产准确性等级交易均价。

及时性的修正。 这里依据数据资产及时性程度，将其分为5个等级，即非常及时、较为及时、及时、较不及时、不及时。数据资产的及时性修正系数等于被修正数据资产所在及时性等级交易均价与基准数据资产及时性等级交易均价之比，其公式表示为：

$$\alpha_{timeliness} = P_{timeliness,s} / P_{timeliness,b} \quad 6-12$$

其中，$P_{timeliness,s}$ 表示被修正数据资产所在及时性等级交易均价，$P_{timeliness,b}$ 表示基准数据资产及时性等级交易均价。

规模性的修正。 这里依据数据资产规模性程度，将其分为5个等级，即大规模、较大规模、中等规模、较小规模、小规模。数据资产的规模性修正系数等于被修正数据资产所在规模性等级交易均价与基准数据资产规模性等级交易均价之比，其公式表示为：

$$\alpha_{scale} = P_{scale,s} / P_{scale,b} \quad 6-13$$

其中，$P_{scale,s}$ 表示被修正数据资产所在规模性等级交易均价，$P_{scale,b}$ 表示基准数据资产规模性等级交易均价。

（2）对各项特征指标的赋权和赋分

在对各项资产特征指标构建修正模型的基础上，可进行各项特征指标的赋权和赋分。这里结合前文数据资产价值评估技术专家调查问卷中，各因素在数据属性中的贡献程度调查所获取数据，采用AHP法，利用Matlab计算出完整性、准确性、及时性、规模性各项指标权重分别为26.58%、50.79%、13.51%、9.12%。结合以上经验数据以及面向专业人员进行调研访谈①，拟对以上各项指标设置赋分标准（如表6－3所示）。在具体数据资产评估实务中，还可继续扩大访谈范围，访谈数据资产领域、资产评估领域和数字技术领域的多位专家，依市场实际情况对此指标赋权结果进行合理、适当的调整，并说明理由。

表6－3　　资产特征指标的赋权和赋分标准表

指标及权重	劣	基准	优
完整性（26.58%）	依据完整性程度，以2分为单位逐步减分（<26.58）	数据较为完整（=26.58）	依据完整性程度，以2分为单位逐步加分（>26.58）
准确性（50.79%）	依据准确性程度，以2分为单位逐步减分（<50.79）	数据准确（=50.79）	依据准确性程度，以2分为单位逐步加分（>50.79）
及时性（13.51%）	依据及时性程度，以2分为单位逐步减分（<13.51）	数据及时（=13.51）	依据及时性程度，以2分为单位逐步加分（>13.51）
规模性（9.12%）	依据数据规模，以2分为单位逐步减分（<9.12）	中等规模（=9.12）	依据数据规模，以2分为单位逐步加分（>9.12）

6.3.3.3 编制应用环境修正系数表

数据资产应用环境修正系数表的编制内容主要包含数据经济类和数据风险类指标，各主体对相同数据资产获取效用具有差异性，这里采用AHP法及专家访谈法进行各项应用环境指标的赋权和赋分。本书继续结合前文数据资产价值评估行业专家调查问卷中各因素在经济因素中的贡献程度调查和各因素在风险因素中的贡献程度调查所获取的数据，利用Matlab计算出稀缺性、可替代性、场景适用性、关联性等经济类指标权重分别为6.80%、12.09%、49.80%、31.30%；管理风险、流通风险、增值开发风险、安全风险等风险类指标权重分别为13.85%、23.29%、8.37%、54.50%。

由于以上经济类指标和风险类指标均属于应用环境指标，这里继续采用AHP法确定经济类指标和风险类指标的相对权重。本书根据各因素在资

① 访谈专家为CTEX研究部部门总经理SY，该专家长期从事无形资产及数据资产领域相关业务的研究，下同。

本化增量中的贡献程度调查中所获取的数据，计算出经济类指标和风险类指标的重要性比值为2，由此最终计算出稀缺性、可替代性、场景适用性、关联性、管理风险、流通风险、增值开发风险、安全风险等指标权重分别为4.53%、8.06%、33.20%、20.87%、4.62%、7.76%、2.79%、18.17%。结合以上经验数据以及面向专业人员的调研访谈，拟对以上各项指标设置赋分标准（如表6-4所示）。在具体数据资产评估实务中，同样还可继续扩大专家访谈范围，访谈数据资产领域、资产评估领域和数字技术领域的多位专家，依市场实际情况对此指标赋权结果进行合理、适当的调整，并说明理由。

表6-4　应用环境指标的赋权和赋分标准表

指标及权重	劣	基准	优
稀缺性（4.53%）	数据资产供大于求，依据剩余程度，以0.5分为单位逐步减分（<4.53）	数据市场中数据资产供求相等（=4.53）	数据资产供小于求，依据稀缺程度，以0.5分为单位逐步加分（>4.53）
可替代性（8.06%）	依据被替代性程度，以0.5分为单位逐步减分（<8.06）	数据资产不可替代（=8.06）	—
场景适用性（33.20%）	数据资产与现实场景结合程度低，依据结合程度，以0.5分为单位逐步减分（<33.20）	数据与现实场景的结合程度适中（=33.20）	数据资产与现实场景结合程度高，依据结合程度，以0.5分为单位逐步加分（>33.20）
关联性（20.87%）	被估数据资产数据与其他数据关联性低，依据关联性程度，以0.5分为单位逐步减分（<20.87）	被估数据资产数据与其他数据关联性适中（=20.87）	被估数据资产数据与其他数据关联性高，依据关联性程度，以0.5分为单位逐步加分（>20.87）
管理风险（4.62%）	数据资产持有者管理水平、人员素质低，依据该程度，以0.5分为单位逐步减分（>4.62）	数据资产持有者管理水平、人员素质适中（=4.62）	数据资产持有者管理水平、人员素质高，依据该程度，以0.5分为单位逐步加分（<4.62）
流通风险（7.76%）	数据资产的交易流转难易程度低，依据该程度，以0.5分为单位逐步减分（>7.76）	数据资产在数据市场中的交易流转难易程度适中（=7.76）	数据资产的交易流转难易程度高，依据该程度，以0.5分为单位逐步加分（<7.76）

续表

指标及权重	劣	基准	优
增值开发风险（2.79%）	数据资产价值挖掘潜力低，依据该程度，以0.5分为单位逐步减分（>2.79）	数据资产价值挖掘潜力适中（=2.79）	数据资产价值挖掘潜力低，依据该程度，以0.5分为单位逐步加分（<2.79）
安全风险（18.17%）	数据资产存在国家风险、行业风险、个人风险，依据风险程度，以0.5分为单位逐步减分（>18.17）	数据资产不存在国家风险、行业风险、个人风险（=18.17）	—

6.3.3.4 测算交易环境修正系数

本书整理选取的交易案例产权明晰，不存在关联交易、近亲交易、被迫交易等非正常交易情形，故无须对交易情况和权益状况等交易环境进行修正。交易日期修正系数（α_{time}）为评估基准日所在月份和案例交易日期所在月份的价格指数比（如表6-5所示），该案例中，交易情况修正系数（$\alpha_{situation}$）和权益状况修正系数（α_{equity}）均为0，故根据式6-3可知，该数值同时为交易环境修正系数（α_T）的值。

表6-5　　交易日期修正系数表

样本	交易日期	修正系数	样本	交易日期	修正系数
B_1	2021.6.29	0.988	B_6	2021.5.14	0.990
B_2	2021.6.27	0.988	B_7	2021.11.18	1.001
B_3	2021.10.9	0.992	B_8	2021.9.29	0.984
B_4	2020.7.15	1.001	B_9	2021.12.13	1.000
B_5	2021.6.24	0.988	B_{10}	2020.6.29	1.002

注：数据来源为CSMAR数据库。

6.3.3.5 测算数据资产基准价值

首先，根据式6-1、式6-2、式6-4和式6-5分别得到资产特征修正系数评分结果、应用环境修正系数评分结果、基准数据资产评估值和取平均后的数据资产基准价值，如表6-6、表6-7、表6-8所示。需要说明的是，由于Wind公司是以终端个数为单位打包售卖，经查阅Wind公司历史中标文件，通常以大学为单位的数据资产需求者购买终端个数至少为 4 个，且 SDJJMY 大学购买终端个数亦为 4 个，故本书将案例 B_8、B_9、B_{10} 交易价格换算为 4 个终端服务所对应的价格。其次，将以上选取的 10 个基准数据资产交易案例的样本数据及综合评分分别代入式 6－5，即可求得数据资产基准价值为 11.47 万元。

表 6－6　　基准数据资产的资产特征修正系数评分表

指标	基准	B_1	B_2	B_3	B_4	B_5	B_6	B_7	B_8	B_9	B_{10}
完整性	26.58	30.58	30.58	30.58	30.58	26.58	26.58	26.58	30.58	30.58	30.58
准确性	50.79	54.79	54.79	54.79	54.79	50.79	50.79	50.79	54.79	54.79	54.79
及时性	13.51	15.51	15.51	15.51	15.51	13.51	13.51	13.51	15.51	15.51	15.51
规模性	9.12	11.12	11.12	11.12	11.12	7.12	7.12	7.12	15.12	15.12	15.12
合计	100	112	112	112	112	98	98	98	116	116	116

表 6－7　　基准数据资产的应用修正系数评分表

指标	基准	B_1	B_2	B_3	B_4	B_5	B_6	B_7	B_8	B_9	B_{10}
稀缺性	4.53	5.53	5.53	5.53	5.53	4.03	4.03	4.03	6.03	6.03	6.03
可替代性	8.06	7.06	7.06	7.06	7.06	8.06	8.06	8.06	8.56	8.56	8.56
场景适用性	33.20	33.70	33.70	33.70	33.70	33.20	33.20	33.20	33.70	33.70	33.70
关联性	20.87	20.87	20.87	20.87	20.87	20.87	20.87	20.87	21.37	21.37	21.37
管理风险	4.62	4.12	3.62	4.62	4.12	8.12	8.12	7.62	5.12	5.12	4.62
流通风险	7.76	7.26	7.26	7.76	7.26	12.26	12.26	11.76	7.76	7.76	7.76
增值开发风险	2.79	2.79	2.29	3.29	3.29	6.29	7.79	7.29	3.29	3.29	3.29
安全风险	18.17	18.17	18.17	18.67	18.67	22.67	23.67	23.17	18.67	18.17	18.17
合计	100	99.5	98.5	101.5	100.5	115.5	118.0	116.0	104.5	104.0	103.5

表 6－8　　数据资产的基准价值评定表　　单位：万元

	B_1	B_2	B_3	B_4	B_5	B_6	B_7	B_8	B_9	B_{10}
$P_{comparable}$	10.50	10.00	9.77	9.80	10.45	7.50	8.90	10.00	11.87	11.20
α_A	1.12	1.12	1.12	1.12	0.98	0.98	0.98	1.16	1.16	1.16
α_{ER}	0.995	0.985	1.015	1.005	1.155	1.180	1.160	1.045	1.040	1.035
α_T	0.988	0.988	0.992	1.001	0.988	0.990	1.001	0.984	1.000	1.002
$V_{banchmark}$	11.56	10.90	11.02	11.04	11.69	8.59	10.13	11.93	14.32	13.47
V_{data}	11.47									

6.3.3.6 测算被评估数据资产价值

根据式6-7、式6-8、式6-9分别得到被评估资产的资产特征修正系数评分结果、被评估资产的交易环境修正系数、被评估资产的应用环境修正系数评分结果[①]（见表6-9），进而由式6-6求出SDJJMY大学购买的Wind公司金融数据终端服务1年期使用权价值 $V_{subject} = V_{data} \cdot \alpha'_A \cdot \alpha'_{ER} \cdot \alpha'_T = 11.47 \times 1.16 \times 1.045 \times 1 = 13.9$ 万元。最终求得12月31日SDJJMY大学购买的Wind公司金融数据终端服务单账号1年期使用权价值为3.47万元。

表6-9　被估数据资产修正系数评分表

指标	赋分	指标	赋分	指标	赋分
完整性	30.58	稀缺性	6.03	流通风险	7.76
准确性	54.79	可替代性	8.56	增值开发风险	3.29
及时性	15.51	场景适用性	33.70	安全风险	18.67
规模性	15.12	关联性	21.37		
合计	116.00	管理风险	5.12	合计	104.5

注：假设SDJJMY大学购买被估数据资产时产权明晰，不存在关联交易、近亲交易、被迫交易等非正常交易情形，故无须对交易环境进行修正，$\alpha'_T = 1$。

6.3.4 评估结论

本书通过对SDJJMY大学购买的Wind公司金融数据终端服务单账号1年期使用权的评估活动可知，基于基准修正法的数据资产价值评估模型主要包含以下步骤：构建基于市场评估路径的AER指标体系、选取和确定基准数据资产、编制修正系数表、测算数据资产基准价值、依据该基准价值修正和确定被评估数据资产价值。

研究结果表明：首先，本书构建的数据资产基准修正法具备可操作性，且本书构建的基于市场评估路径的AER指标体系具有通用性，当前可

---

① 应用环境修正系数中风险类指标打分结果由访谈SDJJMY大学图书馆ZXP教授过程中得出，其余指标由访谈长期从事无形资产及数据资产领域相关业务研究的CTEX研究部部门总经理SY过程中得出。

推及至其他数据资产价值评估活动。但值得注意的是，该方法主要适用于当前数据市场初创建设期，或评估活动中可获取交易案例较少的情形。其次，在评估实务中，评估人员可依据具体评估标的实际情形和专家建议，对资产特征修正系数表和应用环境修正系数表的分值变动级数进行调整，从而提高估值的科学性。最后，随着数据市场和数字技术的发展和更迭，评估人员应对基于市场评估路径的 AER 指标体系中具体指标进行增加、更改和删除，并对常规评估业务标的定期组织评估专家对进行数据资产（如本书研究的金融类数据资产 1 年期使用权）基准价格的指标评定和赋分，以提升评估业务活动的效率。

6.4　本章小结

本章是数据资产价值评估的市场法分析章节，以数据资产市场法的技术难点、基准修正方法设计、实证模拟案例应用为主线，对数据资产价值评估基准修正法展开分析。

首先，本书从数据资产的市场法原理出发，指出市场法在当前评估实务的应用中面临交易市场不活跃这一难题，并由此引入市场法的衍生模型基准修正法，建立数据资产基准修正法模型。结果表明，数据资产基准修正法是市场法基本应用条件无法满足情境下有效的路径支持。

其次，本书详细论述数据资产基准修正模型的构建原理及过程，该模型主要围绕“基准 + 修正”两部分展开。其中，在选取和确定基准数据资产时，基于市场评估路径的 AER 指标体系应依据数字经济发展情况适时调整；在进行修正时，资产特征修正系数表和应用环境修正系数表应依据被评估标的变化进行动态调整变动。这将成为数据资产基准修正路径评估工作的关键项目。

最后，本书以 SDJJMY 大学购买的 Wind 公司金融数据终端服务单账号 1 年期使用权为例，对数据资产价值评估的基准修正法模型进行仿真应用。结果表明，该模型具有可操作性，且评估合理性的提高有赖于基于市场评估路径的 AER 指标体系和修正系数表的动态调整和细化完善。

第 7 章　数据资产价值评估实践应用体系的构建及配套建议

本章为数据资产价值评估之实际应用分析。数字经济宏观环境中数据资产价值评估有助于促进数据市场交易、保护各主体权益、提升数据资产持有主体的数据管理水平，但数据资产价值评估的实践应用需政府相关部门、行业机构、数据资产持有主体等各方的协助与支持。对此，本书立足于数字经济时代特征，确立多层次数据资产价值评估目标，提出应以整体性评估思维为指引，在评估主体环节中遵守评估行业准则、依据委托业务确定评估目的和评估方法，并配之以完善的评估制度为保障的多维立体实践应用体系。在此基础上，本书分别论述完善评估主体环节和基础保障的具体建议，并提出保障数据资产价值评估评估环境稳定的相关配套措施，以此为未来数据资产价值评估的实践应用提供参考。

7.1　数据资产价值评估实践应用体系的总体设计

构建数据资产价值评估应用体系是一项复杂和紧迫的工作，数据资产价值评估目的、方法模型等数据资产价值评估要素在评估活动中如何实践运用，数据资产通用标准、行业标准等交易共享行为的基础秩序如何制定，数字基础设施、数据市场监管、组织机构建设等数据资产价值评估基础制度如何确立，以上技术、行为秩序、制度的构建是规范数据资产价值评估业务、促进数据资产流转、激活数据市场交易的关键环节之一。对此，需明确以下三个方面内容。

7.1.1　构建数据资产价值评估实践应用体系的基本定位

构建数据资产价值评估应用体系，要以数字经济发展为时代背景，紧抓数字经济时代特征，提高数据资产价值评估的契合性和适用性。数字经济的典型时代特征是数字技术与实体的融合，技术通过作用于劳动者、生产资料和生产工具推动生产力的发展，促进经济发展的同时，也带来生产关系与服务组织的不断变革。这主要体现在：网络通信、区块链、人工智能、物联网、工业互联网等数字基础设施成为拉动新时期经济增长的新源头，其内部核心动力引擎为数据，数据的运作规律和运行机制作用于实体，共建共享的新生产关系促进了数字技术与生产力的融合，孕育出巨大的商业价值。于是，数据资产化过程中，数据与围绕数据相关的搜集、处理、分析挖掘等系列劳动融合，形成数据资产，并作用于持有主体的生产、管理、组织、决策等各方面。因此，数据资产价值评估不同于一般资产，不应专注于资产本身，而是应将数据资产置于场景、组织以及宏观数字社会中进行价值评估活动，其价值评估活动是洞察数据运作规律和运行机制，评估其作用于实体后增量价值的过程。可见，数据资产是数字经济发展的产物，只有将其归置于数字经济发展总体趋势中，才可合理、科学地评估其价值，提高数据资产价值评估的契合性和适用性，数据资产价值评估应用体系的构建方有“现实应用”价值。

因此，评估机构和评估专业人员应紧扣数字经济发展总体趋势，树立数字经济新时代“嵌入整体情境”① 评估观念，形成整体性评估思维。这既是建立数据资产价值评估应用体系的必要条件，也是提高评估业务活动科学性、专业性的基本要求。构建适用于时代发展趋势的数据资产价值评估应用体系，以更好地服务于评估委托主体、助力数据资产价值发现和价值管理，既是资产评估行业使命，也是数字经济时代数据资产价值有序治理的要求之一。

① 此处的整体情境是集合概念，既包含宏观的数字经济环境又包含微观的具体应用场景环境。

7.1.2 数据资产价值评估实践应用体系的多层次目标

在整体性评估思维指引下，结合数字经济发展总体趋势、国家政策导向、行业发展和企业评估业务需求，数据资产价值评估活动应具备多层次特征。主要包含：第一，宏观经济目标，即数字经济时代数据资产价值有序治理，进而促进数据市场生态系统的建立，更好地产生经济效益与社会效益；第二，行业发展目标，即对业界评估机构与实务专家提供借鉴指引，促进行业内数据资产价值评估业务整体服务水平和服务质量的提升；第三，个体权益目标，即助力于企业、组织、机构等主体有效挖掘数据资源价值，促进多主体之间数据资产的流通交易。

数据资产价值评估活动上述的多层次特征，需构建数据资产价值评估应用体系予以承载，并要求数据资产价值评估应用体系发挥以下作用：第一，指导资产评估行业机构和从业人员的评估活动，提高数据资产业务评估结果的专业性；第二，促进数据资产交易价格维持合理化区间，保障数据要素流通和数据市场交易的公平；第三，充分发挥数据资源价值发现功能，合理整合数据资源，优化个体与集体之间的数据资源配置。

综上，构建数据资产价值评估应用体系，应符合数字经济时代发展新趋势，并具备数字经济时代特征的评估观念和评估思维。在微观层面上，数据资产价值评估应用体系应指引行业数据资产新业务的评估活动，提升行业服务专业性；宏观层面上，数据资产价值评估应用体系应既能够实现数据价值挖掘，又能够打破行业间和企业间壁垒，实现数据共享，助力于要素市场化配置体制机制。

7.1.3 数据资产价值评估实践应用体系的构建思路

当前数据资产市场处于建设时期，数据资产交易活动日渐增多，数据资产价值评估业务需求增加，体现出一定的市场活力，科学构建数据资产价值评估应用体系是协调和规范其发展的保障。数据资产价值评估应用体系并非单一评估活动，是涉及行业监管部门、市场参与主体、评估机构和评估人员，覆盖评估要素、行业标准、评估基础保障的多主体全方位的综合应用体系。

首先，从数据资产的应用角度出发，数据资产主要分为内部管理用数据资产和外部交易用数据资产。故在评估委托时，可依据评估目的，确定数据资产评估方法，如战略发展、投资并购、内部管理、财务报告等可优先使用收益法，转让和租赁等交易行为优先使用市场法；其次，不同行业有各自领域特点，建立行业数据资产价值评估准则，规范行业内数据资产评估活动；最后，国家相关部门发挥统筹管理作用，加大数字基础设施建设、出台相关标准和市场监管制度，是数据资产价值评估的基础技术和制度保障。

因此，本书拟构建以整体性评估思维为指引，在评估主体环节中遵守评估行业准则、依据委托业务确定评估目的和评估方法，并配之以完善的评估制度为保障的多维立体数据资产价值评估实践应用体系（如图7－1所示）。

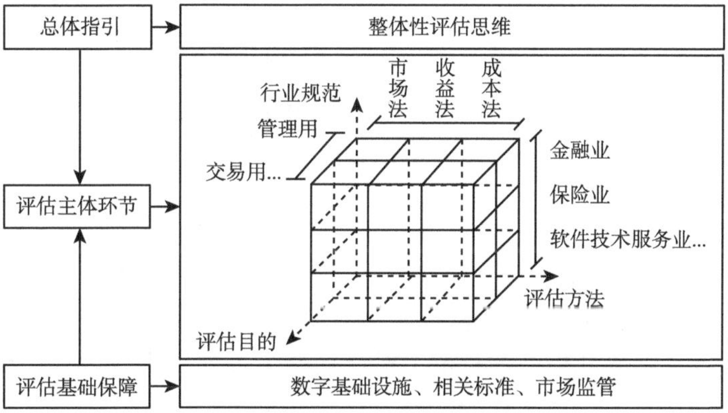

图7－1　数据资产价值评估应用体系框架图

7.2　构建数据资产价值评估实践应用体系的对策建议

数据资产价值评估应用体系的构建并非评估机构或评估行业协会一己之责，需社会多方力量共同搭建。本部分具体从评估主体环节实施和评估基础保障制度建设两方面来论述数据资产价值评估应用体系构建的具体对策。

7.2.1 关于数据资产价值评估主体环节的对策建议

评估主体环节子应用体系的设置中，行业标准维度、评估方法维度、评估目的维度共同作用，方可完成数据资产价值评估业务。这需凝聚行业协会主体、委托主体、评估机构主体等多方力量，才可定位于合理科学的维度模块实施评估活动。以上主体既是数据资产价值评估活动的直接或间接参与者，也是数据资产价值评估应用体系的构建者。因此，本部分拟从以上主体角度论述数据资产价值评估主体环节的对策内容。

7.2.1.1 发挥评估行业协会的指引作用

资产评估行业协会是引领评估行业发展，构建数据资产价值评估应用体系的引导力量。

首先，资产评估行业协会作为行业监管机构，是数据市场诚信链中重要一环，是服务数据市场有序发展的专业力量。在数据资产价值评估业务方兴未艾之际，应明确数据资产价值评估的公信力，从数据资产评估业务发展之初即订立红线准绳。这主要体现在两方面：一是评估机构应始终坚持独立、客观立场，所出具的数据资产评估报告对交易双方负责、对数据市场公正性负责，不可为委托利益关系而失去独立性；二是禁止滥用收益法等评估方法抬高数据资产价值，对市场参与者和报告使用者产生误导行为。资产评估行业协会应依据《资产评估法》，针对以上行为专门制定处罚条款，将可能出现的行业乱象制止于数据市场形成期初，避免出现行业监管依据的缺失而对数据资产价值评估活动造成的掣肘。

其次，数据资产作为数字经济时代的核心资产，不同于一般无形资产，实务中缺乏行业指导，资产评估协会应调整甚至重构数据资产评估方法。这主要体现在以下三方面：一是资产评估协会应继《资产评估专家指引第 9 号——数据资产评估》之后，继续更新或出台数据资产评估相关的通用类评估准则、专家指引、操作指引等；二是资产评估协会应同各行业监管协会合作，联合出台金融业、保险业、软件与技术服务业等数据资产应用较为广泛的专用类行业专家指引或操作指引；三是资产评估协会应联合高校、行业代表性企业等组织成立数据资产研究部门进行数据资产专题研究，对评估模型通用类系数等进行测算，供评估实务中应用。例如：资产评估机构可专门成立数据资产收益法研究课题组，测算前文中提及的各行业中除数据资产以外的贡献资产整体集合的调整系数 k 值。

7.2.1.2　充分重视委托主体的作用

数据资产价值评估应用体系中，数据资产委托主体的作用不容忽视。前已叙及，数据资产化是一项复杂长期的价值创造过程，前期需持续投入人力、物力，后期数据资产价值的实现需依托于企业组织生产、经营模式、战略管理等各方面，故评估人员只有深度了解甚至参与数据资产化形成各阶段，方可了解被评估数据资产特征，依据委托目的确定评估目标和评估方法等评估要素。因此，本书将数据资产委托主体纳入数据资产价值评估主体环节中，突出委托主体在评估环节中的重要性。委托主体应着重认识并积极配合做到以下两方面：

一是数据资产价值评估的全程性和动态性。依据前文数据资产价值形成的分析可知，于数据资产而言，当前数据资产形态并非“物”的最终形态和唯一形态，数据资产价值形成经历“技术挖掘—信息提取—资产量化”三个阶段（TIA），且数据资产价值并非在最终的价值量化阶段才形成，在 TIA 的任一阶段均可形成数据资产价值，委托主体应加强数据资产各阶段和全流程的价值管理工作。因此，在数据资产价值评估委托时，委托主体首先应明晰委托标的是为数据资产单阶段价值评估、为数据资产两阶段价值评估，抑或是为数据资产三阶段价值评估。

二是数据资产价值评估的整体性。数据资产的依附性决定其价值评估活动是一项涉及企业管理制度、财务制度、经营状况、其他资源资产等各方面的系统性工程，这需评估人员充分了解委托主体的战略、资产、业务、资金、人员等基本情况，且较一般资产评估业务相比，数据资产价值评估对委托主体的信息要求更为细致，特别是与数据资产相关的上述基本情况信息。委托主体需积极配合评估人员的尽职调查工作。

7.2.1.3　集中评估机构的中坚力量

资产评估行业作为现代高端服务业，是构建数据资产价值评估应用体系的中坚力量。首先，资产评估机构和评估师作为独立第三方为委托人提供数据资产价值评估服务，应保持独立、客观立场，此为不可逾越的红线准绳。其次，评估机构应组建成立数据资产价值评估研究部门或课题组，进行包括但不限于以下三方面的研究：一是对数据资产价值评估模型进行开发性研究；二是与企业或其他社会组织、高校或其他科研机构联合组建产学研基地，对当前已有研究模型进行落地应用性研究；三是未来数据市场成熟，数据资产成为组织不可或缺的主要资产之一时，收益法和市场法（或收益法与市场法相关的衍生方法）将成为评估的主要方法，评估机构应对不同行业的数据资产价值风险进行持续性研究，以保障收益法和市场法模型中风险类评估参数的时效性和合理性。最后，当前数据资产评估业务为以人工为主的单宗评估，在数字经济驱动下，评估机构应进行数字化战略布局，与大数据、云计算、区块链、人工智能等数字技术结合，将研究部门或课题组已研发评估模型进行数字化“应用—调试—再应用”，并将评估模型中的通用类环节程序格式化和批量化，实现通用类环节批量评估与特定类环节单宗评估相结合的高效评估服务模式，以应对未来数据资产价值评估市场需求的迅速增长。

7.2.2 关于数据资产价值评估基础保障的对策建议

评估基础保障子应用体系的设置，主要包含加大数字基础设施建设、出台行业标准、制定交易争议仲裁管理制度。这主要依赖于政府相关部门的管理指导与协助，政府应发挥其宏观统筹能力，做好顶层制度设计，统筹数字基础设施、相关标准、市场监管等制度的有序构建，形成重点布局与多层次协调发展兼顾的市场结构（陈蕾和徐琪，2018）。

7.2.2.1 继续加大数字基础设施投入

当前，数据资产交易市场公共平台处于初步建成期，大部分企业尚未加入数据市场交易中。究其原因，这主要是因为数字基础设施建设前期投入资金量大，多数中小企业资金、人力资本以及技术实力难以探及数据基础设施建设和数字技术研发。政府部门应当持续加强技术更新和设备改造方面的投入，助力大数据、云计算、区块链、人工智能等新基础设施的建设。

其中，大数据为数据资产价值评估应用体系基础设施中的基础资源；云计算为数据的储存、计算、通信提供基础保障；人工智能依托于前两者，进行智能分析与决策，为数据信息凸显价值提供技术支持；区块链的点对点去中心化技术、分布式防篡改可追溯记账、对称性加密技术、共识机制，可保障数据资产的生产、分配、交换、消费等全环节上链，数据资产价值评估现场调查、评估资料的搜集和整理等工作在链上进行，提高评估工作效率（见图7-2）。

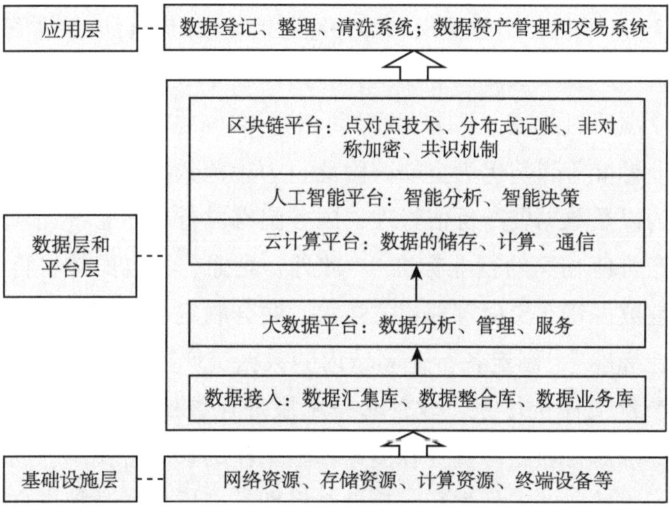

图7-2 数字基础设施应用框架图

7.2.2.2 出台与数据资产价值评估相关的企业和团体标准

国家部门和相关企业、组织联盟制定的数据资产价值评估应用标准，一方面有助于优化数据资产化过程、促进数据产业优质发展；另一方面有助于提升数据资产持有主体数据资产管理水平、行政部门和行业监督管理组织的监管水平。本书依据中国标准服务网（China Stadard Service Network）收录的国内国际标准，梳理出当前数据资产相关标准研究进展，详见表7-1。

表 7－1 当前数据资产价值相关标准情况表（截至 2021.12.31）

标准类型	标准名称	发布机构	发布日期	实施日期
国家标准	GB/T 40685－2021 《信息技术服务 数据资产 管理要求》	中国－国家标准 （CN－GB）	2021.10.11	未生效
	GB/T 37550－2019 《电子商务数据资产评价指标体系》	中国－国家标准 （CN－GB）	2019.6.4	2020.1.1
地方标准	DB52/T 1468－2019 《基于区块链的数据资产交易实施指南》	贵州省地方标准 （CN－DB52）	2019.12.31	2020.6.1
ISO 标准	ISO/AWI 55013 《数据资产价值评价体系》	该标准由 ISO 立项，由全国资产管理标准化技术委员会 ISO/TC 251 推进该工作		

由表 7－1 可见，当前国家和部分地区地方政府出台的数据资产相关标准为数据资产产业发展提供了指南和导向，但专项针对数据资产价值的标准尚处于立项研讨阶段（ISO/AWI 55013），且与之相关的行业标准、团体标准、企业标准等当前仍为空缺。因此，为规范数据资产化发展、数据市场交易行为以及数据资产价值管理，国务院有关行政主管部门应牵头制定与数据资产价值相关的行业标准①。此外，企业、社会团体、科研机构等可依据当前数据资产价值管理相关需求，联合制定与数据资产价值相关的团体和企业标准②，制定各行业领域内的数据资产价值行业标准（如：金融数据资产价值评价体系、软件和技术服务业数据资产价值评价体系），增强行业标准对行业经济业务和实务评估工作的针对性指引。与数据资产价值相关标准的实践工作先行，建设高标准、高质量的数据资产价值评估应用体系，有助于防止未来数据资产体量迅猛扩大、数据市场快速发展而滋生行业乱象的现象发生，减小行业指导与监管规范滞后风险。

7.2.2.3 多方面落实市场监管制度

数据市场监管制度是规范数据交易行为、维护数据市场交易公平、促进数据市场健康发展的稳定器，同时也是数据资产价值评估应用体系中重

① 依据《行业标准管理办法》第二条规定，与数据资产价值相关的行业标准不得与相关国家标准相抵触，且与数据资产价值相关的行业标准在相应国家标准实施后，即行废止。

② 依据《中华人民共和国标准化法》第二十一条规定可知团体标准、企业标准的技术要求以及强制性国家标准的相关技术要求。

要的基础保障制度。2021年中央全面深化改革委员会第二十三次会议强调，要立破并举，在市场基础制度规则和提升监管治理水平方面出台有效政策①。数据市场作为未来数字经济时代的主市场，在当前存在数据信息泄露频繁、违法成本低等问题，且监管行为主要以“运动式”执法方式为主，具有短期性和被动性特点，亟须出台数据市场监管制度予以规制，有效防止当前市场已有乱象和预防数据市场壮大后监管滞后的掣肘。

对此，政府部门在做好数据市场监管，积极并审慎探索新监管制度之前，需明晰以下数据市场治理关系：一是数据市场在数据资源配置中起决定性作用，政府在市场监管中起弥补市场失灵的作用；二是明确中央与地方政府在数据市场监管中的央地事权，并加强信息共享合作机制，解决好“谁来管”“管什么”“怎么管”的问题②；三是兼顾激励与监管并举，激励数字产业创新发展的同时，兼顾数据信息泄露、数据市场垄断等行为，形成激励与规制耦合驱动下的数据市场有效监管机制。

建设数据市场监管制度，需要从数据安全、数据交易、数据收益分配等基础方面展开。

首先，数据安全监管是数据市场的首要监管项目。《中华人民共和国数据安全法》于2021年9月1日正式实施，鼓励数据合法有效利用的同时明确数据责任主体，确立数据安全管理制度，为数据安全监管提供了法律保障。在此基础上，各部门应制定各自行业领域内数据安全监管条例，继续完善数据安全分类分级管理和数据安全审核制度，并依托区块链等数字技术，建立“违法违规举报—通报”制度，加大数据违法成本。

其次，数据交易监管是数据市场的核心监管项目。数据交易是数据市场的核心环节，政府部门、行业监管部门应继续利用大数据、区块链等数字技术完善数据交易平台：一是要建立全环节可追溯数据交易平台，保障数据交易有据可查，有据可管；二是要积极引导个人、企业、组织多元主

①② 新华社．习近平主持召开中央全面深化改革委员会第二十三次会议强调：加快建设全国统一大市场提高政府监管效能，深入推进世界一流大学和一流学科建设［EB/OL］. http：//www.gov.cn/xinwen/2021－12/17/content_5661684. ht m，2021－12－17/2021－12－28.

体加强数据资产管理意识，在保障数据安全的前提下促进平台内数据交易共享和共治；三是要建立评估指导价机制，定期评估数据价值，相关部门通过发布指导价或价格区间的方式将数据交易价格限定在合理、可控的范围内，从而为数据交易提供参考或限制，防止出现数据资产脱离内在价值的价格虚高情形，有利于数据供给与交易机制健康运行；四是中央部门要制定部门联合监管机制，明确各层级部门在数据市场交易中的监管权责，并在监管规则制定、监管工作实施等方面加强各部门间协同，避免出现重复监管或监管空白；五是在保障监管力度到位、监管方向精准的前提下，引入监管评级制度，对评级优、达标、不合格的数据交易主体分别实施奖惩政策。

最后，数据收益分配是数据市场的前瞻性监管项目。政府部门建立数据市场收益分配制度，完善数据要素在初次分配环节中的市场机制化交易机制①，充分体现数据要素在数据市场中的作用；构建数据要素在再次分配环节中的调节机制，适时构建相关税收制度②，有效应对国际税收环境变化。

7.3 构建数据资产价值评估实践应用体系的措施建议

面对工业经济向数字经济转变之大局，数据资产价值评估体系的构建需依托于行业环境、整体数字经济环境。故本书从资产评估行业角度提出夯实资产评估队伍体系、建立评估案例示范集册的行业建议，以提升未来

---

① 价格机制、供求机制和竞争机制共同构成市场机制，竞争机制又是价格机制与供求机制相互作用的结果，促使市场参与者在竞争中改进技术、变革管理、优化配置（陈蕾和周艳秋，2020）。

② 法国、意大利、印度等国家已开征数字服务税（朱青，2021），在我国是否开征数字服务税这一新税种（张守文，2021），还是将其置于现行企业所得税或增值税体系下（叶永青等，2022），学界正处于研讨阶段。但数据资产具有可税性（傅靖，2020）在学界已达成共识，并提出数据资产课税的若干建议（杨志勇，2020），对构建数据资产课税体系（蔡昌等，2020），以及对数据资产课税难点和课税路径选择进行探讨（王竞达等，2021）。

全行业数据资产价值评估水平和管理水平；从数据相关产业角度提出构建数据安全保障体系、优化组织结构治理体系、共建数字生态平台体系的数据产业建议，以保障数据产业稳定发展，为数据资产价值评估提供稳定的评估环境。

7.3.1　数据产业层面的措施建议

数据资产价值评估业务是数字经济发展中数据资产交易的产物，数字经济环境的稳定性和与之相关的组织制度的先进性，是数据资产价值评估结果合理性的基础保障。故在数据产业中，建立数据资产全生命周期安全保障制度、建立与数字经济社会发展相匹配的组织结构、建立合作创新的数字生态平台，既可保障数据产业稳定发展，又可为数据资产价值评估提供稳定的评估环境。

7.3.1.1　构建数据资产风险管控安全保障体系

建立数据资产全生命周期的保护措施，是数据资产得以流通，价值得以发挥的基本保障。通常，数据市场监管制度侧重于数据资产交易过程的安全保障，实则在数据资产化过程、数据资产持有过程中，仍需对其施以安全保障措施，对数据资产进行全生命周期的保护。

首先，相关政府部门要建立数据安全管理和监测机制。即：一是要建立健全数据安全管理制度，明确数据开放共享的程度以及安全防护的层级。在登记或注册数据收集、授权许可使用数据中，应告知数据收集、目的、使用方式、范围、风险和安全保护措施、存储期限以及数据权行使方式等。二是要建立数据安全监测制度，加强数据安全监管，对数据的基础设施层、数据层、平台层、应用层等各层级实行 24 ×365 的实时监控，并配之以监测预警、安全响应和应急处理机制。

其次，相关政府部门要结合各行业实际情境，建立数据安全标准。在除相关的国家标准、地方标准、行业标准、企业和团体标准等数据资产价值评估基础保障建设外，还应建立或完善各行业大数据标准和管理细则，具体包含基础标准、通用标准、管理标准、方法标准、产品标准、服务标准等①。

最后，加强数据安全相关核心技术创新建设。相关部门、社会组织、企业应突破关键领域、重点行业的核心技术，加快推进诸如核心芯片技术、数控操作系统、技术软件的全部知识产权自主化。根植于5G基础网络覆盖建设，布局一套独立的自我保护应急响应机制，在紧急状况下能够迅速、有序地调动社会资源，大幅提高突发事件反应速度和处理效率（陈蕾和周艳秋，2020）。

7.3.1.2 优化企业组织结构治理体系

为适应当前数字经济社会发展趋势，企业组织应通过调整战略与优化结构，提升数据资产管理水平、运营水平和经济适应能力。组织环境的调整变革，有助于促使其内部结构适应数字经济发展，相应地，有利于其持有的数据资产价值实现最大化。这主要体现在组织治理和组织结构两方面的调整：

在组织治理上，为保证组织研发新型技术、降低研发阻力，参照已有研究，这里建议部分组织尝试采用双重股权结构，有助于组织加强对智力资本的激励，并促进组织智力资本的积累（Dimitrov V and Jain P C，2006），增加企业的长期价值（Jordan B D et al.，2016）和长期可持续发展内在动能。

在组织结构上，工业经济体系中的组织结构形式多采用事业部制、M型、SBU型、矩阵制、H型等组织结构，中心化控制程度高，决策时间长。数字技术驱使下的数字经济结构中，数字技术突破了传统企业组织边界，消费者、竞争者、其他行业从业者均可参与或影响企业研发、生产、决策（Hagel J et al.，2011）。数据挖掘和分析的速度要求企业各部门间进行协同合作，开放共享，网络化、扁平化的企业结构可提高组织冲击–反应效率。特别是去中心化的网络组织结构，有助于组织实行纵向的资源优化和横向的跨行业发展，不断引入新参与者，扩大组织生态规模（苗力，

---

① 中国科学院科技战略咨询研究院课题组．产业数字化转型：战略与实践［M］．北京：机械工业出版社，2021：182.

2019）。此外，需要注意的是，在组织结构改革形式上，组织可借鉴已有改革模式[①]或创造新模式，结合组织具体实际情形，最终决定采取渐进式改革或革命式改革，不可因盲目效仿而致使组织变革失利。

7.3.1.3　合作共建数字生态平台体系

数字经济时代，国家相关部门应引导、鼓励各行业协会、行业大型公司，建立数字平台，连接行业各主体，吸引中小企业参与其中，既为中小企业数据资产价值发现创造新物质基础，又有助于提升全行业整体数据资产协调与管理水平。

在数字经济驱动下，组织边界逐渐模糊，数字化平台将研发、生产、销售等各环节链接互通，信息耦合度增强。随着主体数量和主体种类的增多，平台规模扩大，开始出现资源共享、价值互换，逐步汇总形成数字生态平台（王如玉等，2018），数据资产价值得以显现。同时，该生态平台还可增强中小公司的自我生存能力，数字生态共生关系逐步建立，价值网络权责利逐渐明确，数字生态平台持续性和稳定性得以巩固加强。例如，小米和华为公司，利用企业研发的数字技术及数字平台，集聚各小微实体创客公司，逐步形成小米之家生态链和华为智慧生活生态链，实现跨行业发展，创立数字生态平台，大型企业业务拓展，扩大自身规模的同时，中小创客企业作为整体生态平台上的局部，依附生态平台增强其生存能力。这一则有利于合作创新，二则有利于行业管理水平的提升，三则有利于对中小企业数据资产的统一管理。

7.3.2　评估行业层面的措施建议

资产评估机构与资产评估协会作为行业的中坚力量主体和引导主体，应发挥其固有角色作用，助力数据资产价值评估应用体系构建。这既是行业发展的要求，也是其适应数字经济新阶段的必然之举。

---

① 中国信息化百人会课题组（2018）总结出组织变革较为成功的代表性企业有：海尔“人单合一模式”、韩衣都舍“大平台 + 小前段”模式、小米“极致扁平化模式”、华为“铁三角”模式。

7.3.2.1 加强数据资产价值评估人才队伍建设

数据资产价值评估新业务对资产评估人才提出了新要求。数字经济规模的增加，未来数据市场交易的扩大，数据资产价值评估业务需求量将相应增加，与之相匹配的具有专业数据资产价值评估技能的人才需求随之增长。如何培养数字经济新时期的评估人员，是数据资产价值应用体系建立的重要人力基础，也是资产评估行业适应时代发展新需求面临的关键议题之一。

数据资产价值评估属于跨学科综合范畴，人才结构需求类别多样、门槛较高，这需梳理出数据资产价值评估的人才需求结构，以针对性地进行人才队伍扩充规划。一是数据技术类人才，包括数据分析师、数据行业专家、硬/软件工程师等，该类人才属于计算机科学专项人才；二是数据资产评估类人才，包括从事数据资产领域研究的专家、数据资产评估师和数据资产评估从业人员。针对以上人才需求结构，本书对建立完善数据资产价值评估人才体系提出以下建议：

第一，教育是人才积累的重要途径。这里建议在有条件的中等、高等职业技术学校增设资产评估技术类课程；在本科和研究生资产评估教育教学课程中，增设数据资产价值评估专题课程。具体包含：设计涵盖基础知识、应用知识、实务知识、职业道德在内的数据资产价值评估和通用类数据技术相关课程体系，对人才进行跨学科培养；或通过开设与数据资产价值评估、数据技术课程相关的配套实验室，开展数据资产价值评估人才培训。

第二，多部门联合培养是人才积累的重要举措。这里建议要鼓励评估机构、资产评估协会与企业、高校共同成立数据资产评估经济研究所，立足不同人才类别，为与数据资产评估相关研发人才、专业应用人才、营运管理人才以及多专多能复合型人才量身定制有效的课程体系与培养方案；或立足不同岗位，对数据分析师、硬/软件工程师、数据资产项目评估师、数据资产评估从业人员进行分层次培养，并配之以合理的人才认证与评价体系，以尽快弥补数据资产价值评估人才短板，完善人才培养体系，打造多层次人才培养平台，培育高水平数据资产人才队伍。

7.3.2.2　建立数据资产价值评估案例示范集册

面对数据资产价值评估新业务，应加强行业内评估机构间评估经验交流。对此，为提高行业内数据资产价值评估执业人员的专业能力和职业素养，资产评估协会应选取具有代表性和典型性的评估案例，编纂数据资产价值评估案例示范集册，供行业内数据资产价值评估从业人员学习、共享、交流和使用。

首先，这是有效助力中小评估机构开启其数据资产评估的破冰之解。资产评估机构分布于全国 35 个地区，但不足 1% 的评估机构为资产评估行业创造出 20% 以上的收入规模，且剩余 99% 的评估机构收入依旧差距较大①。可见，资产评估优质资源主要集中于大型评估机构，其拥有行业内优质客户资源，部分评估机构还拥有校企合作、产学研合作基地平台，数据资产价值评估新型业务前期调研、评估模型研发等活动通常由大型评估机构先行开展，未来数据资产评估业务大概率由大型评估机构开始承接。对此，资产评估行业协会在未来组织实施资产评估机构的职业质量检查工作时，依据检查情况，牵头收集整理出数据资产价值评估相关业务的代表性和典型性评估案例，并对案例要点、案例背景、案例内容进行整理，对案例活动进行点评与总结，编纂成案例示范集册，供行业内其他评估机构学习、共享、交流和使用。这有助于在数据市场发展之初，提升全行业整体评估数据资产价值评估业务的专业能力和职业素养。

其次，这是有效助力行业交流，建立案例交流平台的先行之举。资产评估行业编纂数据资产价值评估案例示范集册，积极开展数据资产评估案例交流活动，有助于推进数据资产评估模型、评估业务流程的优化，形成评估模型和流程“优化/创新—案例应用—经验总结—拓展推广”的完整典型案例示范链。借助数字技术建立行业内数据资产评估案例交流平台，对评估数据进行有效、妥善的存储、维护与管理，这既能够为评估案例资源存储提供技术支持，还能够通过平台促进行业内人员互动性交流与合作。

---

① 中国资产评估协会课题组．中国资产评估行业发展报告（2019）［J］．中国资产评估，2021，252（03）：4－14.

7.4　本章小结

本章是数据资产价值评估的实践应用分析章节，以构建数据资产价值评估的总体设计、对策建议、措施建议为研究主线，对数据资产价值评估的实践应用展开分析。

首先，本书依据数字经济环境和评估环境，提出以整体性评估思维为指引，在评估主体环节中遵守评估行业准则、依据委托业务确定评估目的和评估方法，并配之以完善的评估制度为保障的多维立体实践应用体系。

其次，本书详细论述关于数据资产价值评估主体环节的建议，提出建立数据资产价值评估执业警示红线、完善数据资产价值评估制度、重视委托主体作用、建立数据资产价值评估产学研合作平台、加大数字基础设施投入、出台与数据资产价值评估相关的企业和团体标准、多方面落实市场监管制度等。

最后，本书从整体行业环境和数字经济环境整体角度出发，提出资产评估行业要夯实资产评估队伍体系、建立评估案例示范集册；数据相关产业要构建数据安全保障体系、优化组织结构治理体系、共建数字生态平台体系等配套措施，以保障数据资产价值评估评估环境的稳定性。

第 8 章　研究结论、不足与展望

数据是数字经济时代的关键生产要素，数据的价值属性逐步显现，数据资产成为数字经济企业或组织的核心资产。于是，围绕与数据资产相关的价值分析和价值测算，构造数据资产价值评估理论、方法与应用体系，成为深度利用数据、促进数据要素流通、有效管理数据资产、实现数字经济高质量发展的必要环节。在此背景下，本书梳理当前国内外研究发现，数据资产概念、权利体系和评估方法有待明晰、深化和拓展，对此，本书首先构造出数据资产价值评估理论框架体系，具体包含数据资产概念和确权、与数据资产相关的经济学理论基础分析、数据资产评估的基础要素分析、数据资产价值分析和数据资产价值评估经典方法的优化分析；其次，基于数据资产价值评估实践应用视角，构造出数据资产价值评估实践应用体系，并提出相关建议。

8.1　研究结论

本书针对数据资产价值评估议题，基于上述系列理论与实践应用的研究，形成以下主要研究结论：

（1）关于数据资产概念与数据资产评估概念

本书结合会计准则和资产评估准则，首先概括出数据资产定义，即数据资产是指特定主体在过去的对内对外事项中形成的、由其拥有或控制的、不具有实物形态、预期能持续发挥作用并能够带来经济利益的可辨认非货币性资产，并提出数据成为数据资产的 ECPQN - M 判定流程；其次，提出数据资产属于广义无形资产范畴，并属于知识型、关系型、权利型之外的无形资产，本书暂将其将其确定为“其他型数据资产”；最后，在明晰数据资产概念的基础上，提出数据资产评估的定义，即资产评估机构及其评估专业人员根据委托对数据资产价值进行评定、估算，并出具评估报告的专业服务行为。

（2）关于数据资产确权

数据资产确权是数据资产价值评估的重要前提之一，具体包含权属和权利体系两部分。首先，本书从数据资产形成过程角度分析，指出当数据生产者与数据使用者为不同主体时，从数据资产的产生过程来看，数据资产具有多维权属，包括数据人格权、数据财产权和数据政府权，这构成了数据权，且该数据权是一项综合性和限制型的权利；其次，构建出数据生产者、以个人利润最大化为目的的数据使用者、以社会福利最大化为目的的数据治理者在内的多维主体权利体系，强调数据资产的控制权而非所有权，并指出了多主体间的权益边界，即数据生产者在数据“交易”后，数据资产权利体系赋予其数据人格权，但不享有数据财产权和数据政府权。

（3）关于数据资产价值分析

本书基于数据资产价值，首先，提出数据资产价值形成的三阶段（TIA），并指出在 TIA 的任一阶段均可形成数据资产价值；其次，总结出租售数据模式、租售数据服务模式、数字媒体模式、数据资产服务模式、数据空间运营模式、数字技术服务模式六大服务模式；再次，构造出数据属性类因素、数据成本类因素、数据经济类因素、数据风险类因素的数据资产价值影响因素 ACER 体系；最后，基于 ACER 体系的综合影响，指出数据资产价值的三次释放路径：数据属性—数据资产化率—数据资产价值的释放路径、经济因素—数据资产化率—数据资产价值的释放路径、风险因素—数据资产化率—数据资产价值的释放路径。

（4）关于数据资产价值评估的成本法优化模型与仿真应用

鉴于成本与价值的弱对应性，本书构建出“成本 + 溢价 - 贬值”的数据资产成本法评估优化模型，对成本法评估模型进行优化。研究认为：首先，该优化模型具有普适性，企业新近研发的内部用数据资产或新近外购数据资产的评估业务活动均可使用该评估模型；其次，关于预期使用溢价的测算，可使用系统动力学原理构架 SD 模型，并且本书构造的数据资产 SD 模型具有通用性，可推及至其他数据资产价值评估活动。

（5）关于数据资产价值评估的超额收益法优化模型与仿真应用

鉴于数据资产的依附性使得传统收益法模型中未来收益难以测算，本书构建出数据资产的超额收益法优化评估模型，对收益法评估模型进行优化。研究认为：首先，资产组中各项资产的整体集合仍对整体收益具有影响，应从整体收益中剔除该部分收益方可确定数据资产自身产生的净超额收益；其次，由此引入的除数据资产以外的贡献资产整体集合的调整系数，本书测得软件和信息技术服务业为 5.2%，且该测算方法同样适用于其他行业的调整系数测算。

（6）关于数据资产价值评估的基准修正法优化模型与仿真应用

鉴于当前数据市场处于建设初期，市场活跃度受限，市场法应用具有困难，本书构造出“基准 + 修正”这一市场法的衍生方法基准修正法。研究认为：首先，本书指出数据资产基准修正法是市场法基本应用条件无法满足情境下有效的路径支持；其次，提出基于市场评估路径的 AER 指标体系，编制出资产特征修正系数表和应用环境修正系数表，并且指出评估合理性的提高有赖于 AER 指标体系和修正系数表的动态调整和细化完善；最后，指出资产特征修正系数表和应用环境修正系数表应依据被评估标的变化进行动态调整变动。

（7）关于数据资产价值评估实践应用体系和配套建议

数据资产价值评估活动并非独立个体，其实践应用需政府相关部门、行业机构、数据资产持有主体等全方位的协助与支持。对此，首先，本书提出应以整体性评估思维为指引，在评估主体环节中遵守评估行业准则、依据委托业务确定评估目的和评估方法，并配之以完善的评估制度为保障的多维立体实践应用体系。其次，本书提出在评估主体环节，需建立数据资产价值评估执业警示红线、完善数据资产价值评估制度、重视委托主体作用、建立数据资产价值评估产学研合作平台、加大数字基础设施投入、出台与数据资产价值评估相关的企业和团体标准、多方面落实市场监管制度；保障评估评估环境稳定，资产评估行业需夯实资产评估队伍体系、建立评估案例示范集册；数据相关产业需构建数据安全保障体系、优化组织结构治理体系、共建数字生态平台体系等配套措施。

8.2　研究不足与未来展望

本书以提高数字经济中数据资产价值评估的科学性和合理性为出发点，深化现有数据资产价值评估理论、方法与应用研究。本书的主要研究结论对数据资产相关的学术研究、实务应用均具有一定的参考意义，但尚存在不足之处待进一步深化研究。

（1）研究不足

第一，部分评估模型所需的数据支撑较为薄弱。当前数字经济处于初期建设阶段，一方面数据市场交易规模较小，可利用案例数据较少；另一方面企业处于数字化转型阶段，大量暗数据未被挖掘，挖掘数据出于传统“商业秘密”思维，数据可获得性不够理性。因此，基于上述研究瓶颈，本书在成本法与市场法中选用专家打分法予以解决，存在一定的主观性；在收益法中仅对软件和信息技术服务业进行测算分析，研究范围和结论有待进一步扩大和深入。

第二，对数据资产衍生评估方法的探索较为有限。本书在价值分析的基础上，重点对数据资产价值评估的三大经典方法进行优化与应用研究，但数据资产应用场景复杂，价值补偿方式和评价标准多样，尚未对三大经典方法的其他衍生方法优化研究。在三大经典方法基础上，有待继续更全面、深入地研究数据资产价值评估的其他衍生方法。

（2）未来展望

数据资产价值评估的研究处于数字经济时代的起步阶段，未来随着数据市场的发展、数据资产化方式的增加、数据资产持有主体和持有方式的转变等，数据资产价值评估理论与应用体系将继续改变，数据资产价值评估具有较大的可探索空间。

第一，所建模型有待持续扩展。本书主要结合数据资产的特征，对三大经典方法进行优化分析，以提升其在数据资产价值评估中的适用性。在未来研究中，首先，仍可继续对经典方法进行优化分析，如数据资产成本法中进一步加入时间趋势变量因素，对模型参数进行调整；收益法中提高收益额精确度测算的方法；市场法中进一步构建成熟市场的修正因素分析框架等。其次，构建数据资产价值评估新型方法（如人工神经网络）和从不同侧重视角构建数据资产价值评估模型（如进一步从客户、企业、不同数字化转型程度市场等角度深入研究）。

第二，数据资产价值评估体系框架有待进一步深入。数字经济发展初期，本书构建的数据资产价值评估理论与应用框架并非一成不变，未来研究中，可结合新型数字技术、全民共建共享的新型生产关系以及数据市场管理与运行体制机制，基于动态视角，继续深入研究数据资产价值评估新体系，以进一步提升数据价值管理水平、促进数据要素有效流通、助力数据要素市场建设和可持续发展。

参考文献

[1] 埃斯瓦斯·达摩达兰. 估值：难点、解决方案及相关案例 [M]. 李必龙，李羿，郭海译. 北京：机械工业出版社，2019：372-374.

[2] 奥利弗·E 威廉姆森，西德尼·G 温特. 企业的性质 [M]. 姚海鑫，邢源源译. 北京：商务印书馆，2010：350-351.

[3] 巴菲特 W E. 巴菲特致股东的信：投资者和公司高管教程 [M]. 第四版，杨天南译. 北京：机械工业出版社，2018：337-339.

[4] 闭珊珊，杨琳，宋俊典. 一种数据资产评估的 CIME 模型设计与实现 [J]. 计算机应用与软件，2020，37 (09)：27-34.

[5] 蔡昌，赵艳艳，李艳红. 数字资产的国际税收治理研究 [J]. 国际税收，2020，89 (11)：27-35.

[6] 蔡苏文，陈向玲，贺云海. 城镇基准地价评估中楼层修正研究 [J]. 中国土地科学，2010，24 (08)：3-8.

[7] 曹硕，廖倡，朱扬勇. 数据要素的证券属性设计研究 [J]. 上海金融，2021，489 (04)：71-79.

[8] 茶洪旺，袁航. 中国大数据交易发展的问题及对策研究 [J]. 区域经济评论，2018，34 (04)：89-95.

[9] 陈冬梅，王俐珍，陈安霓. 数字化与战略管理理论——回顾、挑战与展望 [J]. 管理世界，2020，36 (05)：220-236+20.

[10] 陈芳，余谦. 数据资产价值评估模型构建——基于多期超额收益法 [J]. 财会月刊，2021，915 (23)：21-27.

[11] 陈蕾，徐琪. 知识产权交易市场建设态势与路径找寻 [J]. 改革，2018，291 (05)：119-130.

[12] 陈蕾，周艳秋，何晴. 房地产税改革试点形势下的公共服务质量与房地产税税基评估——基于 35 个大中城市经验数据的模拟测算 [J].

宏观质量研究，2021，39（06）：17－29.

［13］陈蕾，周艳秋，秦琦智．房地产税税基批量评估的基准修正路径：创新与实践［J］．中国资产评估，2021，256（07）：10－21＋50.

［14］陈蕾，周艳秋．区块链发展态势、安全风险防范与顶层制度设计［J］．改革，2020，316（06）：44－57.

［15］陈蕾，周艳秋．营运类汽车牌照估值：模型构建与参数测算［J］．财会月刊，2021，900（08）：48－56.

［16］陈性元，高元照，唐慧林，等．大数据安全技术研究进展［J］．中国科学：信息科学，2020，50（01）：25－66.

［17］陈永伟．数字经济时代，数据是怎样一种关键要素？［J］．商业观察，2018，31（01）：82－83.

［18］陈志注，王宏志，熊风，等．大数据拍卖的定价策略与方法［J］．中国科学技术大学学报，2018，48（06）：486－494.

［19］程琳，黄广玉，王政，等．基于区块链的大数据定价机制及交易模式探究［J］．全国流通经济，2019，2218（22）：132－135.

［20］程啸．论大数据时代的个人数据权利［J］．中国社会科学，2018，267（03）：102－122＋207－208.

［21］德勤资产评估有限公司，阿里研究院．数据资产化之路——数据资产的估值与行业实践［R］．上海：2019.

［22］董祥千，郭兵，沈艳，等．基于利润最大化的数据资产价值评估模型［J］．大数据，2020，6（03）：13－20.

［23］发展改革委，网信办，工业和信息化部，能源局．关于加快构建全国一体化大数据中心协同创新体系的指导意见［R］．北京：2020.

［24］方元欣，郭骁然．数据要素价值评估方法研究［J］．信息通信技术与政策，2020，318（12）：46－51.

［25］符山．数据资产价值评估及无形资产估值的标准化实现探索［Z/OL］．http：//www. databanker. cn/poi nt/242100. html，2018－11－1/2021－10－22.

［26］傅靖．关于数据的可税性研究［J］．税务研究，2020，427（08）：54－61.

[27] 傅颖秀，陈英，李杰．基准地价评估中容积率修正系数的确定——以天水市秦州区为例 [J]. 中国农学通报，2014，30（14）：92－97.

[28] 高鸿业．西方经济学（微观部分）[M]. 第三版．北京：中国人民大学出版社，2004：261－279.

[29] 高鸿业．西方经济学（微观部分）[M]. 第五版．北京：中国人民大学出版社，2011：16－25＋80－85＋329－331.

[30] 郭兵，李强，段旭良，等．个人数据银行——一种基于银行架构的个人大数据资产管理与增值服务的新模式 [J]. 计算机学报，2017，40（01）：126－143.

[31] 国家市场监督管理总局，国家标准化管理委员会．电子商务数据资产评价指标体系：GB/T 37550－2019 [S]. 2019.

[32] 韩海庭，原琳琳，李祥锐，等．数字经济中的数据资产化问题研究 [J]. 征信，2019，37（04）：72－78.

[33] 何海钊，邹义英．劳动价值论与效用价值论发展历史比较分析 [J]. 黑龙江科技信息，2008（35）：126.

[34] 何帅，俞勇，张文凯，等．基于数据资产理念的海上油气设施工程信息数字化建设 [J]. 档案学研究，2013，131（02）：47－50.

[35] 何伟．激发数据要素价值的机制、问题和对策 [J]. 信息通信技术与政策，2020，312（06）：4－7.

[36] 何玉长，王伟．数据要素市场化的理论阐释 [J]. 当代经济研究，2021，308（04）：33－44.

[37] 华烨，王莉．烟草企业数据资产管理方法研究及实践 [J]. 中国烟草学报，2020，26（05）：114－122.

[38] 黄乐，刘佳进，黄志刚．大数据时代下平台数据资产价值研究 [J]. 福州大学学报（哲学社会科学版），2018，32（04）：50－54.

[39] 黄丽云，黄松．利益不可控的企业资源确认为无形资产的思考 [J]. 会计之友，2012，425（29）：29－30.

[40] 黄敏，穆桂斌，王选华．中国人才贡献率再测度：1978－2017 [J]. 统计与决策，2020，36（20）：39－43.

[41] 黄倩倩，王建冬，陈东，等．超大规模数据要素市场体系下数

据价格生成机制研究 [J]. 电子政务, 2022 (02): 21-30.

[42] 贾李蓉, 聂莹, 李海燕. DC、CKRM、TCMLM 的比较研究 [J]. 中华医学图书情报杂志, 2018, 27 (12): 36-42.

[43] 姜付秀, 黄继承. 市场化进程与资本结构动态调整 [J]. 管理世界, 2011, 210 (03): 124-134+167.

[44] 金耀. 数据治理法律路径的反思与转进 [J]. 法律科学 (西北政法大学学报), 2020, 38 (02): 79-89.

[45] 景思棋. 数据资产价值评估模型的优化 [D]. 武汉: 中南财经政法大学, 2020.

[46] 卡尔·马克思, 弗里德里希·恩格斯. 马克思恩格斯文集 (第六卷) [M]. 中共中央马克思恩格斯列宁斯大林著作编译局编译. 北京: 人民出版社, 2009: 438.

[47] 卡尔·马克思, 弗里德里希·恩格斯. 马克思恩格斯文集 (第五卷) [M]. 中共中央马克思恩格斯列宁斯大林著作编译局编译. 北京: 人民出版社, 2009: 55+126.

[48] 卡尔·马克思. 资本论 [M]. 郭大力, 王亚南译. 上海: 三联书店, 2011: 6-10.

[49] 赖茂生, 王芳. 信息经济学 [M]. 北京: 北京大学出版社, 2006: 54-56.

[50] 李安. 论企业数据财产权的正当性——以洛克财产权学说为视角 [J]. 科技与法律 (中英文), 2022 (01): 91-100.

[51] 李琛, 赵军, 李喜洲. 财政分权、政府行为与对外直接投资: 抑制还是促进 [J]. 财政研究, 2019, 435 (05): 77-91.

[52] 李春秋, 李然辉. 基于业务计划和收益的数据资产价值评估研究——以某独角兽公司数据资产价值评估为例 [J]. 中国资产评估, 2020, 247 (10): 18-23.

[53] 李菲菲, 关杨, 王胜文, 等. 信息生态视角下供电企业数据资产管理模型及价值评估方法研究 [J]. 情报科学, 2019, 37 (10): 46-52.

[54] 李贵孚, 柳青. 特征价格模型在信息商品定价中的应用 [J].

情报科学，2006，24（11）：1641－1645＋1695.

［55］李静萍. 数据资产核算研究［J］. 统计研究，2020，37（11）：3－14.

［56］李满海，辛向阳. 数据的价值层次和设计模式［J］. 包装工程，2019，40（02）：134－137.

［57］李启雷. 航运大数据管理及其在公共服务领域的应用［J］. 浙江大学学报（人文社会科学版），2015，45（03）：16－24.

［58］李晓阳. 大数据背景下商业数据的财产性［J］. 江苏社会科学，2019，306（05）：158－167.

［59］李雅雄，倪杉. 数据资产的会计确认与计量研究［J］. 湖南财政经济学院学报，2017，33（04）：82－90.

［60］李永红，李金骜. 互联网企业数据资产价值评估方法研究［J］. 经济研究导刊，2017，328（14）：104－107.

［61］李永红，张淑雯. 数据资产价值评估模型构建［J］. 财会月刊，2018，829（09）：30－35.

［62］李泽红，檀晓云. 大数据资产会计确认、计量与报告［J］. 财会通讯，2018，774（10）：58－59＋129.

［63］梁艳. 互联网企业数据资产价值评估［D］. 石家庄：河北经贸大学，2020.

［64］林飞腾. 基于成本法的大数据资产价值评估研究［J］. 商场现代化，2020，919（10）：59－60.

［65］林乐，谢德仁. 分析师荐股更新利用管理层语调吗？——基于业绩说明会的文本分析［J］. 管理世界，2017，290（11）：125－145＋188.

［66］刘阿千. 基于区块链技术的数据资产交易体系构建探讨［J］. 财会通讯，2020，839（03）：149－153.

［67］刘朝阳. 大数据定价问题分析［J］. 图书情报知识，2016，169（01）：57－64.

［68］刘芳. “数字资产”科目增设与计量属性的若干思考［J］. 贵州工业大学学报（社会科学版），2008，10（06）：26－28.

［69］刘洪玉，张晓玉，侯锡林. 基于讨价还价博弈模型的大数据交

易价格研究［J］. 中国冶金教育，2015，171（06）：86－91.

［70］刘骏民，李宝伟. 劳动价值论与效用价值论的比较——兼论劳动价值论的发展［J］. 南开经济研究，2001（05）：33－36＋41.

［71］刘明辉，张尼，张云勇，等. 云环境下的敏感数据保护技术研究［J］. 电信科学，2014，30（11）：2－8.

［72］刘琦，童洋，魏永长，等. 市场法评估大数据资产的应用［J］. 中国资产评估，2016，200（11）：33－37.

［73］刘维，张嘉莹. 马克斯·普朗克创新与竞争研究所就欧盟委员会“关于构建欧洲数据经济征求意见书”的立场声明［J］. 电子知识产权，2017，308（07）：92－100.

［74］刘新宇. 大数据时代数据权属分析及其体系构建［J］. 上海大学学报（社会科学版），2019，36（06）：13－25.

［75］刘洋，董久钰，魏江. 数字创新管理：理论框架与未来研究［J］. 管理世界，2020，36（07）：198－217＋219.

［76］刘玉. 浅论大数据资产的确认与计量［J］. 商业会计，2014，546（18）：3－4.

［77］龙卫球. 数据新型财产权构建及其体系研究［J］. 政法论坛，2017，35（04）：63－77.

［78］卢洪友，连玉君，卢盛峰. 中国医疗服务市场中的信息不对称程度测算［J］. 经济研究，2011，46（04）：94－106.

［79］卢民荣. 基于大数据的资产评估平台的研究与设计［J］. 科技促进发展，2019，15（10）：1093－1105.

［80］陆岷峰，欧阳文杰. 数据要素市场化与数据资产估值与定价的体制机制研究［J］. 新疆社会科学，2021，230（01）：43－53＋168.

［81］吕玉芹，袁昊，舒平. 论数字资产的会计确认和计量［J］. 中央财经大学学报，2003（11）：62－65.

［82］马金龙. 给水系统水量预测误差分析及精度评价［J］. 科技视界，2013，61（10）：79＋61.

［83］马文明，卞正富. 地产估价中容积率修正系数的确定［J］. 中国土地科学，2005，19（02）：57－61.

[84] 苗力．保险企业数字化战略转型路径研究［J］．保险研究，2019，372（04）：57-65.

[85] 闵华松，胥贵萍．ILDM：数据生命周期动态管理［J］．计算机科学，2011，38（12）：239-241+262.

[86] 缪方瑜．科技信息产品价格形成机制与定价模型研究［D］．西安：西安电子科技大学，2011.

[87] 穆勇，王薇，赵莹，等．我国数据资源资产化管理现状、问题及对策研究［J］．电子政务，2017，170（02）：66-74.

[88] 倪渊，李子峰，张健．基于AGA-BP神经网络的网络平台交易环境下数据资源价值评估研究［J］．情报理论与实践，2020，43（01）：135-142.

[89] 潘宝玉，康文军，武士耀．浅论数据资产的管理与利用［J］．地矿测绘，2005（04）：43-45.

[90] 潘青青，田雪松，杨现民．大数据时代中小学数据资产的建设与管理［J］．电化教育研究，2018，39（03）：49-55.

[91] 彭慧波，周亚建．数据定价机制现状及发展趋势［J］．北京邮电大学学报，2019，42（01）：120-125.

[92] 戚聿东，蔡呈伟．数字化企业的性质：经济学解释［J］．财经问题研究，2019，426（05）：121-129.

[93] 秦荣生．企业数据资产的确认、计量与报告研究［J］．会计与经济研究，2020，34（06）：3-10.

[94] 冉从敬，唐心宇，何梦婷．数据信托：个人数据交易与管理新机制［J/OL］．图书馆论坛，2022（03）：1-13.

[95] 任碧云，郭猛．基于文本挖掘的数字化水平与运营绩效研究［J］．统计与信息论坛，2021，36（06）：51-61.

[96] 任泳然．数字经济驱动下政务数据资产化与创新策略研究［D］．南昌：江西财经大学，2020.

[97] 阮咏华．基于财务视角的数据资产化重点与难点研究［J］．商业会计，2020，676（04）：4-7.

[98] 上官鸣，白莎．大数据资产会计处理探析［J］．财务与会计，

2018，574（22）：46－48.

［99］石艾鑫，郜鼎，谢婧．互联网企业数据资产价值评估体系的构建［J］．时代金融，2017，660（14）：109＋112.

［100］石丹．大数据时代数据权属及其保护路径研究［J］．西安交通大学学报（社会科学版），2018，38（03）：78－85.

［101］宋宇，嵇正龙．论新经济中数据的资本化及其影响［J］．陕西师范大学学报（哲学社会科学版），2020，49（04）：123－131.

［102］孙俐丽，袁勤俭．数据资产管理视域下电子商务数据质量评价指标体系研究［J］．现代情报，2019，39（11）：90－97.

［103］孙玲芳，陈曦．可划分版本的数字产品动态定价研究［J］．江苏科技大学学报（社会科学版），2010，10（03）：56－58.

［104］谭明军．论数据资产的概念发展与理论框架［J］．财会月刊，2021，902（10）：87－93.

［105］唐莉，李省思．关于数据资产会计核算的研究［J］．中国注册会计师，2017，213（02）：87－89.

［106］唐旭，张勇辉，胡石元，等．城镇商业用地基准地价的容积率修正系数编制新方法［J］．中国土地科学，2014，28（05）：35－42.

［107］唐要家．数据产权的经济分析［J］．社会科学辑刊，2021，252（01）：98－106＋209.

［108］唐要家，唐春晖．数据要素经济增长倍增机制及治理体系［J］．人文杂志，2020，295（11）：83－92.

［109］田杰棠，刘露瑶．交易模式、权利界定与数据要素市场培育［J］．改革，2020，317（07）：17－26.

［110］汪海粟，闫昱彤，秦子航．基于决策导向的企业内在价值评估与案例研究［J］．管理学报，2021，18（01）：137－147.

［111］汪海粟，张世如．资产评估［M］．第三版．北京：高等教育出版社，2016：9－10＋75－85.

［112］汪靖伟，郑臻哲，吴帆，等．基于区块链的数据市场［J］．大数据，2020，6（03）：21－35.

［113］王芳．关于数据要素市场化配置的十个问题［J］．图书与情

报，2020，193（03）：9－13.

［114］王进江．数据资产收益和期限量化及其折现率确定方法［J］．中国资产评估，2021，258（09）：64－72.

［115］王竞达，刘东，付家成．数据资产的课税难点与解决路径探讨［J］．税务研究，2021，442（11）：68－73.

［116］王静，王娟．互联网金融企业数据资产价值评估——基于B—S理论模型的研究［J］．技术经济与管理研究，2019，276（07）：73－78.

［117］王利明．人格权法研究［M］．北京：中国人民大学出版社，2012：162－168.

［118］王融．关于大数据交易核心法律问题——数据所有权的探讨［J］．大数据，2015，1（02）：49－55.

［119］王如玉，梁琦，李广乾．虚拟集聚：新一代信息技术与实体经济深度融合的空间组织新形态［J］．管理世界，2018，34（02）：13－21.

［120］王卫，李纬光，刘金朝．基于生命周期的数据库产品动态定价模式［J］．情报理论与实践，2012，35（02）：31－34.

［121］王笑笑，郝红军，张树臣，等．基于模糊神经网络的大数据价值评估研究［J］．科技与管理，2019，21（02）：1－9.

［122］王玉林，高富平．大数据的财产属性研究［J］．图书与情报，2016，167（01）：29－35＋43.

［123］王渊，黄道丽，杨松儒．数据权的权利性质及其归属研究［J］．科学管理研究，2017，35（05）：37－40＋55.

［124］维克托·迈尔·舍恩伯格，肯尼斯·库克耶．大数据时代：生活、工作与思维的大变革［M］．盛杨燕，周涛译．浙江：浙江人民出版社，2013：98－103.

［125］魏江，刘洋，应瑛．商业模式内涵与研究框架建构［J］．科研管理，2012，33（05）：107－114.

［126］魏晓菁，陈峰，董媛媛．数据资产可信度评估模型研究［J］．计算机应用，2015，35（S2）：170－173.

［127］文禹衡．数据确权的范式嬗变、概念选择与归属主体［J］．东北师大学报（哲学社会科学版），2019，301（05）：69－78.

[128] 吴爱华．数据资产的管理及有效利用 [J]．电子商务，2018，220 (04)：48－49.

[129] 吴超．从原材料到资产——数据资产化的挑战和思考 [J]．中国科学院院刊，2018，33 (08)：791－795.

[130] 吴俊杰，刘冠男，王静远，等．数据智能：趋势与挑战 [J]．系统工程理论与实践，2020，40 (08)：2116－2149.

[131] 吴伟光．大数据技术下个人数据信息私权保护论批判 [J]．政治与法律，2016，254 (07)：116－132.

[132] 肖冬梅，文禹衡．数据权谱系论纲 [J]．湘潭大学学报（哲学社会科学版），2015，39 (06)：69－75.

[133] 熊励，刘明明，许肇然．关于我国数据产品定价机制研究——基于客户感知价值理论的分析 [J]．价格理论与实践，2018，38 (04)：147－150.

[134] 熊巧琴，汤珂．数据要素的界权、交易和定价研究进展 [J]．经济学动态，2021，720 (02)：143－158.

[135] 徐斌，李燕芳．生产要素理论的主要学派与最新发展 [J]．北京交通大学学报（社会科学版），2006，5 (03)：20－24.

[136] 徐全华．试论数字资产的会计确认、计量与报告 [J]．广西经济管理干部学院学报，2002，14 (03)：66－68.

[137] 徐燕雯．数字经济背景下数据资产的核算 [J]．商业会计，2021，703 (07)：96－98.

[138] 徐漪．大数据的资产属性与价值评估 [J]．产业与科技论坛，2017，16 (02)：97－99.

[139] 许可．数据保护的三重进路——评新浪微博诉脉脉不正当竞争案 [J]．上海大学学报（社会科学版），2017，34 (06)：15－27.

[140] 许宪春，叶银丹，余航．中国政府微观数据开发应用：现状、挑战与建议 [J]．经济学动态，2018，684 (02)：88－98.

[141] 许宪春，张钟文，胡亚茹．数据资产统计与核算问题研究 [J]．管理世界，2022，38 (02)：16－30＋2.

[142] 薛兆丰．薛兆丰经济学讲义 [M]．北京：中信出版社，2018：215.

［143］闫立东．以“权利束”视角探究数据权利［J］．东方法学，2019，68（02）：57－67．

［144］闫晓丽．欧盟数据保护制度的变革及启示［J］．网络空间安全，2017，8（Z1）：22－26．

［145］杨建波，王令超，李永明，等．修正法评估集体建设用地基准地价方法研究［J］．干旱区资源与环境，2013，27（12）：25－29．

［146］杨训，周遊．数据资产核算可行性分析［J］．合作经济与科技，2016，543（16）：151－153．

［147］杨志勇．数字资产税征收的国际实践与我国的政策建议［J］．经济纵横，2020，420（11）：102－110．

［148］叶秀敏，姜奇平．生产要素供给新方式：数据资产有偿共享机理研究［J］．财经问题研究，2021，4　57（12）：29－38．

［149］叶雅珍，刘国华，朱扬勇．数据资产化框架初探［J］．大数据，2020，6（03）：3－12．

［150］叶雅珍，刘国华，朱扬勇．数据资产相关概念综述［J］．计算机科学，2019，46（11）：20－24．

［151］叶永青，马晓煜，刘璐瑶．大数据对转让定价规则的挑战——基于互联网公司关联交易的讨论［J］．国际税收，2022（02）：24－31．

［152］尹传儒，金涛，张鹏，等．数据资产价值评估与定价：研究综述和展望［J］．大数据，2021，7（04）：14－27．

［153］尹西明，林镇阳，陈劲，等．数据要素价值化动态过程机制研究［J］．科学学研究，2022，40（02）：220－229．

［154］尹鑫，田有亮，王海龙．面向大数据定价的委托拍卖方案［J］．电子学报，2018，46（05）：1113－1120．

［155］游静，胡蓉，陈婉丽，等．大数据背景下数据资产核算及在区域医疗协同平台中的应用［J］．中国管理信息化，2018，21（11）：43－45．

［156］于新．劳动价值论与效用价值论发展历程的比较研究［J］．经济纵横，2010，292（03）：31－34．

［157］余应敏．确认大数据资产 助推新经济发展［J］．财会月刊，2020，891（23）：52－55．

［158］袁春生，郭晋汝．货币政策变化对企业资本结构动态调整影响研究——来自中国上市公司的经验证据［J］．宏观经济研究，2018，236（07）：19－32.

［159］苑泽明，张永安，王培琳．基于改进超额收益法的企业数据资产价值评估［J］．商业会计，2021，715（19）：4－10.

［160］曾鸣，许彦斌，王晟嫣，等．基于数据管护理论的能源互联网数据资产治理方法及关键问题研究［J］．电网技术，2020，44（07）：2420－2429.

［161］翟丽丽，王佳妮，何晓燕．移动云计算联盟企业数据资产评估方法研究［J］．价格理论与实践，2016，380（02）：153－156.

［162］翟丽丽，王佳妮．移动云计算联盟数据资产评估方法研究［J］．情报杂志，2016，35（06）：130－136.

［163］张彩英．资产评估学［M］．北京：中国财政经济出版社，2018：13－15.

［164］张弛．大数据财产——概念析正、权利归属与保护路径［J］．杭州师范大学学报（社会科学版），2021，43（01）：104－119.

［165］张驰．数据资产价值分析模型与交易体系研究［D］．北京：北京交通大学，2018.

［166］张俊瑞，危雁麟，宋晓悦．企业数据资产的会计处理及信息列报研究［J］．会计与经济研究，2020，34（03）：3－15.

［167］张莉．数据治理与数据安全［M］．北京：人民邮电出版社，2019：71－72＋74－78.

［168］张黎．大数据视角下数据权的体系建构研究［J］．图书馆，2020，307（04）：21－28.

［169］张鹏，蒋余浩．政务数据资产化管理的基础理论研究：资产属性、数据权属及定价方法［J］．电子政务，2020，213（09）：61－73.

［170］张钦润，傅晓媚．数据权利属性法律问题研究［J］．燕山大学学报（哲学社会科学版），2020，21（01）：46－51.

［171］张守文．数字税立法：原理依循与价值引领［J］．税务研究，2021，432（01）：31－38.

[172] 张五常．经济解释 [M]．北京：中信出版社，2015：824.

[173] 张骁，吴琴，余欣．互联网时代企业跨界颠覆式创新的逻辑 [J]．中国工业经济，2019，372（03）：156－174.

[174] 张小伟，江东，袁野．基于博弈论和拍卖的数据定价综述 [J]．大数据，2021，7（04）：61－79.

[175] 张肖飞，王佳媛．新经济背景下大数据资产的确认与计量探析 [J]．国际商务财会，2020，376（04）：18－21.

[176] 张新宝．从隐私到个人信息：利益再衡量的理论与制度安排 [J]．中国法学，2015，185（03）：38－59.

[177] 张咏梅，穆文娟．大数据时代下金融数据资产的特征及价值分析 [J]．财会研究，2015，478（08）：78－80.

[178] 张志刚，杨栋枢，吴红侠．数据资产价值评估模型研究与应用 [J]．现代电子技术，2015，38（20）：44－47＋51.

[179] 赵丽，李杰．大数据资产定价研究——基于讨价还价模型的分析 [J]．价格理论与实践，2020，434（08）：124－127＋178.

[180] 赵瑞琴，孙鹏．确权、交易、资产化：对大数据转为生产要素基础理论问题的再思考 [J]．商业经济与管理，2021，351（01）：16－26.

[181] 赵正，郭明军，马骁，等．数据流通情景下数据要素治理体系及配套制度研究 [J]．电子政务，2022（02）：40－49.

[182] 赵子瑞．浅析国内大数据交易定价 [J]．信息安全与通信保密，2017，281（05）：61－67.

[183] 郑晓云，崔东阳，陈沛歆，等．基准价格系数修正法评估海域价格研究 [J]．中国物价，2021，389（09）：96－97＋112.

[184] 中国科学院科技战略咨询研究院课题组．产业数字化转型：战略与实践 [M]．北京：机械工业出版社，2021：182.

[185] 中国信息化百人会课题组．数字经济：迈向从量变到质变的新阶段 [M]．北京：电子工业出版社，2018：170－179

[186] 中国信息通信研究院．全球数字经济白皮书——疫情冲击下的复苏新曙光 [R]．北京：中国信息通信研究院，2021.

[187] 中国信息通信研究院云计算与大数据研究所．数据资产管理实

践白皮书（4.0）［R］. 北京：2019.

［188］中国资产评估协会课题组. 中国资产评估行业发展报告（2019）［J］. 中国资产评估，2021，252（03）：4－14.

［189］中国资产评估协会. 资产评估基础［M］. 北京：中国财经出版传媒集团，2019：20－21＋111－112＋117.

［190］中国资产评估协会. 资产评估价值类型指导意见［R］. 北京：2017.

［191］中国资产评估协会. 资产评估实务（二）［M］. 北京：中国财政经济出版社，2019：3－5＋33.

［192］中国资产评估协会. 资产评估职业准则——无形资产［R］. 北京：2017.

［193］中国资产评估协会. 资产评估专家指引第9号——数据资产评估［R］. 北京：2019.

［194］中华人民共和国财政部. 企业会计准则第6号——无形资产［R］. 北京：2006.

［195］周木生，张玉林. 基于非线性边际支付意愿的信息产品定价策略研究［J］. 系统工程理论与实践，2014，34（03）：710－716.

［196］周斯佳. 个人数据权与个人信息权关系的厘清［J］. 华东政法大学学报，2020，23（22）：88－97.

［197］朱青. 美国"301条款"与数字服务税［J］. 国际税收，2021，91（01）：43－48.

［198］朱晓武，黄绍进. 数据权益资产化与监管［M］. 北京：人民邮电出版社，2020：41－44.

［199］朱扬勇，叶雅珍. 从数据的属性看数据资产［J］. 大数据，2018，4（06）：65－76.

［200］朱泽，段尧清，何丹. 面向政府数据治理的数据资产价值系统仿真评估［J］. 图书馆论坛，2021，41（6）：100－105.

［201］祝子丽，倪杉. 数据资产管理研究脉络及展望——基于CNKI 2002－2017年研究文献的分析［J］. 湖南财政经济学院学报，2018，34（06）：105－115.

［202］邹照菊．关于大数据资产计价的若干思考［J］．财会通讯，2018，792（28）：35－39.

［203］左文进，刘丽君．大数据资产估价方法研究——基于资产评估方法比较选择的分析［J］．价格理论与实践，2019，422（08）：116－119＋148.

［204］左文进，刘丽君．基于用户感知价值的大数据资产估价方法研究［J］．情报理论与实践，2021，44（01）：71－77＋88.

［205］Agrawal A，Gans J，Goldfarb A. Economic Policy for Artificial Intelligence［J］. Innovation Policy and the Economy，2019，（01）19：139－159.

［206］Ahmad N，Ribarsky J. Towards a Framework for Measuring the Digital Economy［J/OL］. http：//old. iar iw. org/copenhagen/ribarsky. pdf，2018－8－21/2021－8－15.

［207］Ahmad N，Ven P. Recording and Measuring Data in the System of National Accounts［C］. Paris：OEC D Informal Advisory Group on Measuring GDP in a Digitalised Economy，2018.

［208］AL－Adwan A S A. Information Systems Quality Level and Its Impact on the Strategic Flexibility：A Field Study on Tourism and Travel Companies in the Jordanian Capital Amman［J］. Information Systems，2017，7（03）：164－187.

［209］Algan U. Anatomy of an E&P Data Bank；Practical Construction Techniques［J］. Leading Edge，1997，16（06）：901－902.

［210］Andries P，Debackere K，Looy B V. Simultaneous Experimentation as a Learning Strategy：Business Model Development Under Uncertainty［J］. Strategic Entrepreneurship Journal，2013，7（04）：288－310.

［211］Arifin F，Hariadi M，Anshari M. Extracting Value and Data Analytic from Social Networks：Big Data Approach［J］. Journal of Computational and Theoretical Nanoscience，2017，23（06）：5286－5288.

［212］Austin R D，Devin L，Sullivan E E. Accidental Innovation：Supporting Valuable Unpredictability in the Creative Process［J］. Organization Science，2012，23（05）：1505－1522.

[213] Azevedo E M, Deng A, Olea J L M, et al. A/B Testing with Fat Tails [J]. Journal of Political Economy, 2020, 128 (12): 267 -284.

[214] Azimi S M, Manshaei M H, Hendessi F. Cooperative Primary - secondary Dynamic Spectrum Leasing Game via Decentralized Bargaining [J]. Wireless Networks, 2016, 22 (03): 755 -764.

[215] Baake P, Boom A. Vertical Product Differentiation, Network Externalities, and Compatibility Decisions [J]. International Journal of Industrial Organization, 2001, 19 (1 -2): 267 -284.

[216] Bajari P, Nekipelov D, Ryan S P, et al. Machine Learning Methods for Demand Estimation [J]. American Economic Review, 2015, 105 (05): 481 -485.

[217] Balazinska M, Howe B, Suciu D. Data Markets in the Cloud: An Opportunity for the Database Community [J]. Proceedings of the VLDB Endowment, 2011, 4 (12): 1482 -1485.

[218] Bauer H H, Hammerschmidt M. Customer - Based Corporate Valuation - Integrating the Concepts of Customer Equity and Shareholder Value [J]. Management Decision, 2005, 43 (03): 331 -348.

[219] Bergemann D, Bonatti A, Smolin A. The Design and Price of Information [J]. The American Economic Review, 2018, 108 (01): 1 -48.

[220] Brown B, Chui M, Manyika J. Are You Ready for the Era of 'Big Data' [J]. McKinsey Quarterly, 2011, 4 (01): 24 -35.

[221] Bughin J, Chui M, Manyika J. Clouds, Big data, and Smart Assets: Ten Tech - enabled Business Trends to Watch [J]. McKinsey Quarterly, 2010, 56 (01): 75 -86.

[222] Cai L, Zhu Y. The Challenges of Data Quality and Data Quality Assessment in the Big Data Era [J]. Data Science Journal, 2015, 14 (02): 1 -10.

[223] Chen Y, Iyengar R, Iyengar G. Modeling Multimodal Continuous Heterogenneity in Conjoint Analysis - A Sparse Learning Approach [J]. Marketing Science, 2017, 36 (01): 140 -156.

[224] Ciriello R F, Richter A, Schwabe G. Digital Innovation [J]. Business and Information Systems Engineering, 2018, 60 (06): 563 - 569.

[225] Collins V, Lanz J. Managing Data as an Asset [J]. The CPA Journal, 2019, 89 (06): 22 - 27.

[226] Coyle D, Diepeveen S, Wdowin J. The Value of Data: Policy Implications [R]. Cambridge: Bennett Institute for Public Policy, 2020.

[227] Cuijpers C. Privacyrecht of Privaatrecht? Een Privaatrechtelijk Alternatief Voor De Implementatie Van De Europese Privacyrichtlijn [M]. Tilburg: Wolf Legal Publishers, 2004: 194 - 199.

[228] Dagan H. The Craft of Property [J]. California Law Review, 2003, 91 (06): 1517 - 1571.

[229] Dahl D W, Fuchs C, Schreier M. Why and When Consumers Prefer Products of User - Driven Firms: A Social Identification Account [J]. Management Science, 2015, 61 (08): 1978 - 1988.

[230] Dandekar P, Fawaz N, Ioannidis S. Privacy Auctions for Inner Product Disclosures [C]. Cambridge: ACM Transactions on Economics and Computation, 2011 (02): 31 - 34.

[231] Davenport T H. Competing on Analytics [J]. Harvard Business Review, 2006, 84 (01): 98 - 107.

[232] Davis C K. Beyond Data and Analysis. [J]. Communications of the ACM, 2014, 57 (06): 39 - 41.

[233] Dimitrov V, Jain P C. Recapitalization of One Class of Common Stock into Dual - class: Growth and Long - run Stock Returns [J]. Journal of Corporate Finance, 2006, 12 (02): 342 - 366.

[234] Donald W, Kevin C, Paul B. How Big Data Will Change Accounting [J]. Accounting Horizons, 2015, 29 (02): 397 - 407.

[235] Edmans A. Does the Stock Market Fully Value Intangibles? Employee Satisfaction and Equity Prices [J]. Journal of Financial Economics, 2011, 101 (03): 621 - 640.

[236] Franke N, Keinz P, Steger C J. Testing the Value of Customiza-

tion: When Do Customers Really Prefer Products Tailored to Their Preferences? [J]. Journal of Marketing, 2009, 73 (05): 103 – 121.

[237] Fuchs C. When and Why Consumers Prefer Products form User – driven Firms [J]. RSM Discovery Management Knowledge, 2012, 24 (04): 17 – 19.

[238] Gargano M L, Raggad B G. Data Mining – A Powerful Information Creating Tool [J]. OCLC Systems and Services, 1999, 15 (02): 81 – 90.

[239] GB/T 37550 – 2019, 电子商务数据资产评价体系 [S]. 北京: 国家市场监督管理总局, 国家标准化管理委员会, 2019.

[240] Ghosh A, Roth A. Selling Privacy at Auction [J]. Games and Economic Behavior, 2015, 91 (02): 334 – 346.

[241] Glazer R. Measuring the Value of Information: The Information – Intensive Organization [J]. Ibm Systems Journal, 1993, 32 (01): 99 – 110.

[242] Global Partnership for Sustainable Development Data. What Do We Know About the Value of Data? [R/OL]. http: //www. data4sdgs. org/news/what – do – we – know – about – value – data, 2018 – 5 – 3/2021 – 8 – 29.

[243] Gneezy A, Gneezy U, Lauga D O. A Reference – dependent Model of the Price – quality Heuristic [J]. Journal of Marketing Research, 2014, 51 (02): 153 – 164.

[244] Günther W A, Mehrizi M H R, Huysman M, et al. Debating big data: A Literature Review on Realizing Value from Big Data [J]. The Journal of Strategic Information Systems, 2017, 26 (03): 191 – 209.

[245] Goldfarb A, Tucker C. Digital Economics [J]. Journal of Economic Literature, 2019, 57 (01): 3 – 43.

[246] Goodhue D L, Wybo M D, Kirsch L J. The Impact of Data Integration on the Costs and Benefits of Information Systems [J]. MIS Quarterly, 1992, 16 (03): 293 – 311.

[247] Guo Y. Big Data for Better Science [C]. Hong Kong: 2016 22nd International Conference on Automation and Computing (ICAC), 2016: 1 – 2.

[248] Gupta S, Lehmann D R, Stuart J A. Valuing Customers [J].

Journal of Marketing Research, 2004, 41 (01): 7 - 18.

[249] Hagel J, Brown J S, Kulasooriya D. Performance Ecosystems A decision frame - work to take performance to the next level [EB/OL]. https: //www2. deloitte. com/content/dam/Deloitte/cn/Documents/techn ology - media - telecommunications/deloitte - cn - tmt - performance - ecosystems - en - 170724. pdf, 2021 - 1 - 9.

[250] Heckman J, Peters E, Kurup N G, et al. A Pricing Model for Data Markets [A/OL]. http: //hdl. handle. n et/2142/73449, 2015 - 3 - 15/2021 - 8 - 25.

[251] Henfridsson O, Nandhakumar J, Scarbrough H, et al. Recombination in the Open - ended Value Landscape of Digital Innovation [J]. Information and Organization, 2018, 28 (02): 89 - 100.

[252] Herbert Z. A Legal Framework for a Data Economy in the European Digital Single Market: Rights to Use Data [J]. Social Science Electronic Publishing, 2016, 11 (06): 460 - 470.

[253] Hinman B. Statement on "Framework for 'Investment Contract' Analysis of Digital Assets" [EB/OL]. https: //www. sec. gov/news/public - statement/statement - framework - investment - contract - analysis - digital - assets, 2019 - 4 - 3/2021 - 9 - 12.

[254] Ho C T B, Liao C K, Kim H. Valuing Internet Companies: a DEA - based Multiple Valuation Approach [J]. Journal of the Operational Research Society, 2011, 62 (12): 2097 - 2106.

[255] IDC. Worldwide Big Data and Analytics Spending Guide, 2021V1 [R]. Masschusetts: International Data Corporation, 2021.

[256] ISO/IEC 2382: 2015 (en), Information technology - Vocabulary [S]. Geneva: ISO/IEC JTC 1, 2015.

[257] James M, Michael C, Brad B, et al. Big Data: The Next Frontier for Innovation, Competition, and Productivity [M]. Washington: McKinsey Global Institute, 2011: 25.

[258] Jentzsch N. Auctioning Privacy - Sensitive Goods [C]. Annual

Privacy Forum 2014, Springer International Publishing, 2014: 133 - 142.

[259] Jerry K. Information Privacy in Cyberspace Transactions [J]. Stanford Law Review, 1998, 50 (04): 1193 - 1294.

[260] Jim L. The Power and Perils of Data [J]. Electrical Wholesaling, 2004, 85 (11): 3.

[261] Jordan B D, Kim S, Liu M H. Growth Opportunities, Short - term Market Pressure, and Dual - class Share Structure [J]. Journal of Corporate Finance, 2016, 41: 304 - 328.

[262] Josh L, Pathak P A, Tirole J. The Dynamics of Open - Source Contributors [J]. American Economic Review, 2006, 96 (02): 114 - 118.

[263] Jung K, Lee J, Park K, et al. PRIVATA: Differentially Private Data Market Framework Using Negotiation - based Pricing Mechanism [C]. New York: Proceedings of the 28th ACM International Conference on Information and Knowledge Management, 2019: 2897 - 2900.

[264] Kaufman L, Rousseeuw P J. Partitioning Around Medoids (Program Pam) [J]. Finding Groups in Data: an Introduction to Cluster Analysis, 1990, 344: 68 - 125.

[265] Kephart J O, Brooks C H, Das R, et al. Pricing Information Bundles in a Dynamic Environment [C]. Florida: Proceedings of the 3rd ACM Conference on Electronic Commerce, 2001: 180 - 190.

[266] Kerber W. A New (Intellectual) Property Right for Non - Personal Data? An Economic Analysis [J]. Social Science Electronic Publishing, 2016, 37 (11): 989 - 999.

[267] Koutris P, Upadhyaya P, Balazinska M, et al. Query - based Data Pricing [J]. Journal of the ACM, 2015, 62 (05): 1 - 44.

[268] Kumbhakar S C, Parmeter C F. The effects of match uncertainty and bargaining on labor market outcomes: evidence from firm and worker specific estimates [J]. Journal of productivity analysis, 2009, 31 (01): 1 - 14.

[269] Lambrecht A, Tucker C E. Can Big Data Protect a Firm from Competition? [J/OL]. https://ssrn.com/a bstract = 2705530, 2015 - 12 - 18/

2021 - 8 - 13.

[270] Landau S. Control Use of Data to Protect Privacy [J]. Science, 2015, 347 (01): 504 - 506.

[271] Lee D, Hosanagar K, Nair H S. Advertising Content and Consumer Engagement on Social Media: Evidence from Facebook [J]. Social Science Electronic Publishing, 2018, 64 (11): 5105 - 5131.

[272] Liang F, Yu W, Dou A, et al. A Survey on Big Data Market: Pricing, Trading and Protection [J]. IEEE Access, 2018 (06): 15132 - 15154.

[273] Li C, Li D Y, Miklau G, et al. A Theory of Pricing Private Data [J]. Acm Transactions on Database Systems, 2014, 39 (04): 1 - 28.

[274] Lim, Chiehyeon, Kim, et al. From Data to Value: A Nine - factor Framework for Data - based Value Creation in Information - intensive Services [J]. International Journal of Information Management, 2018, 39 (05): 121 - 135.

[275] Lin B R, Kifer D. On Arbitrage - free Pricing for General Data Queries [J]. Proceedings of the Vldb Endowment, 2014, 7 (09): 757 - 768.

[276] Liu K, X Qiu, Chen W, et al. Optimal Pricing Mechanism for Data Market in Blockchain - Enhanced Internet of Things [J]. IEEE Internet of Things Journal, 2019, 6 (06): 9748 - 9761.

[277] Li Z, Yang Z, Xie S. Computing Resource Trading for Edge - Cloud - Assisted Internet of Things [J]. IEEE Transactions on Industrial Informatics, 2019, 15 (06): 3661 - 3669.

[278] Luong N C, Hoang D T, Ping W, et al. Data Collection and Wireless Communication in Internet of Things (IoT) Using Economic Analysis and Pricing Models: A Survey [J]. IEEE Communications Surveys and Tutorials, 2017, 18 (04): 2546 - 2590.

[279] Lv X Y, Zhang R T, Yue J. Competition and Cooperation between Participants of the Internet of Things Industry Value Chain [J]. Advances in Information Sciences and Service Sciences, 2012, 4 (11): 406 - 412.

[280] Lyytinen K, Yoo Y, Boland Jr R J. Digital Product Innovation

Within Four Classes of Innovation Networks [J]. Information Systems Journal, 2015, 26 (01): 47 -75.

[281] Manyika J, Chui M, Brown B, et al. Big Data: The Next Frontier for Innovation, Competition, and Productivity [R/OL]. http: //citeseerx. ist. psu. edu/viewdoc/download? doi = 10. 1. 1. 640. 598&rep = rep1& Type = pdf, 2011 -5/2021 -8 -25.

[282] Mao Y, Cheng T, Zhao H, et al. A Strategic Bargaining Game for a Spectrum Sharing Scheme in Cognitive Radio - based Heterogeneous Wireless Sensor Networks [J]. Sensors, 2017, 17 (12): 2737.

[283] Mark B. Valuing Intellectual Property Assets for Licensing Transactions. [J]. Licensing Journal, 2002, 28 (04): 16 -22.

[284] Mawer C. Valuing Data Is Hard. [Z/OL]. https: //www. svds. com/valuing - data - is - hard/, 2015 -11 -10/ 2021 -8 -29.

[285] McAfee A, Brynjolfsson E. Big Data: the Management Revolution [J]. Harvard Business Review, 2012, 90 (10): 60 -68.

[286] Mckendrick J. Dark Data: The Next Enterprise Frontier [J]. Database Trends and Applications, 2020, 34 (05): 2 -3.

[287] Melville N P. Information Systems Innovation for Environmental Sustainability [J]. MIS Quarterly, 2010, 34 (01): 1 -21.

[288] Michael C, David E. Application Controlled Demand Paging for Out - of - core Visualization [C]. IEEE Society Press, The 8th Conference on Visualization, 1997: 235 -244.

[289] Mohammed E A, Mohamed M M A, Naugler C, et al. Toward Leveraging Big Value from Data: Chronic Lymphocytic Leukemia Cell Classification [J]. Network Modeling Analysis in Health Informatics and Bioinformatics, 2017, 6 (01): 6.

[290] Montoria F, Jayaramanb P P, Yavarib A, et al. The Curse of Sensing: Survey of Techniques and Challenges to Cope with Sparse and Dense Data in Mobile Crowd Sensing for Internet of Things [J]. Pervasive and Mobile Computing, 2018, 49 (06): 111 -125.

[291] Moody D, Walsh P. Measuring the Value of Information – An Asset Valuation Approach [C]. The 7th European Conference on Information Systems. Copenhagen: Copenhagen Business School, 1999: 496 – 512.

[292] Moulik S, Misra S, Gaurav A. Cost – effective Mapping between Wireless Body Area Networks and Cloud Service Providers Based on Multi – stage Bargaining [J]. IEEE Transactions on Mobile Computing, 2016, 16 (06): 1573 – 1586.

[293] Nambisan S. Digital Entrepreneurship: Toward a Digital Technology Perspective of Entrepreneurship [J]. Entrepreneurship Theory and Practice, 2017, 41 (06): 1029 – 1055.

[294] Newell S, Marabelli M. Strategic Opportunities (and Challenges) of Algorithmic Decision – making: A Call for Action on the Long – term Societal Effects of 'datification' [J]. The Journal of Strategic Information Systems, 2015, 24 (01): 3 – 14.

[295] Niyato D, Alsheikh M A, Wang P, et al. Market Model and Optimal Pricing Scheme of Big Data and Internet of Things (IoT) [C]. Malaysia: IEEE International Conference on Communications (ICC). IEEE, 2016: 1 – 6.

[296] Niyato D, Hoang D T, Luong N C, et al. Smart Data Pricing Models for the Internet of Things: a Bundling Strategy Approach [J]. IEEE Network, 2016, 30 (02): 18 – 25.

[297] O'Donnell C J. Estimating Total Factor Productivity Change When No Price or Value – Share Data are Available [J]. CEPA Working Papers Series, 2017 (01): 1 – 35.

[298] Pagani M, Pardo C. The Impact of Digital Technology on Relationships in a Business Network [J]. Industrial Marketing Management, 2017, 67 (11): 185 – 192.

[299] Pei J. A Survey on Data Pricing: from Economics to Data Science [J]. IEEE Transactions on Knowledge and Data Engineering, 2020 (12): 1 – 82.

[300] Perrons R K, Jensen J W. Data as an Asset: What the Oil and Gas

Sector Can Learn from Other Industries about "Big Data" [J]. Energy Policy, 2015, 81: 117 - 121.

[301] Purtova N. Property Rights in Personal Data: Learning from the American Discourse [J]. Computer Law and Security Review the International Journal of Technology and Practice, 2009, 25 (06): 507 - 521.

[302] Rawat D B, Shetty S, Xin C S. Stackelberg - Game - Based Dynamic Spectrum Access in Heterogeneous Wireless Systems [J]. IEEE Systems Journal, 2016, 10 (04): 1494 - 1504.

[303] Reuver M D, Srensen C, Basole R C. The Digital Platform: a Research Agenda [J]. Journal of Information Technology, 2017, 33 (02): 124 - 135.

[304] Rezaee Z. Financial Services Firms: Governance, Regulations, Valuations, Mergers, and Acquisitions [M]. Third Edition. US: Wiley, 2011: 331 - 344.

[305] Richards N M, King J H. Three Paradoxes of Big Data [J]. Stan. L. Rev. Online, 2013, 66: 41 - 46.

[306] Riederer C, Erramilli V, Chaintreau A, et al. For Sale: Your Data: By: You [C]. Cambridge: ACM Workshop on Hot Topics in Networks, 2011 (10): 1321 - 1325.

[307] Rowley J. The Wisdom Hierarchy: Representations of the DIKW Hierarchy [J]. Journal of Information Science, 2007, 33 (02): 163 - 180.

[308] Rubinstein I S. Big Data: The End of Privacy or a New Beginning? [J]. Social Science Electronic Publishing, 2013, 3 (02): 74 - 87.

[309] Sajko M, Rabuzin K, Bača M. How to Calculate Information Value for Effective Security Risk Assessment [J]. Journal of Information and Organizational Sciences, 2006, 30 (02): 263 - 278.

[310] Sandeep T. Using Data Analytics for Greater Profits [J]. Journal of Business Strategy, 2003, 24 (03): 12 - 14.

[311] Schönberger V M, Cukier K. Big Data: A Revolution That Will Transform How We Live, Work, and Think [J]. American Journal of Epidemi-

ology, 2014, 179 (09): 1143 - 1144.

[312] Schwartz P M. Beyond Lessig's Code for Internet Privacy: Cyberspace Filters, Privacy Control and Fair Information Practices [J]. Ssrn Electronic Journal, 2001, 2000 (743): 744 - 788.

[313] Shankaranarayanan G, Even A, Berger P D. Optimizing Data Management with Disparities in Data Value [J]. Journal of International Technology and Information Management, 2015, 24 (03): 1 - 24.

[314] Shapiro C, Varian H R. Information Rules: a Strategic Guide to the Network Economy [J]. The Journal of Economic Education, 1999, 30 (02): 189 - 190.

[315] Shen Y, Guo B, Shen Y, et al. A Pricing Model for Big Personal Data [J]. Tsinghua Science and Technology, 2016, 21 (05): 482 - 490.

[316] Short J E, Todd S. What's Your Data Worth? [J]. MIT Sloan Management Review, 2017, 58 (03): 17 - 19.

[317] Squire B, Brown S, Readman J, et al. The Impact of Mass Customisation on Manufacturing Trade - offs [J]. Production and Operations Management, 2006, 15 (01): 10 - 21.

[318] Stahl F, Schomm F, Vossen G. Marketplaces for Data: An Initial Survey [J]. ACM SIGMOD Record, 2013, 42 (01): 15 - 26.

[319] Stahl F, Vossen G. Name Your Own Price on Data Marketplaces [J]. Informatica, 2017, 28 (01): 155 - 180.

[320] Stiglitz J E. Information and the Change in the Paradigm in Economics [J]. American Economic Association, 2002, 92 (03): 460 - 501.

[321] Susha I, Janssen M, Verhulst S, et al. Data Collaboratives: How to Create Value from Data for Public Problem Solving? [C]. Staten Island: International Conference, 2017: 17 - 19.

[322] Tan J. Innovation and Risk - taking in a Transitional Economy: A Comparative Study of Chinese Managers and Entrepreneurs [J]. Journal of Business Venturing, 2001, 16 (04): 359 - 376.

[323] Tee R, Gawer A. Industry Architecture as a Determinant of Suc-

cessful Platform Strategies: a Case Study of the I - mode Mobile Internet Service [J]. European Management Review, 2009, 6 (04): 217 - 232.

[324] Tilson D, Lyytinen K, Sørensen C. Research Commentary - Digital Infrastructures: The Missing IS Research Agenda [J]. Information Systems Research, 2020, 21 (04): 748 - 759.

[325] Timoshenko A, Hauser J R. Identifying Customer Needs from User - Generated Content [J]. Marketing Science, 2019, 38 (01): 1 - 20.

[326] Toygar A, Rohm T Jr, Zhu J. A New Asset Type: Digital Assets [J]. Journal of International Technology and Information Management, 2013, 22 (04): 113 - 120.

[327] Urquhart L, Sailaja N, Mcauley D. Realising the Right to Data Portability for the Domestic Internet of Things [J]. Personal and Ubiquitous Computing, 2018, 22 (02): 317 - 332.

[328] Varian H. Artificial Intelligence, Economics, and Industrial Organization [M]. Chicago: University of Chicago Press, 2019: 10 + 399 - 419.

[329] Vial G. Understanding Digital Transformation: A Review and a Research Agenda [J]. The Journal of Strategic Information Systems, 2019, 28 (02): 118 - 144.

[330] Visconti R M. The Valuation of Digital Intangibles— Technology, Marketing and Internet [M]. Switzerland: Springer Nature, 2020: 345 - 358.

[331] Wang Y, Chen Q, Kang C, et al Clustering of Electricity Consumption Behavior Dynamics Toward Big Data Applications [J]. IEEE Transactions on Smart Grid, 2016, 7 (05): 2437 - 2447.

[332] Wan X, Rong X, Liu Z, et al. An Interactive Value - adding, Data - driven Model of the Consumer Electronics Supply Chain Based on Random Forests and Market Strategies Selection [J]. International Journal of Innovative Computing Information and Control, 2017, 13 (04): 1187 - 1204.

[333] Wolfgang K. A New (Intellectual) Property Right for Non - Personal Data? An Economic Analysis [J]. Social Science Electronic Publishing, 2016, 37 (09): 989 - 998.

[334] Xu C, Zhu K, Yi C, et al. Data Pricing for Blockchain – based Car Sharing: A Stackelberg Game Approach [C]. GLOBECOM 2020 – 2020 IEEE Global Communications Conference, 2020: 1 – 5.

[335] Yao H, Mai T, Wang J, et al. Resource Trading in Blockchain – Based Industrial Internet of Things [J]. IEEE Transactions on Industrial Informatics, 2019, 15 (06): 3602 – 3609.

[336] Yao S, Hu S, Zhao Y, et al. DeepSense: A Unified Deep Learning Framework for Time – Series Mobile Sensing Data Processing [C]. Geneva: Proceedings of the 26th International Conference on World Wide Web, 2017: 351 – 360.

[337] Yoo Y, Boland R J, Lyytinen K, Majchrzak A. Organizing for Innovation in the Digitized World [J]. Organization Science, 2012, 3 (05): 1398 – 1408.

[338] Yoo Y, Henfridsson O, Lyytinen K. Research Commentary: The New Organizing Logic of Digital Innovation: An Agenda for Information Systems Research [J]. Information Systems Research, 2010, 21 (04): 724 – 735.

[339] Yu H, Zhang M. Data Pricing Strategy Based on Data Quality [J]. Computers and Industrial Engineering, 2017, 112: 1 – 10.

[340] Zech H. A legal Framework for a Data Economy in the European Digital Single Market: Rights to Use Data [J]. Journal of Intellectual Property Law and Practice, 2016, 11 (06): 460 – 470.

[341] Zeng J, Glaister K W. Value Creation from Big Data: Looking Inside the Black Box [J]. Strategic Organization, 2018, 16 (02): 105 – 140.

[342] Zhang C, Tian Y X, Fan L W, et al. Use – based Pricing and Prepaid – based Pricing for Service Products: Analysis of an Unlimited Prepaid Card [J]. IEEE Access, 2018, 6 (10): 57676 – 57688.

[343] Zhang M, Arafa A, Huang J, et al. Pricing Fresh Data [J]. IEEE Journal on Selected Areas in Communications, 2021, 39 (05): 1211 – 1225.

附　　录

附录A　SD参数的AHP理论分析及调查问卷

A.1　层次分析法概述

层次分析法（Analytical Hierarchy Process，AHP）是运筹学中的一种综合定性和定量的研究方法，将主观判断标准化为多个层次，用来处理多因素、多目标和多层次的复杂问题①。主要分为以下步骤（以三层为例）：

（1）建立层级结构

将复杂问题的各元素按属性分为不同层级，建立相邻层级中各元素间的联系，构造递阶层次结构模型图A-1。

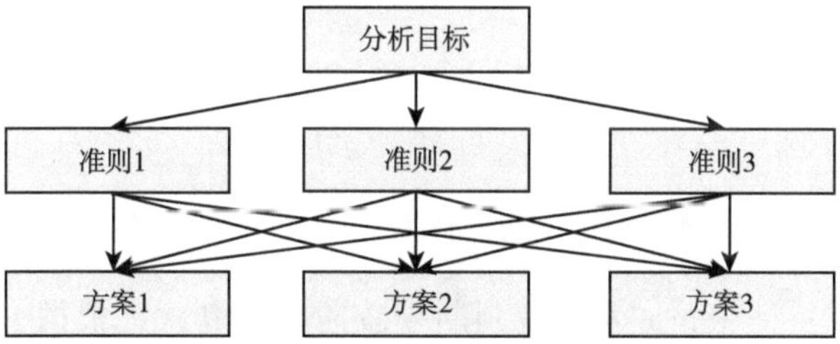

图A-1　层次结构模型图

（2）构造比较矩阵

根据层级结构和元素间关系，构造某一元素与其下一层级关联元素的比较判断矩阵（如准则1与3个方案）可构造出矩阵$\begin{bmatrix} a_{11} & \cdots & a_{1n} \\ \vdots & \ddots & \vdots \\ a_{n1} & \cdots & a_{nn} \end{bmatrix}$，其

① 该方法依据王海粟和张世如的《资产评估》整理，关于AHP的详尽解释参见：王海粟，张世如．资产评估［M］．第三版．北京：高等教育出版社，2016：75-85.

中，矩阵元素a_{ij}是按一定比例标度两两得到，标度及其含义见表 A-1。

表 A-1　AHP 法比较标度及含义示意表

相对重要程度	含义
1	两元素重要性相同
3	一个元素较另一元素稍微重要
5	一个元素较另一元素明显重要
7	一个元素较另一元素强烈重要
9	一个元素较另一元素极端重要
2、4、6、8	作为上述相邻判断的插值

（3）层次单排序①

计算判断矩阵每一行元素乘积 M_i，即 $M_i = \prod_{j=1}^{n} a_{ij}$；计算 M_i的 n 次方根 $\bar{W}_i$，即$\bar{W}_i = \sqrt[n]{M_i}$；对向量$W_i$ = （$\bar{W}_1$，$\bar{W}_2$，$\bar{W}_3$，…，$\bar{W}_n$）^{T}进行归一化处理，即 $W_i = \frac{\bar{W}_i}{\sum_{i=1}^{n} \bar{W}_i}$，则 W = （W_1，W_2，W_3，…，W_n）^{T}为判断矩阵的特征向量；计算每一列元素和 S_j，即 $S_j = \sum_{j=1}^{n} a_{ij}$；计算最大特征值 $\lambda_{max} = \sum_{i=1}^{n} W_i S_i$；进行一致性检验，首先，计算一致性指标 CI，$CI = \frac{\lambda_{max} - n}{n-1}$，式中，$\lambda$ 为最大特征根，n 为比较判断矩阵阶数；其次，根据 n 查出平均随机一致性指标 RI（表 A-2）；最后计算一致性比率 CR，$CR = \frac{CI}{RI}$，$CR < 0.1$ 时，通过检验。

表 A-2　平均随机一致性指标查询表

阶数	1	2	3	4	5	6	7	8	9
RI	0.00	0.00	0.58	0.90	1.12	1.24	1.32	1.41	1.45

① AHP 计算方法有方根法、和法，本书以方根法为例进行说明，如需使用和法，具体计算过程可向作者索取。

（4）层次总排序

对三层及以上层次结构，需进行层次总排序检验，即 $CR = \frac{\sum_{i=1}^{n} a_i * CI_i}{\sum_{i=1}^{n} a_i * RI_i}$，当 $CR < 0.1$ 时，通过检验。

A.2 数据资产价值评估调查问卷

本次调查问卷分别发放至 5 名数字技术专员和 5 名评估行业内专家。针对数字技术专员和评估行业专家的数据资产参数估计问卷分别为：

数据资产价值评估技术专家调查问卷

尊敬的数字技术专家：

您好！感谢您抽出宝贵时间填写学术问卷，本次调查所收集数据仅用于学术研究，旨在搭建数据资产价值评估框架模型和理论方法，丰富数据资产价值评估体系，助力于挖掘数据资源价值。

我们在构建出数据资产成本法模型（“成本 + 溢价 - 贬值”）后，引入系统动力学方法测算数据资产在持有期间内的潜在预期使用溢价，基于数据资产价值影响因素建立资产价值 SD 仿真模型，从定量角度对数据资产价值运作的动态过程进行研究。其中，专家打分法是系统动力学中定性指标参数求取过程中最具代表性和普遍性的方法。因此，我们针对系统动力学模型中的部分初始参数，权重系数参数，设计调查问卷，求取系数参数。

第一部分：填空题。

1. 请您对以下 9 项数据资产价值影响因素的重要性进行打分，打分区间为 0 ~ 1 之间的任何数值（保留 1 位小数），重要性由 0→1 逐步递增，0 表明完全不重要，1 表明极端重要。

①有效利用率：数据的有效利用率对数据规模的重要程度为多少？___

②原始数据剔除比率：原始数据的剔除比率对数据规模的重要程度为多少？______________________

③使用覆盖次数：数据的使用覆盖次数对数据规模的重要程度为多少？______________________

④完整性：数据的完整性对数据规模的重要程度为多少？＿＿＿＿＿＿

⑤数据资源删除率：技术水平对数据及时性的重要程度为多少？＿＿＿

⑥技术水平：数据的有效利用率对数据规模的重要程度为多少？＿＿＿

⑦技术水平：技术水平对数据安全的重要性为多少？＿＿＿＿＿＿＿＿

⑧原始数据量：原始数据量对数据资源的重要性为多少？＿＿＿＿＿＿

注："原始数据"是指系统由客户端搜集的未经处理的数据；"数据资源"是指经过标准化和隐私化处理的数据。

⑨数据规模转化率：数据规模转化率对数据关联的重要性为多少？＿＿

2. 请您对"数据规模"打分，打分区间为 0～100 之间的任何整数值。

数据规模：平台建成时的以存储原始数据规模量，占平台最大数据容量的百分比为多少？（单位:%）＿＿＿＿＿＿＿＿＿＿＿＿＿＿＿＿＿＿

第二部分：选择题。

我们从数据资产价值影响因素体系中，得出数据资产在持有期间内的潜在预期使用溢价影响因素，即数据资产化增量价值层次结构。其中，您需对①②③多因素间相对重要性进行打分。

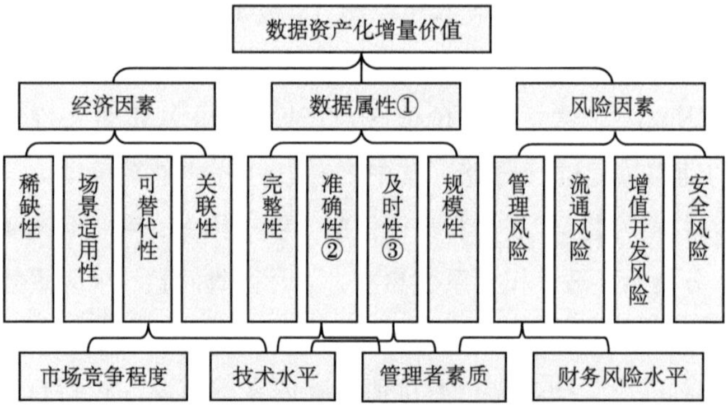

数据资产化增量价值层次结构分析图

请您对本部分列示的比较标度，完成以下题目：

比较标度：A 与 B 同等重要——1；A 较 B 稍微重要——3；A 较 B 明显重要——5；A 较 B 强烈重要——7；A 较 B 极端重要——9；B 较 A 稍微重要——1/3；B 较 A 明显重要——1/5；B 较 A 强烈重要——1/7；B 较 A 极端重要——1/9。

1. 请您对数据属性中各因素的重要程度进行打分。

①您认为在数据属性中，数据完整性比数据规模性更重要吗？

○9　○7　○5　○3　○1　○1/3　○1/5　○1/7　○1/9

②您认为在数据属性中，数据完整性比数据准确性更重要吗？

○9　○7　○5　○3　○1　○1/3　○1/5　○1/7　○1/9

③您认为在数据属性中，数据完整性比数据及时性更重要吗？

○9　○7　○5　○3　○1　○1/3　○1/5　○1/7　○1/9

④您认为在数据属性中，数据规模性比数据准确性更重要吗？

○9　○7　○5　○3　○1　○1/3　○1/5　○1/7　○1/9

⑤您认为在数据属性中，数据规模性比数据及时性更重要吗？

○9　○7　○5　○3　○1　○1/3　○1/5　○1/7　○1/9

⑥您认为在数据属性中，数据准确性比数据及时性更重要吗？

○9　○7　○5　○3　○1　○1/3　○1/5　○1/7　○1/9

2. 请您对数据准确性中各因素的重要程度进行打分。

您认为在数据准确性中，技术水平比管理者素质更重要吗？

○9　○7　○5　○3　○1　○1/3　○1/5　○1/7　○1/9

3. 请您对数据准确性中各因素的重要程度进行打分。

您认为在数据及时性中，技术水平比管理者素质更重要吗？

○9　○7　○5　○3　○1　○1/3　○1/5　○1/7　○1/9

数据资产价值评估行业专家调查问卷

尊敬的数据资产评估行业专家：

您好！感谢您抽出宝贵时间填写学术问卷，本次调查所收集数据仅用于学术研究，旨在搭建数据资产价值评估框架模型和理论方法，丰富数据资产价值评估体系，助力于挖掘数据资源价值。

我们在构建出数据资产成本法模型（“成本＋溢价－贬值”）后，引入系统动力学方法测算数据资产在持有期间内的潜在预期使用溢价，基于数据资产价值影响因素建立资产价值 SD 仿真模型，从定量角度对数据资产价值运作的动态过程进行研究。其中，专家打分法是系统动力学中定性指标参数求取过程中最具代表性和普遍性的方法。因此，我们针对系统动力学模型中的部分初始参数，权重系数参数，设计调查问卷，求取系数参数。

第一部分：填空题。

1. 请您对以下 5 项数据资产价值影响因素的重要性打分，打分区间为 0 ~ 1 之间任何数值（保留 1 位小数），重要性由 0→1 逐步递增，0 表明完全不重要，1 表明极端重要。

①市场竞争：市场竞争对数据资产稀缺性的重要程度为多少？________

②市场竞争：市场竞争对数据资产可替代性的重要程度为多少？______

③管理者素质：管理者素质对数据资产管理风险的重要程度为多少？

____

④财务水平：财务水平对数据资产管理风险的重要程度为多少？______

⑤技术水平：技术水平对价值开发风险的重要程度为多少？__________

2. 请您对“数据资产价值”打分，打分区间为 0 ~ 100 之间的任何整数值。

数据资产价值：平台建成时的初始价值，约占当前技术水平下潜在最大价值的比重为多少？（单位：%）________________________________

第二部分：选择题。

我们从数据资产价值影响因素体系中，得出数据资产在持有期间内的潜在预期使用溢价影响因素，即数据资产化增量价值层次结构。其中，请您对① ~ ⑥多因素间相对重要性进行打分。

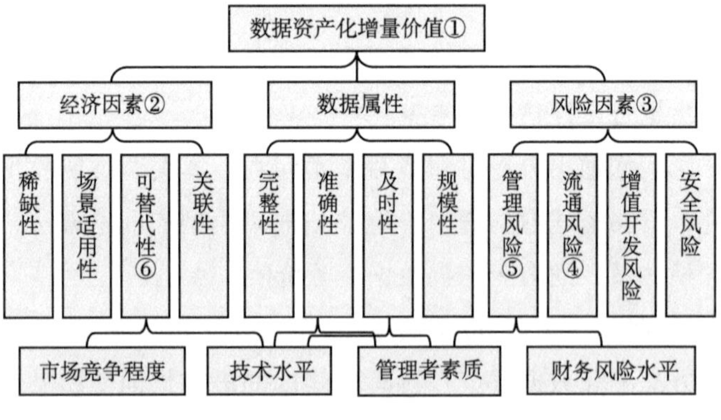

数据资产化增量价值层次结构分析图

注：数据流通风险是一种综合性的风险，该风险通常是由其他风险引致的，故我们将调查结构分析图中其他三种风险在流通风险中的相对重要性。

请您对本部分列示的比较标度，完成以下题目：

比较标度：A 与 B 同等重要——1；A 较 B 稍微重要——3；A 较 B 明显重要——5；A 较 B 强烈重要——7；A 较 B 极端重要——9；B 较 A 稍微重要——1/3；B 较 A 明显重要——1/5；B 较 A 强烈重要——1/7；B 较 A 极端重要——1/9。

1. 请您对资产化增量中各因素的重要程度进行打分。

①您认为在资产化增量中，数据属性比经济因素更重要吗？

○9　○7　○5　○3　○1　○1/3　○1/5　○1/7　○1/9

②您认为在资产化增量中，数据属性比风险因素更重要吗？

○9　○7　○5　○3　○1　○1/3　○1/5　○1/7　○1/9

③您认为在资产化增量中，经济因素比风险因素更重要吗？

○9　○7　○5　○3　○1　○1/3　○1/5　○1/7　○1/9

2. 请您对经济因素中各因素的重要程度进行打分。

①您认为在经济因素中，稀缺性比可替代性更重要吗？

○9　○7　○5　○3　○1　○1/3　○1/5　○1/7　○1/9

②您认为在经济因素中，稀缺性比场景适用性更重要吗？

○9　○7　○5　○3　○1　○1/3　○1/5　○1/7　○1/9

③您认为在经济因素中，稀缺性比相关性更重要吗？

○9　○7　○5　○3　○1　○1/3　○1/5　○1/7　○1/9

④您认为在经济因素中，可替代性比场景适用性更重要吗？

○9　○7　○5　○3　○1　○1/3　○1/5　○1/7　○1/9

⑤您认为在经济因素中，可替代性比相关性更重要吗？

○9　○7　○5　○3　○1　○1/3　○1/5　○1/7　○1/9

⑥您认为在经济因素中，场景适用性比相关性更重要吗？

○9　○7　○5　○3　○1　○1/3　○1/5　○1/7　○1/9

3. 请您对风险因素中各因素的重要程度进行打分。

①您认为在风险因素中，价值开发风险比数据安全风险更重要吗？

○9　○7　○5　○3　○1　○1/3　○1/5　○1/7　○1/9

②您认为在风险因素中，价值开发风险比管理风险更重要吗？

○9　○7　○5　○3　○1　○1/3　○1/5　○1/7　○1/9

③您认为在风险因素中，价值开发风险比流通风险更重要吗？

○9　○7　○5　○3　○1　○1/3　○1/5　○1/7　○1/9

④您认为在风险因素中，安全风险比管理风险更重要吗？

○9　○7　○5　○3　○1　○1/3　○1/5　○1/7　○1/9

⑤您认为在风险因素中，安全风险比流通风险更重要吗？

○9　○7　○5　○3　○1　○1/3　○1/5　○1/7　○1/9

⑥您认为在风险因素中，管理风险比流通风险更重要吗？

○9　○7　○5　○3　○1　○1/3　○1/5　○1/7　○1/9

4. 请您对流通风险中各因素的重要程度进行打分。

①您认为在流通风险中，价值开发风险比数据安全风险更重要吗？

○9　○7　○5　○3　○1　○1/3　○1/5　○1/7　○1/9

②您认为在流通风险中，价值开发风险比管理风险更重要吗？

○9　○7　○5　○3　○1　○1/3　○1/5　○1/7　○1/9

③您认为在流通风险中，数据安全风险比管理风险更重要吗？

○9　○7　○5　○3　○1　○1/3　○1/5　○1/7　○1/9

5. 请您对管理风险中各因素的重要程度进行打分。

您认为在管理风险中，管理者素质比财务水平更重要吗？

○9　○7　○5　○3　○1　○1/3　○1/5　○1/7　○1/9

6. 请您对可替代性中各因素的重要程度进行打分。

您认为在可替代性中，技术水平比市场竞争程度更重要吗？

○9　○7　○5　○3　○1　○1/3　○1/5　○1/7　○1/9

7. 数据资产价值存在一定程度的贬值情形，经济因素和技术水平是影响数据资产贬值的两个主要因素。因此，请您对以上两种因素在贬值率中的相对重要性进行打分。

您认为贬值率中，经济因素比技术水平更重要吗？

○9　○7　○5　○3　○1　○1/3　○1/5　○1/7　○1/9

附录 B　样本上市公司及 k 的稳健性检验

B.1　样本上市公司

表 B－1　　样本上市公司列表

序号	证券代码	证券简称	行业代码	序号	证券代码	证券简称	行业代码	序号	证券代码	证券简称	行业代码
1	000032	深桑达 A	C39	12	000413	东旭光电	C39	23	000681	视觉中国	R87
2	000035	中国天楹	N77	13	000503	国新健康	I64	24	000682	东方电子	I65
3	000038	深大通	L72	14	000517	荣安地产	K70	25	000693	ST 华泽	B09
4	000045	深纺织 A	C39	15	000547	航天发展	C39	26	000697	炼石航空	C37
5	000050	深天马 A	C39	16	000555	神州信息	I65	27	000703	恒逸石化	C28
6	000058	深赛格	L72	17	000561	烽火电子	C39	28	000725	京东方 A	C39
7	000063	中兴通讯	C39	18	000586	汇源通信	C39	29	000733	振华科技	C39
8	000066	中国长城	C39	19	000636	风华高科	C39	30	000748	长城信息	C39
9	000070	特发信息	C38	20	000638	万方发展	I65	31	000793	华闻集团	R85
10	000100	TCL 科技	C39	21	000662	天夏智慧	I65	32	000801	四川九洲	C39
11	000158	常山北明	I65	22	000676	智度股份	I64	33	000810	创维数字	C39

续表

序号	证券代码	证券简称	行业代码	序号	证券代码	证券简称	行业代码	序号	证券代码	证券简称	行业代码
34	000823	超声电子	C39	52	002036	联创电子	C39	70	002130	沃尔核材	C39
35	000836	富通信息	C38	53	002045	国光电器	C39	71	002131	利欧股份	I64
36	000839	中信国安	I63	54	002049	紫光国微	C39	72	002137	实益达	C39
37	000851	高鸿股份	F52	55	002055	得润电子	C39	73	002138	顺络电子	C39
38	000889	中嘉博创	I65	56	002056	横店东磁	C38	74	002139	拓邦股份	C38
39	000909	数源科技	K70	57	002063	远光软件	I65	75	002141	贤丰控股	C38
40	000917	电广传媒	I63	58	002065	东华软件	I65	76	002148	北纬科技	I65
41	000925	众合科技	C35	59	002073	软控股份	C35	77	002151	北斗星通	C39
42	000938	紫光股份	C39	60	002079	苏州固锝	C39	78	002153	石基信息	I65
43	000948	南天信息	I65	61	002090	金智科技	C38	79	002156	通富微电	C39
44	000970	中科三环	C39	62	002093	国脉科技	I65	80	002161	远望谷	C39
45	000977	浪潮信息	C39	63	002095	生意宝	I64	81	002168	惠程科技	I64
46	000988	华工科技	C39	64	002104	恒宝股份	C39	82	002174	游族网络	I64
47	000997	新大陆	I65	65	002106	莱宝高科	C39	83	002179	中航光电	C39
48	002008	大族激光	C35	66	002115	三维通信	C39	84	002180	艾派克	C39
49	002017	东信和平	C39	67	002119	康强电子	C39	85	002181	粤传媒	L72
50	002025	航天电器	C39	68	002123	梦网科技	I65	86	002184	海得控制	C38
51	002027	分众传媒	L72	69	002129	中环股份	C38	87	002185	华天科技	C39

续表

序号	证券代码	证券简称	行业代码	序号	证券代码	证券简称	行业代码	序号	证券代码	证券简称	行业代码
88	002189	中光学	C39	106	002279	久其软件	I65	124	002376	新北洋	C39
89	002195	二三四五	I65	107	002281	光迅科技	C39	125	002380	科远智慧	I65
90	002212	天融信	I65	108	002288	超华科技	C39	126	002383	合众思壮	C39
91	002214	大立科技	C39	109	002296	辉煌科技	C39	127	002384	东山精密	C39
92	002217	合力泰	C39	110	002298	中电兴发	I65	128	002387	维信诺	C39
93	002218	拓日新能	C38	111	002308	威创股份	C39	129	002388	新亚制程	C39
94	002222	福晶科技	C39	112	002313	日海智能	C39	130	002389	航天彩虹	C39
95	002230	科大讯飞	I65	113	002315	焦点科技	I64	131	002396	星网锐捷	C39
96	002231	奥维通信	C39	114	002316	亚联发展	I65	132	002401	中远海科	I65
97	002232	启明信息	I65	115	002322	理工环科	I65	133	002402	和而泰	C39
98	002235	安妮股份	I64	116	002331	皖通科技	I65	134	002405	四维图新	I65
99	002236	大华股份	C39	117	002339	积成电子	C38	135	002410	广联达	I65
100	002238	天威视讯	I63	118	002351	漫步者	C39	136	002413	雷科防务	C39
101	002241	歌尔股份	C39	119	002362	汉王科技	C39	137	002414	高德红外	C39
102	002253	川大智胜	I65	120	002368	太极股份	I65	138	002415	海康威视	C39
103	002261	拓维信息	I65	121	002369	卓翼科技	C39	139	002416	爱施德	F51
104	002268	卫士通	I65	122	002371	北方华创	C35	140	002421	达实智能	I65
105	002273	水晶光电	C39	123	002373	千方科技	I65	141	002425	凯撒股份	C18

续表

序号	证券代码	证券简称	行业代码	序号	证券代码	证券简称	行业代码	序号	证券代码	证券简称	行业代码
142	002429	兆驰股份	C39	160	002519	银河电子	C39	178	002636	金安国纪	C39
143	002436	兴森科技	C39	161	002528	英飞拓	C39	179	002649	博彦科技	I65
144	002439	启明星辰	I65	162	002530	金财互联	I64	180	002654	万润科技	L72
145	002446	盛路通信	C39	163	002544	杰赛科技	I65	181	002655	共达电声	C39
146	002449	国星光电	C39	164	002555	三七互娱	I64	182	002657	中科金财	I65
147	002453	华软科技	I65	165	002558	巨人网络	I64	183	002660	茂硕电源	C39
148	002456	欧菲光	C39	166	002577	雷柏科技	C39	184	002729	好利来	C39
149	002463	沪电股份	C39	167	002579	中京电子	C39	185	002745	木林森	C38
150	002464	众应互联	I64	168	002583	海能达	C39	186	002771	真视通	I65
151	002465	海格通信	C39	169	002587	奥拓电子	C39	187	002777	久远银海	I65
152	002467	二六三	I64	170	002600	领益智造	C39	188	002782	可立克	C39
153	002474	榕基软件	I65	171	002602	世纪华通	I65	189	002792	通宇通讯	C39
154	002475	立讯精密	C39	172	002605	姚记科技	I64	190	002796	世嘉科技	C39
155	002484	江海股份	C39	173	002609	捷顺科技	I65	191	002803	吉宏股份	I64
156	002491	通鼎互联	C38	174	002618	丹邦科技	C39	192	002806	华锋股份	C39
157	002506	协鑫集成	C39	175	002619	艾格拉斯	I64	193	002813	路畅科技	C39
158	002512	达华智能	C39	176	002624	完美世界	I64	194	002815	崇达技术	C39
159	002517	恺英网络	I64	177	002635	安洁科技	C39	195	002829	星网宇达	C39

续表

序号	证券代码	证券简称	行业代码	序号	证券代码	证券简称	行业代码	序号	证券代码	证券简称	行业代码
196	002835	同为股份	C39	214	002916	深南电路	C39	232	002992	宝明科技	C39
197	002841	视源股份	C39	215	002925	盈趣科技	C39	233	002993	奥海科技	C39
198	002845	同兴达	C39	216	002929	润建通信	I65	234	002995	天地在线	I64
199	002848	高斯贝尔	C39	217	002935	天奥电子	C39	235	003004	声迅股份	I65
200	002855	捷荣技术	C39	218	002937	兴瑞科技	C39	236	003005	竞业达	I65
201	002859	洁美科技	C39	219	002938	鹏鼎控股	C39	237	003007	直真科技	I65
202	002861	瀛通通讯	C39	220	002947	恒铭达	C39	238	003010	若羽臣	I64
203	002866	传艺科技	C39	221	002952	亚世光电	C39	239	003015	日久光电	C39
204	002869	金溢科技	C39	222	002955	鸿合科技	C39	240	003019	宸展光电	C39
205	002876	三利谱	C39	223	002960	青鸟消防	C39	241	003026	中晶科技	C39
206	002881	美格智能	C39	224	002962	五方光电	C39	242	003028	振邦智能	C39
207	002885	京泉华	C39	225	002970	锐明技术	C39	243	003029	吉大正元	I65
208	002888	惠威科技	C39	226	002972	科安达	C39	244	003031	中瓷电子	C39
209	002897	意华股份	C39	227	002977	天箭科技	C39	245	003040	楚天龙	C39
210	002902	铭普光磁	C39	228	002981	朝阳科技	C39	246	300002	神州泰岳	I65
211	002906	华阳集团	C39	229	002983	芯瑞达	C39	247	300010	豆神教育	I65
212	002908	德生科技	I65	230	002987	京北方	I65	248	300014	亿纬锂能	C38
213	002913	奥士康	C39	231	002990	盛视科技	I65	249	300017	网宿科技	I65

续表

序号	证券代码	证券简称	行业代码	序号	证券代码	证券简称	行业代码	序号	证券代码	证券简称	行业代码
250	300020	银江股份	I65	268	300059	东方财富	J67	286	300111	向日葵	C27
251	300025	华星创业	I65	269	300065	海兰信	C39	287	300111	向日葵	C27
252	300028	金亚科技	C39	270	300071	华谊嘉信	L72	288	300113	顺网科技	I64
253	300031	宝通科技	I64	271	300074	华平股份	I65	289	300114	中航电测	C39
254	300032	金龙机电	C38	272	300075	数字政通	I65	290	300115	长盈精密	C39
255	300033	同花顺	J69	273	300076	GQY 视讯	C39	291	300118	东方日升	C38
256	300036	超图软件	I65	274	300077	国民技术	C39	292	300120	经纬辉开	C39
257	300042	朗科科技	C39	275	300078	思创医惠	C39	293	300127	银河磁体	C39
258	300043	星辉娱乐	I64	276	300079	数码视讯	C39	294	300128	锦富技术	C39
259	300044	赛为智能	I65	277	300081	恒信东方	M74	295	300131	英唐智控	F51
260	300045	华力创通	C39	278	300083	创世纪	C39	296	300134	大富科技	C39
261	300046	台基股份	C39	279	300085	银之杰	I65	297	300136	信维通信	C39
262	300047	天源迪科	I65	280	300088	长信科技	C39	298	300139	晓程科技	C39
263	300050	世纪鼎利	I65	281	300096	易联众	I65	299	300148	天舟文化	I64
264	300051	三五互联	I65	282	300098	高新兴	I65	300	300150	世纪瑞尔	I65
265	300052	中青宝	I64	283	300101	振芯科技	C39	301	300154	瑞凌股份	C34
266	300053	欧比特	C39	284	300102	乾照光电	C39	302	300155	安居宝	C39
267	300058	蓝色光标	L72	285	300104	乐视网	I64	303	300162	雷曼光电	C39

续表

序号	证券代码	证券简称	行业代码	序号	证券代码	证券简称	行业代码	序号	证券代码	证券简称	行业代码
304	300166	东方国信	I65	322	300224	正海磁材	C30	340	300271	华宇软件	I65
305	300167	迪威迅	I65	323	300226	上海钢联	I64	341	300275	梅安森	I65
306	300168	万达信息	I65	324	300227	光韵达	C39	342	300277	海联讯	I65
307	300170	汉得信息	I65	325	300229	拓尔思	I65	343	300279	和晶科技	C38
308	300177	中海达	C39	326	300231	银信科技	I65	344	300282	三盛教育	C39
309	300182	捷成股份	R86	327	300232	洲明科技	C39	345	300287	飞利信	I65
310	300183	东软载波	I65	328	300235	方直科技	I65	346	300288	朗玛信息	I63
311	300184	力源信息	F51	329	300241	瑞丰光电	C39	347	300290	荣科科技	I65
312	300188	美亚柏科	I65	330	300242	佳云科技	I64	348	300292	吴通控股	I65
313	300205	天喻信息	C39	331	300245	天玑科技	I65	349	300295	三六五网	I64
314	300209	天泽信息	I65	332	300248	新开普	I65	350	300296	利亚德	C39
315	300209	天泽信息	I65	333	300249	依米康	I65	351	300297	蓝盾股份	I65
316	300211	亿通科技	C39	334	300250	初灵信息	I65	352	300299	富春股份	I65
317	300212	易华录	I65	335	300253	卫宁健康	I65	353	300300	海峡创新	I65
318	300213	佳讯飞鸿	C39	336	300256	星星科技	C39	354	300301	长方集团	C39
319	300219	鸿利智汇	C39	337	300264	佳创视讯	I65	355	300302	同有科技	I65
320	300220	金运激光	C39	338	300269	联建光电	L72	356	300303	聚飞光电	C39
321	300223	北京君正	C39	339	300270	中威电子	C39	357	300308	中际旭创	C39

续表

序号	证券代码	证券简称	行业代码	序号	证券代码	证券简称	行业代码	序号	证券代码	证券简称	行业代码
358	300310	宜通世纪	I63	376	300350	华鹏飞	I65	394	300393	中来股份	C39
359	300311	任子行	I65	377	300351	永贵电器	C39	395	300394	天孚通信	C39
360	300312	邦讯技术	I65	378	300352	北信源	I65	396	300397	天和防务	C39
361	300315	掌趣科技	I64	379	300353	东土科技	C39	397	300399	天利科技	I65
362	300319	麦捷科技	C39	380	300359	全通教育	I65	398	300408	三环集团	C39
363	300322	硕贝德	C39	381	300365	恒华科技	I65	399	300414	中光防雷	C39
364	300323	华灿光电	C39	382	300366	创意信息	I65	400	300418	昆仑万维	I64
365	300324	旋极信息	I65	383	300369	绿盟科技	I65	401	300419	浩丰科技	I65
366	300327	中颖电子	C39	384	300373	扬杰科技	C39	402	300431	暴风集团	I64
367	300330	华虹计通	I65	385	300377	赢时胜	I65	403	300433	蓝思科技	C39
368	300331	苏大维格	C39	386	300378	鼎捷软件	I65	404	300440	运达科技	I65
369	300333	兆日科技	I65	387	300379	东方通	I65	405	300448	浩云科技	I65
370	300339	润和软件	I65	388	300380	安硕信息	I65	406	300449	汉邦高科	C39
371	300340	科恒股份	C38	389	300383	光环新网	I65	407	300451	创业慧康	I65
372	300343	联创股份	I64	390	300386	飞天诚信	I65	408	300454	深信服	I65
373	300346	南大光电	C39	391	300389	艾比森	C39	409	300455	康拓红外	C39
374	300348	长亮科技	I65	392	300390	天华超净	C39	410	300456	赛微电子	C39
375	300349	金卡智能	I65	393	300392	腾信股份	I64	411	300458	全志科技	C39

续表

序号	证券代码	证券简称	行业代码	序号	证券代码	证券简称	行业代码	序号	证券代码	证券简称	行业代码
412	300459	金科文化	I64	430	300518	盛讯达	I65	448	300561	汇金科技	I65
413	300460	惠伦晶体	C39	431	300520	科大国创	I65	449	300563	神宇股份	C39
414	300465	高伟达	I65	432	300523	辰安科技	I65	450	300565	科信技术	C39
415	300467	迅游科技	I64	433	300525	博思软件	I65	451	300566	激智科技	C39
416	300468	四方精创	I65	434	300531	优博讯	C39	452	300570	太辰光	C39
417	300469	信息发展	I65	435	300532	今天国际	I65	453	300571	平治信息	I64
418	300474	景嘉微	C39	436	300533	冰川网络	I65	454	300578	会畅通讯	I65
419	300476	胜宏科技	C39	437	300541	先进数通	I65	455	300579	数字认证	I65
420	300479	神思电子	C39	438	300542	新晨科技	I65	456	300581	晨曦航空	C39
421	300493	润欣科技	I65	439	300543	朗科智能	C39	457	300582	英飞特	C39
422	300494	盛天网络	I64	440	300546	雄帝科技	C39	458	300588	熙菱信息	I65
423	300496	中科创达	I65	441	300548	博创科技	C39	459	300590	移为通信	C39
424	300502	新易盛	C39	442	300550	和仁科技	I65	460	300597	吉大通信	I65
425	300504	天邑股份	C39	443	300552	万集科技	I65	461	300598	诚迈科技	I65
426	300508	维宏股份	I65	444	300555	路通视信	C39	462	300602	飞荣达	C39
427	300513	恒实科技	I65	445	300556	丝路视觉	I65	463	300603	立昂技术	I65
428	300514	友讯达	C39	446	300559	佳发安泰	I65	464	300608	思特奇	I65
429	300516	久之洋	C39	447	300560	中富通	I65	465	300609	汇纳科技	I65

续表

序号	证券代码	证券简称	行业代码	序号	证券代码	证券简称	行业代码	序号	证券代码	证券简称	行业代码
466	300613	富瀚微	I65	484	300666	江丰电子	C39	502	300730	科创信息	I65
467	300615	欣天科技	C39	485	300671	富满电子	I65	503	300735	光弘科技	C39
468	300620	光库科技	C39	486	300672	国科微	C39	504	300738	奥飞数据	I65
469	300623	捷捷微电	C39	487	300674	宇信科技	I65	505	300739	明阳电路	C39
470	300624	万兴科技	I65	488	300678	中科信息	I65	506	300743	天地数码	C39
471	300627	华测导航	C39	489	300679	电连技术	C39	507	300748	金力永磁	C30
472	300628	亿联网络	C39	490	300682	朗新科技	I65	508	300752	隆利科技	C39
473	300629	新劲刚	C39	491	300686	智动力	C39	509	300762	上海瀚讯	C39
474	300632	光莆股份	C39	492	300687	赛意信息	I65	510	300766	每日互动	I64
475	300634	彩讯股份	I65	493	300689	澄天伟业	C39	511	300768	迪普科技	I65
476	300638	广和通	C39	494	300691	联合光电	C39	512	300770	新媒股份	I63
477	300645	正元智慧	I65	495	300698	万马科技	C39	513	300773	拉卡拉	I64
478	300647	超频三	C39	496	300701	森霸传感	C39	514	300782	卓胜微	C39
479	300656	民德电子	C39	497	300708	聚灿光电	C39	515	300785	值得买	I64
480	300657	弘信电子	C39	498	300709	精研科技	C39	516	300787	海能实业	C39
481	300659	中孚信息	I65	499	300710	万隆光电	C39	517	300790	宇瞳光学	C39
482	300661	圣邦股份	C39	500	300711	广哈通信	C39	518	300793	佳禾智能	C39
483	300663	科蓝软件	I65	501	300726	宏达电子	C39	519	300799	左江科技	I65

续表

序号	证券代码	证券简称	行业代码	序号	证券代码	证券简称	行业代码	序号	证券代码	证券简称	行业代码
520	300802	矩子科技	C39	538	300870	欧陆通	C39	556	300965	恒宇信通	C39
521	300803	指南针	J69	539	300872	天阳科技	I65	557	300968	格林精密	C39
522	300807	天迈科技	C39	540	300884	狄耐克	C39	558	300976	达瑞电子	C39
523	300810	中科海讯	I65	541	300895	铜牛信息	I65	559	600037	歌华有线	I63
524	300811	铂科新材	C39	542	300903	科翔股份	C39	560	600050	中国联通	I63
525	300822	贝仕达克	C39	543	300909	汇创达	C39	561	600057	厦门象屿	L72
526	300830	金现代	I65	544	300916	朗特智能	C39	562	600060	海信视像	C39
527	300831	派瑞股份	C39	545	300919	中伟股份	C39	563	600070	浙江富润	I64
528	300835	龙磁科技	C39	546	300921	南凌科技	I64	564	600076	康欣新材	C20
529	300842	帝科股份	C39	547	300925	法本信息	I65	565	600100	同方股份	C39
530	300843	胜蓝股份	C39	548	300935	盈建科	I65	566	600105	永鼎股份	C38
531	300845	捷安高科	I65	549	300936	中英科技	C39	567	600118	中国卫星	C39
532	300846	首都在线	I65	550	300939	秋田微	C39	568	600131	国网信通	I65
533	300847	中船汉光	C39	551	300940	南极光	C39	569	600139	西部资源	J66
534	300851	交大思诺	I65	552	300941	创识科技	I65	570	600151	航天机电	C39
535	300852	四会富仕	C39	553	300951	博硕科技	C39	571	600171	上海贝岭	C39
536	300857	协创数据	C39	554	300956	英力股份	C39	572	600183	生益科技	C39
537	300866	安克创新	C39	555	300959	线上线下	I65	573	600185	格力地产	K70

续表

序号	证券代码	证券简称	行业代码	序号	证券代码	证券简称	行业代码	序号	证券代码	证券简称	行业代码
574	600203	福日电子	C39	592	600406	国电南瑞	I65	610	600570	恒生电子	I65
575	600206	有研新材	C32	593	600410	华胜天成	I65	611	600571	信雅达	I65
576	600207	安彩高科	D45	594	600435	北方导航	C39	612	600584	长电科技	C39
577	600237	铜峰电子	C39	595	600446	金证股份	I65	613	600588	用友网络	I65
578	600260	凯乐科技	C39	596	600455	博通股份	S90	614	600601	方正科技	C39
579	600261	阳光照明	C38	597	600460	士兰微	C39	615	600602	云赛智联	I65
580	600271	航天信息	C39	598	600476	湘邮科技	I65	616	600613	神奇制药	C27
581	600288	大恒科技	C39	599	600478	科力远	C38	617	600621	华鑫股份	J67
582	600330	天通股份	C39	600	600487	亨通光电	C38	618	600633	浙数文化	I64
583	600345	长江通信	C39	601	600498	烽火通信	C39	619	600637	东方明珠	I63
584	600353	旭光电子	C39	602	600503	华丽家族	K70	620	600640	号百控股	I64
585	600355	精伦电子	C39	603	600522	中天科技	C38	621	600658	电子城	K70
586	600360	华微电子	C39	604	600525	长园集团	C39	622	600667	太极实业	C39
587	600363	联创光电	C39	605	600536	中国软件	I65	623	600673	东阳光	S90
588	600366	宁波韵升	C30	606	600551	时代出版	R85	624	600681	百川能源	D45
589	600386	北巴传媒	F52	607	600552	凯盛科技	C39	625	600703	三安光电	C39
590	600392	盛和资源	C32	608	600562	国睿科技	C39	626	600707	彩虹股份	C39
591	600405	动力源	C39	609	600563	法拉电子	C39	627	600718	东软集团	I65

续表

序号	证券代码	证券简称	行业代码	序号	证券代码	证券简称	行业代码	序号	证券代码	证券简称	行业代码
628	600728	佳都科技	I65	646	600980	北矿科技	C39	664	603068	博通集成	C39
629	600745	闻泰科技	C39	647	600986	浙文互联	I64	665	603083	剑桥科技	C39
630	600756	浪潮软件	I65	648	600990	四创电子	C39	666	603106	恒银科技	C39
631	600764	中国海防	C39	649	600996	贵广网络	I63	667	603115	海星股份	C39
632	600770	综艺股份	S90	650	601138	工业富联	C39	668	603118	共进股份	C39
633	600775	南京熊猫	C39	651	601231	环旭电子	C39	669	603133	碳元科技	C39
634	600776	东方通信	C39	652	601360	三六零	I64	670	603138	海量数据	I65
635	600797	浙大网新	I65	653	601698	中国卫通	I63	671	603160	汇顶科技	C39
636	600800	渤海化学	C26	654	601869	长飞光纤	C39	672	603186	华正新材	C39
637	600804	鹏博士	I64	655	601929	吉视传媒	I63	673	603189	网达软件	I65
638	600831	广电网络	I63	656	603000	人民网	I64	674	603220	中贝通信	I65
639	600839	四川长虹	C39	657	603002	宏昌电子	C39	675	603228	景旺电子	C39
640	600845	宝信软件	I65	658	603005	晶方科技	C39	676	603232	格尔软件	I65
641	600850	华东电脑	I65	659	603019	中科曙光	C39	677	603236	移远通信	C39
642	600880	博瑞传播	R85	660	603023	威帝股份	C39	678	603258	电魂网络	I64
643	600888	新疆众和	C39	661	603025	大豪科技	C39	679	603267	鸿远电子	C39
644	600936	广西广电	I63	662	603039	泛微网络	I65	680	603290	斯达半导	C39
645	600959	江苏有线	I63	663	603042	华脉科技	C39	681	603322	超讯通信	I65

续表

序号	证券代码	证券简称	行业代码	序号	证券代码	证券简称	行业代码	序号	证券代码	证券简称	行业代码
682	603327	福蓉科技	C39	700	603636	南威软件	I65	718	603986	兆易创新	C39
683	603328	依顿电子	C39	701	603660	苏州科达	C39	719	603989	艾华集团	C39
684	603380	易德龙	C39	702	603678	火炬电子	C39	720	603990	麦迪科技	I65
685	603383	顶点软件	I65	703	603712	七一二	C39	721	605058	澳弘电子	C39
686	603386	广东骏亚	C39	704	603773	沃格光电	C39	722	605111	新洁能	C39
687	603390	通达电气	C39	705	603803	瑞斯康达	C39	723	605118	力鼎光电	C39
688	603421	鼎信通讯	I65	706	603825	华扬联众	I64	724	605218	伟时电子	C39
689	603444	吉比特	I64	707	603869	新智认知	I65	725	605258	协和电子	C39
690	603496	恒为科技	C39	708	603881	数据港	I64	726	605358	立昂微	C39
691	603501	韦尔股份	C39	709	603887	城地香江	I65	727	605398	新炬网络	I65
692	603508	思维列控	C37	710	603888	新华网	I64	728	688002	睿创微纳	C39
693	603516	淳中科技	C39	711	603890	春秋电子	C39	729	688004	博汇科技	I65
694	603528	多伦科技	C39	712	603893	瑞芯微	C39	730	688005	容百科技	C39
695	603533	掌阅科技	I64	713	603918	金桥信息	I65	731	688007	光峰科技	C39
696	603559	中通国脉	I63	714	603920	世运电路	C39	732	688008	澜起科技	C39
697	603602	纵横通信	I65	715	603927	中科软	I65	733	688011	新光光电	C39
698	603613	国联股份	I64	716	603933	睿能科技	C39	734	688018	乐鑫科技	I65
699	603633	徕木股份	C39	717	603936	博敏电子	C39	735	688019	安集科技	C39

续表

序号	证券代码	证券简称	行业代码	序号	证券代码	证券简称	行业代码	序号	证券代码	证券简称	行业代码
736	688020	方邦股份	C39	754	688086	紫晶存储	C39	772	688188	柏楚电子	I65
737	688023	安恒信息	I65	755	688088	虹软科技	I65	773	688208	道通科技	C39
738	688025	杰普特	C39	756	688093	世华科技	C39	774	688228	开普云	I65
739	688026	洁特生物	C29	757	688095	福昕软件	I65	775	688229	博睿数据	I65
740	688027	国盾量子	C39	758	688099	晶晨股份	I65	776	688256	寒武纪	I65
741	688030	山石网科	I65	759	688100	威胜信息	C39	777	688258	卓易信息	I65
742	688036	传音控股	C39	760	688109	品茗股份	I65	778	688286	敏芯股份	C39
743	688039	当虹科技	I65	761	688111	金山办公	I65	779	688288	鸿泉物联	C39
744	688051	佳华科技	I65	762	688118	普元信息	I65	780	688311	盟升电子	C39
745	688055	龙腾光电	C39	763	688123	聚辰股份	C39	781	688313	仕佳光子	C39
746	688058	宝兰德	I65	764	688126	沪硅产业	C39	782	688316	青云科技	I65
747	688060	云涌科技	I65	765	688135	利扬芯片	C39	783	688318	财富趋势	I65
748	688066	航天宏图	I65	766	688138	清溢光电	C39	784	688365	光云科技	I65
749	688078	龙软科技	I65	767	688158	优刻得	I64	785	688368	晶丰明源	I65
750	688079	美迪凯	C39	768	688159	有方科技	C39	786	688369	致远互联	I65
751	688080	映翰通	C39	769	688168	安博通	I65	787	688388	嘉元科技	C39
752	688081	兴图新科	C39	770	688181	八亿时空	C39	788	688396	华润微	C39
753	688083	中望软件	I65	771	688183	生益电子	C39	789	688418	震有科技	C39

续表

序号	证券代码	证券简称	行业代码	序号	证券代码	证券简称	行业代码	序号	证券代码	证券简称	行业代码
790	688500	慧辰资讯	I65	799	688588	凌志软件	I65	808	688668	鼎通科技	C39
791	688508	芯朋微	I65	800	688589	力合微	I65	809	688683	莱尔科技	C39
792	688519	南亚新材	C39	801	688590	新致软件	I65	810	688689	银河微电	C39
793	688521	芯原股份	I65	802	688595	芯海科技	C39	811	688696	极米科技	C39
794	688536	思瑞浦	I65	803	688608	恒玄科技	C39	812	688699	明微电子	I65
795	688555	泽达易盛	I65	804	688609	九联科技	C39	813	688777	中控技术	I65
796	688561	奇安信	I65	805	688618	三旺通信	C39	814	688788	科思科技	C39
797	688568	中科星图	I65	806	688619	罗普特	I65	815	688819	天能股份	C38
798	688579	山大地纬	I65	807	688665	四方光电	C39	816	688981	中芯国际	C39

注：a. “xxx” 表示测算 k 值时本书所选的 50 家具有行业代表性的数据公司；

b. 部分公司在 2015—2020 年更换证券简称，本书列示其最后一年度报表所示证券简称。

B.2 稳健性检验

本书参照现有文献（姜付秀和黄继承，2011），对第 t 年的 da_{it}，除第 $t-1$ 年的组合资产贡献值变化衡量外，还可用第 t 年的组合资产贡献值衡量，本书将正文中式 5－6 中的 da_{it-1} 用 da_{it} 替换，重新进行回归分析（表 B－2 所示），da_{it}^* 和 K_{it} 的估计结果显著性水平和正文基本一致，通过稳健性检验。

表 B－2　　　稳健性检验估计结果分析表

估计参数	da_{it}^*		估计参数	K_{it}	
	估计值	t 值		估计值	t 值
α_{size}	0.7377***	0.2588	β_{size}	0.0139***	0.0325
α_{stru}	－2.8155***	0.8315	β_{stru}	－0.0779***	0.1064
α_{npr}	0.3275	0.8202	β_{npr}	0.0662	0.1045
α_{flu}	0.4081***	0.1232	β_{flu}	0.0072***	0.0155
α_{age}	0.2785**	0.1141	β_{age}	0.0247*	0.0147
α_{rd}	0.3803***	0.1311	β_{rd}	0.0115***	0.0163
α_{2016}	0.0547**	0.7961	β_{2016}	－0.1271***	0.0259
α_{2017}	0.4446	0.4016	β_{2017}	0.0474	0.0498
α_{2018}	－0.6212*	0.3508	β_{2018}	－0.0268***	0.0437
α_{2019}	－0.0098**	0.3304	β_{2019}	－0.0103***	0.0419
α_{2020}	－0.1114***	0.3328	β_{2020}	0.0136***	0.0419
α_{mod_2}	1.1086**	0.5209	β_{mod_2}	0.0248*	0.0660
α_{mod_3}	－0.3287	0.0000	β_{mod_3}	－0.0259	0.1365
α_{mod_4}	0.3917	0.4118	β_{mod_4}	－0.0277	0.0528
α_{mod_5}	1.7904	0.4118	β_{mod_5}	0.1528*	0.1118
α_{mod_6}	0.7144*	0.4274	β_{mod_6}	0.0156	0.0545
α_0	－3.6791*	4.5135	β_0	－0.1147***	0.5731
$Adj-R^2$	0.6476		$Adj-R^2$	0.6887	
N	258		N	258	

注：*、**、*** 表示分别在 10%、5%、1% 的水平上显著。

估计结果显示，数据资产净超额收益，与其显著相关的因素有公司规模、资本结构、资金流动性、企业成熟度、研发实力；调整系数方面，与其显著相关的因素有公司规模、资本结构、资金流动性、研发实力，企业成熟度显著性下降，这说明对于软件和信息技术服务业、互联网和相关服务、计算机、通信和其他电子设备制造业等行业而言，公司成熟度对于数据资产所创收益的影响较较小。

后　记

长夜在哒哒键盘声中流走，蝉鸣告诉你不必留恋这一切。时光好似两端开口的橐，带来了什么又带走了什么。得失之中，漫漫时光长河告诉我，不必执着追赶他人，不必回首惋惜过去，不必苛责审视自己，而立之年，做我想做之事，走我想走之路，成我想成之人。这本书从学术成长途中来，最终也将被时光带走，来去之中，我须致感谢之人，敬岁月之赠。

感谢国家支持。感谢内蒙古科技厅及内蒙古自治区自然科学基金委员会对青年基金项目（2023QN07002）的立项资助，感谢清华大学中国现代国有企业研究院对博士后研究发展的经费资助。感谢清华大学经济管理学院、内蒙古财经大学财政税务学院、北京农学院经济管理学院三所大学为青年教师提供科研交流与学习平台，指导青年教师投身于前沿学科与社会经济发展研究；感谢中国财政经济出版社陈冰以及其他工作人员的辛苦付出。

感谢恩师教诲。硕博求学六年，从事科研工作三年有余，感谢硕导张彩英教授、博导陈蕾教授、博士后合作导师薛健教授，将我从“小白”引入科研大门。这条路注定道阻且长，但三位恩师小到文字字斟句酌，大到思维结构推倒重述，细到学术品德耳提面命，深到学术思想挖掘培植，在一次次指导中可见老师们鬓角白发增多，眼角红丝泛起。感谢三位老师，老师们身体健康是晚辈最大的期盼。

感谢众多前辈帮助。感谢蔡秀云教授、赵书博教授、王竞达教授、梁美健教授、何晴教授、郝春虹教授、赵国玲教授、朱润喜教授、句芳教授等前辈的学术帮助、论文指导和其他帮助。感谢赵强先生、阮永华女士、孙芸女士案例分析环节提供的帮助。感谢前辈们的帮助，我将继续向前辈学习，扎根学科发展，深入实务，促进成果转化，行经世致用之力。

感谢家人庇佑。二十余载读书生涯是父母给予生命最大的尊重，抚育我身体健康成长，培养我精神独立自由。父母少耳提面命，常以身作则。感谢父母，让我在诚信、节俭、育人的家风中发现自己、认识自己，并幸遇佳伴，携手继续做自己。

樱花林花团锦簇，飘落如诗；牡丹园争相绽放，静落无痕；橡树道绿荫绵长，时光穿梭；常青松高耸挺拔，岁月悠悠。致敬岁月，让我在时光之橐中著此痕迹。我将继续探赜索隐，臻于至善，明心见性。

周艳秋

2025 年 7 月